KB028244

감정의 피부가
약한 사람들을 위한 책

"All rights reserved including the right of reproduction in whole or in part in any form. This edition published by arrangement with Tarcherperigee, an imprint of Penguin Publishing Group, a division of Penguin Random House LLC.

This Korean translation published by arrangement with Jerold J. Kreisman in care of Penguin Random House LLC through Alex Lee Agency ALA."

"이 책의 한국어판 저작권은 알렉스리 에이전시 ALA를 통해서 Tarcherperigee, an imprint of Penguin Publishing Group, a division of Penguin Random House LLC사와 독점 계약한 마인드빌딩에 있습니다. 저작권법에 의하여 한국 내에서 보호를 받는 저작물이므로 무단전재와 복제를 금합니다."

# 감정의 피부가
# 약한 사람들을 위한 책

### 현대인의 경계성 성격장애에 관한 완벽한 가이드

제럴드 J. 크리스먼, 할 스트라우스 지음 | 이미정 옮김

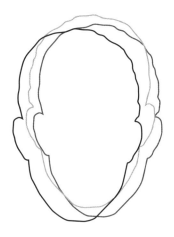

마인드빌딩

영원히 내 삶의 전부인
두디에게 바칩니다.

# 경계에 선 사람들

"나는 이기적이고 인내심도 없으며 불안정한 사람이다. 많은 실수를 저지르고 스스로 감정을 통제하지 못해 나 자신을 감당하기 힘들 때가 많다. 하지만 당신이 내 최악의 모습을 감당할 수 없다면 내 최고의 모습을 누릴 자격도 없다."

세기의 섹스 심벌이라 불리는 여배우 마릴린 먼로가 남긴 말이다. 그녀는 감정 기복이 심한 여배우로 유명했다. 세상 모든 남자들에게 사랑받았던 그녀였지만 늘 버려지거나 혼자 남을지도 모른다는 두려움에 휩싸여 자신의 성적 매력을 무기로 삼았다. 롤러코스터를 탄 듯이 불안정한 그녀의 감정 기복은 당시 할리우드 관계자들도 혀를 내두를 정도로 유명했다.

나는 직업상 이렇게 매일 실수를 저지르고 옷을 갈아입듯 순식간에 최악과 최고의 모습을 왔다 갔다 하는 감정의 롤러코스터에 탑승한 사람들을 만난다. 이들은 강제로 롤러코스터에 태워진 사람처럼 분노와 사랑, 집착, 거부의 경계를 오르내리며 일과 가정, 사랑, 인간관계에서 중심을 잡지 못하고 휘둘린다. 겉으로 보기에 이들은 종잡을 수 없는 변덕쟁이 같다. 자신과 타인에게 결코 충족될 수 없는 잣대를 요구하고 기대한다. 그러나 애초에 도달할 수 없는 기대치이기에 결국엔 자기혐오와 자기연민에 빠져 방황하고, 상대방에게는 예측할 수 없는 분노와 비난의 포화를 뿜어댄다. 귀도 얇아서 주변의 평판에 쉽게 흔들리고 상처받는다.

인간관계도 변덕의 연속이다. 사랑받기 원하지만 막상 사랑이 찾아오면 의심하고 밀어낸다. 자신에게 상처만 주는 사람에게서 벗어나고 싶어 하지만 혼자 남는 게 두려워 떠나지 못한다. 매번 나를 휘두르는 사람을 만나지 않겠다고 다짐하지만 언제 그랬냐는 듯이 비슷한 성향의 사람에게 끌리는 악순환을 반복한다.

이들의 사전에 일관성이나 평정심, 참을성은 없다. 아니 있다 하더라도 잘 작동하지 않는다. 마치 내 안에 컨트롤할 수 없는 또 다른 내가 있는 것 같다. 심리학에서는 이런 상태를 '경계성 성격장애Boarderline Personality Disorder, BPD'라고 말한다.

30여 년 전 세계 최초로 경계성 성격장애를 치료하는 병원을 세웠을 때만 하더라도 BPD는 생소한 것이었다. 대중은 그 이름조차 알지 못했고, 의사들도 BPD를 우울증이나 조울증으로 착각하기 일쑤였다. 하지만 시간이 흐르면서 BPD에 대한 연구가 계속되었고 관련 저서도 다수 출간되었다. 그런 노력 덕분인지 BPD에 관한 병인론, 생물학, 유전학, 심리학, 사회학적 적용과 치료접근법 등 우리의 지식은 기하급수적으로 늘어났다.

　　　　　　　　　　　머리말 • 경계에 선 사람들

그러나 이 같은 의학적 진보에도 불구하고 BPD는 여전히 일반 대중의 오해를 불러일으키고 많은 전문가들을 힘들게 하는 질병이다. 〈타임〉지는 기사에서 '경계성 성격장애는 심리학자들이 가장 두려워하는 질병이자 많은 의사들이 가장 피하고 싶어 하며 어떻게 치료해야 할지 난감해하는 심리적 문제다'라고 보도했다.

BPD 권위자인 마샤 리네한은 "경계성 성격장애를 앓고 있는 사람은 3도 화상을 입은 사람과 심리적으로 동일하다. 말하자면 그들은 감정의 피부가 약한 사람들이라 약간의 손길이나 움직임에도 엄청난 고통을 겪는다"고 말했다. 그런데도 특정 치료법과 약물 표적 치료는 BPD를 앓고 있는 사람의 고통을 덜어주는 것으로 입증되었다. 무엇보다도 중요한 사실은 BPD에 관한 대중의 인식이 과거에 비해 엄청나게 높아졌다는 사실이다. 2008년 미국 의회가 5월을 '경계성 성격장애 인식의 달'로 지정한 것이 이 병에 대한 대중의 인식이 어느 정도인지 알려주는 가장 분명한 지표라 하겠다.

나는 30년이 넘게 정신과 전문의이자 심리학자로 BPD 환자를 만나왔다. 그 결과 내 마음 같은 사람도 없으며 타인에게 상처받지 않을 방법도 없다는 사실을 깨달았다. 그래서 나는 마음의 상처를 입은 사람들에게 이 사실을 받아들이라고 권한다. 그래야만 감정의 롤러코스터에서 내려올 수 있기 때문이다. 마음의 상처는 눈에 보이지 않아서 대부분의 사람이 상처받지 않은 것처럼 행동한다. 그러나 마음의 상처는 덮어둔다고 해서 치유되지 않는다. 방치하면 트라우마가 되어 자신도 알지 못하는 사이에 인생을 파괴한다.

그렇다면 도대체 어떻게 해야 할까? 지금이라도 결심하자, 현실의

나를 직시하고 부족한 나지만 있는 그대로 사랑하겠다고. 우리는 자기를 안다고 생각하지만 실제로는 모르는 경우가 많다. 나를 모르니 이상화한 내 모습이나 남이 제시한 기준에 자신을 맞추려 한다. 그러나 현실은 이와는 반대다. 우리는 누구나 넘어지고, 실수하고, 상처를 주고받으며 산다. 그것이 인간이다. 장점은 장점대로, 단점은 단점대로 나를 있는 그대로 받아들일 때 행복은 찾아온다. 내 안의 나를 온전히 직시해야 세상에 휘둘리지 않고 중심을 잡을 수 있다. 모순되고 변덕스러운 감정에서 벗어나고 싶다면 여기에서부터 시작해야 한다. 이 책이 감정의 롤러코스터에서 안전하게 내려오는 법을 알려주는 길라잡이가 되어줄 것이다.

이 책의 초판이 1989년에 나왔을 당시, 국내외에서 보여준 반응은 열렬했다. 대중이 BPD에 대해 좀 더 쉽게 이해할 수 있으며, 전문가들도 참고할 수 있는 책을 내고 싶다는 우리의 의도가 충족된 것 같아서 기뻤다. 초판본이 출간된 이후 많은 시간이 흐르면서 매체와 전문가들은 이 책을 BPD 분야의 '고전'이라고 지칭하게 되었다.

30년이 지난 지금 기존의 작품을 다시 살피고 그간 축적된 방대한 데이터를 업데이트하는 일은 애정 없이는 할 수 없는 작업이었다. 개정판을 쓰면서 가장 주목한 부분은 그동안 눈부시게 발전한 치료법 중에서도 전문가들에게 가장 중요한 발전이 무엇이며 현재의 유용하고 활용도 높은 정보를 설명하는 것이었다. 그러면서도 너무 길지 않도록 분량을 조절해 일반 독자들이 쉽게 이해할 수 있는 BPD의 지침서가 되도록 하는 것이 가장 큰 과제였다.

이 균형을 유지하기 위해서 증상의 생물학적, 유전적 요인과 관련된 부분은 최근 연구를 토대로 많은 부분을 새롭게 기술했다. 또한, 특정 정신요법의 접근법과 약물치료와 관련해서 새로운 장을 추가했다. 개정판에서도 마찬가지로 실제 사례를 통해 경계성 성격장애를 겪거나 가족으로서 환자와 함께 사는 것이 어떤지 알 수 있도록 구성했다. 이들 이야기의 배경은 한 세기에서 다음 세기로 이어진 사회의 변화를 반영하고 있다. 초판과 가장 큰 차이점은 전반적인 어조의 변화라고 볼 수 있겠다. 30년 전에는 환자의 예후가 상당히 암울했지만 지금은 수많은 장기 연구 덕분에 훨씬 더 긍정적인 결과를 기대할 수 있게 되었다.

이 책이 초판본의 노력을 새롭게 단장하면서 BPD에 대한 오해와 관련 오명을 없애는 데 조금이나마 일조하길 바라며 이 개정판 역시 널리 사랑받았으면 하는 바람이다.

제럴드 J 크리스먼
할 스트라우스

이 책의 이전 판에서는 BPD를 앓고 있는 사람을 지칭할 때 '경계성 성격장애의 공식 진단과 일치하는 징후와 증상을 보이는 개인'이라는 좀 더 정확한 명칭보다 부담이 적고 독자들에게 친숙한 '경계성'이라는 용어를 사용했다.

나는 이러한 약칭이 한 사람을 낙인찍는 꼬리표가 될 수 있다는 점을 늘 우려했다. 그래서 이번 개정판에서는 증상에 초점이 맞춰진 '경계성'보다는 사람에 초점을 맞춘 '경계인'이라는 명사와 함께 '경계성 성격장애가 있는 사람', '경계성 성격장애를 앓고 있는 사람'과 같이 명사를 형용사로 전환하여 조금이라도 불만족스러운 용어를 피하려고 노력했다. 물론 이 표현들 역시 완벽하게 만족스럽지는 않다. 다만, 우리는 BPD로 고통받는 사람들에 대한 존중, 그들을 돌보는 사람들에 대한 민감성, 정신건강을 위해 고군분투하고 있는 모든 사람을 더 깊이 이해해야 할 필요성을 강조하고 싶었다.

# 차례

# 제6장 경계인을 이해하고 돕는 법

# 제7장 적절한 치료법 찾기

# 제8장 정신요법적 접근

# 제9장 약물치료 : 과학과 전망

# 제10장 다시 나와 마주하는 용기

제1장

# 경계인은 누구인가

"보고 듣는 모든 것이 존재하지 않는 것 같았다.
모든 것이 낯설었다. 이게 바로 내가 원했던 것이다.
진실은 사실이 아니며 인생에서 벗어나
숨을 수 있는 또 다른 세상에 홀로 남겨지는 것이다."

— 유진 오닐의 《밤으로의 긴 여로》 중에서

# 감정의 롤러코스터, 경계성 성격장애

화이트 박사는 5년 넘게 몇 가지 내과적 증상을 보이는 제니퍼를 치료해 왔다. 박사는 그녀의 증상이 크게 문제 될 게 없는 간단한 증상이라 여기고 속이 불편하다고 말하는 그녀에게 위염에 좋은 제산제를 처방했다. 그러나 치료와 정기적인 검진을 통해 정상 소견을 받았음에도 제니퍼의 위통은 나아지지 않았고, 오히려 심해져만 갔다. 박사는 그녀를 입원시킬 수밖에 없었다.

정밀검사를 실시한 뒤 화이트 박사는 제니퍼의 위통이 감정적인 문제 때문이라고 판단했다. 그는 제니퍼에게 직장과 집에서 스트레스를 받는지 물었다. 대기업에서 인사과장으로 일하는 그녀는 업무로 인한 스트레스가 상당히 크다고 인정하면서도 이렇게 덧붙였다.

"저 말고도 일 때문에 스트레스를 받는 사람은 많을걸요?"

그러면서 최근 들어 자신이 챙겨야 할 집안일이 더 많아졌다고 했다. 법조계에서 일하느라 바쁜 남편도 챙겨야 하고, 어머니로서 아이도 돌봐야 한다고 말이다. 하지만 그녀는 자신의 위통이 그런 일 때문에 생겼다고는 생각하지 않는 듯했다.

화이트 박사는 제니퍼에게 정신과 상담을 받아보라고 권유했지만 거절했다. 하지만 불편한 정도였던 고통이 칼로 찌르는 듯한 아픔으로 바뀌자 그녀는 마지못해 정신과 전문의인 그레이 박사를 만나보기로 했다.

그리고 며칠 뒤 제니퍼를 만난 그레이 박사는 그녀의 첫인상이 좋다고 생각했다. 제니퍼는 매력적인 금발에 실제 나이인 스물여덟 살보다 어려 보였다. 특색 없이 밋밋하던 병실은 그녀의 센스로 잘 꾸며져 있었다. 침대 옆에는 동물 인형들이 놓여 있었고 협탁 위에는 여러 장의 남편과 아이 사진이, 창틀에는 빠른 쾌유를 기원하는 지인들의 카드가 빼곡하게 자리를 잡고 있었다. 그 옆에는 꽃다발이 놓여 있었다. 그렇게 꾸며진 자신만의 개인적인 공간에서 그녀는 침대에 편안하게 누워 있었다.

처음에 제니퍼는 그레이 박사가 하는 모든 질문에 진지한 자세로 정중하게 대답했다. 그러면서도 자신이 어쩌다 정신과 의사와 상담하게 되었는지 모르겠다는 식의 농담을 하기도 했다. 그러나 이야기가 길어질수록 그녀는 점점 더 슬퍼 보였다. 그녀의 목소리는 자신감을 잃어 갔고 태도는 아이처럼 변했다.

제니퍼는 그레이 박사에게 승진한 뒤로 해야 할 일이 많아졌고 커진 책임 때문에 불안하다고 털어놓았다. 다섯 살인 아들을 유치원에 보내야 하는데 아이와 떨어지는 일이 그녀와 아이를 힘들게 한다고 했다. 게다가 남편 앨런과의 관계도 예전 같지 않다고 했다.

제니퍼는 기분이 급격하게 바뀌는 것을 경험했고 잠을 자지 못한다고 말했다. 입맛도 없어서 살도 빠졌고, 집중력과 열정, 그리고 성욕도 떨어졌다고 했다.

그레이 박사는 제니퍼의 위염 증상을 완화해 주고 수면 패턴을 되돌릴 수 있는 항우울제를 처방했다. 며칠 뒤 그녀는 외래 진료를 계속 받기로 하고 퇴원했다.

## 내 안에 또 다른 내가 있다

외래 진료에서 제니퍼는 자신의 어릴 적 가정교육에 대해 많은 이야기를 털어놓았다.

작은 마을 출신인 그녀는 지역 유지인 사업가 아버지와 사교계 명사인 어머니 밑에서 자랐다. 교회 장로이기도 한 아버지는 그녀와 두 오빠에게 마을 사람들이 그들 가족의 말과 행동을 유심히 살피기 때문에 매사에 완벽해야 한다고 끊임없이 강조했다.

하지만 제니퍼는 학교 성적이나 행동, 심지어 생각까지도 아버지의 기준에 미치지 못했고 실패를 거듭했다. 그녀는 아버지를 두려워하면서도 인정받기를 원했다. 반면 어머니는 딸에게 소극적이고 무심했다. 제니퍼의 부모는 딸의 친구들을 일일이 살피고는 탐탁지 않게 여긴 적이 많았다. 그 때문에 그녀는 친구가 별로 없었고 이성 친구는 더더욱 적었다.

제니퍼는 청소년기에 롤러코스터처럼 심한 감정 기복을 겪었는데 대학교에 들어가서는 더욱 심해졌다. 그 당시 처음으로 술을 마시게 되었고 가끔은 자제력을 잃고 주량을 넘기기도 했다. 그녀는 갑자기 외로움을 느끼고 우울해졌다가 다시 행복함과 사랑을 느끼며 기분이 급격히 좋아지기를 반복했다. 가끔은 어린 시절부터 억눌러왔던 화가 폭발하면서 친구에게 분노를 쏟아내기도 했다.

이 무렵 그녀는 전에는 외면했던 남자들의 관심을 고맙게 여기기 시작했다. 그러나 이성이 자신을 원한다는 것을 알면 그 감정을 즐기면서도 왠지 자신이 그들을 놀리거나 속이고 있다고 느꼈다. 그래서 남자와 사귀다가도 곧 분란을 일으켜 관계를 망쳐버리곤 했다.

제니퍼는 그즈음 막 법대를 졸업한 지금의 남편인 앨런을 만났다. 그는 열정적으로 제니퍼를 쫓아다녔고 그녀가 거리를 두려고 했을 때도 물러서지 않았다. 앨런은 제니퍼의 옷을 골라주는 일을 즐겼고 걷는 법, 말하는 법, 영양소를 고루 섭취하는 법도 가르쳐 주었다. 그리고 자신이 자주 가는 헬스클럽에 함께 가자고 졸랐다.

제니퍼는 앨런에 대해 설명하며 이렇게 말했다.

"앨런은 제게 정체성을 심어주었어요."

그는 제니퍼에게 업무 파트너와 고객을 어떻게 상대해야 하는지도 알려주었다. 언제 적극적으로 나서야 하며 언제 조용히 있어야 하는지 말이다. 그녀는 큐 사인이 떨어지면 레퍼토리에 따라 능숙하게 연기하는 법을 익혔다.

앨런의 고집으로 두 사람은 그녀가 대학 3학년을 마치기도 전에 결혼식을 올렸다. 제니퍼는 결혼 후 학교를 그만두고 데스크 접수 담당자로 일을 시작했지만 그녀의 지적인 능력을 알아본 고용주 덕분에 좀 더 책임 있는 자리로 승진할 수 있었다.

그러나 가정에서의 상황은 점점 나빠지기 시작했다. 앨런이 일과 보디빌딩에 몰두하면서 집에 없는 시간이 더 많았고 제니퍼는 그 점이 너무 싫었다. 그녀는 남편을 조금 더 집에 붙잡아 두려고 싸움을 걸기도 했다. 그럴 때는 앨런이 손찌검을 하도록 유도했고 그런 다음에는 사랑을 나누자고 유혹했다.

제니퍼는 여자는 수다스럽고 재미없는 존재라고 여겼기에 친구가 별로 없었다. 그래서 결혼 2년 만에 태어난 아들 스캇이 그동안 느끼지 못했던 위안을 가져다주길 바랐다. 그녀는 아들이 항상 자신을 사랑하고 곁에 있어 줄 것이라 믿었다. 하지만 아이를 키우는 일은 생각보다 너무 힘들었고, 결국 그녀는 얼마 지나지 않아 다시 일터로 돌아가기로 마음먹었다.

제니퍼는 직장에서 승승장구하면서도 여전히 불안했다. 그런 감정을 감추려고 자신보다 거의 마흔 살이나 많은 직장 동료와 부적절한 관계를 맺기도 했다.

"평소에는 괜찮아요. 하지만 제 안에는 상황을 뒤집고 자신을 통제하는 또 다른 자아가 있어요. 전 좋은 어머니예요. 그렇지만 저의 다른 자아는 절 헤픈 여자로 만들고 미치광이처럼 행동하게 만들어요!"

## 어른이라는 갑옷을 입은 어린아이

제니퍼는 계속해서 자신을 조롱했고, 특히 혼자 있을 때 더욱 심하게 굴었다. 고독한 시간이 찾아오면 그녀는 어딘가에 홀로 버려진 것처럼 느꼈고, 자신이 하찮은 존재이기 때문이라고 스스로 원망했다. 어떤 식으로든 탈출구를 찾지 못하면 불안함이 자신을 완전히 덮쳐 버릴 것만 같았다. 그런 불안함을 떨쳐버리기 위해 폭식을 하며 자신을 학대했다. 어느 날은 쿠키 반죽을 통째로 먹어 치운 적도 있었다. 또한 '머릿속에서 남편과 아들이 계속 살아있도록' 몇 시간이고 두 사람의 사진을 들여다보기도 했다.

치료를 받으러 오는 제니퍼의 옷차림은 극과 극을 달렸다. 일을 마치고 바로 올 때는 정장 차림에 성숙함과 우아함을 드러냈다. 하지만 쉬는 날에는 짧은 반바지에 무릎까지 오는 양말을 신고 땋은 머리를 하고 나타났다. 그런 날에는 소녀처럼 행동하고 격양된 목소리에 사용하는 어휘도 빈약했다.

가끔은 그레이 박사가 보는 앞에서 태도가 돌변하기도 했다. 통찰력 있고 지적이며 자신을 이해하려는 노력에 잘 협조하다가도 이내 어린아이처럼 굴었다. 그럴 때면 "나는 어른의 세계에서 제대로 살아갈 수 없어요"라고 말했다. 때로는 교태를 부리고 매혹적으로 환심을 사려고 하기도 했고, 반대로 적대감을 드러내기도 했다. 다시는 오지 않겠다며 상담실을 뛰쳐나갔다가도 다음 약속에서는 그레이 박사가 자신을 진찰해 주지 않을까 봐 겁먹은 모습으로 되돌아왔다.

제니퍼는 마치 어른이라는 갑옷을 입은 어린아이 같았다. 그녀는 다른 어른에게서 동등한 대접을 받으면 당황했다. 그들이 언제라도 가면 속을 꿰뚫어 보고 자신이 '나약한 공주님'이라는 사실을 알아주길 바랐다. 그녀는 자신을 사랑하고 세상으로부터 보호해 줄 누군가가 필요했다. 그래서 절박하게 연인관계를 맺고 싶어 했지만, 막상 누군가 너무 가까이 다가오면 겁을 먹고 도망쳤다.

# 어디에나 있지만 찾기 힘든 경계인

제니퍼는 전형적인 경계성 성격장애Borderline Personality Disorder, BPD를 앓고 있다. 비단 그녀뿐만이 아니다. 최근 연구에 따르면 1,800만 명이 넘는 미국인이 BPD의 초기 증상을 보이고 있다고 한다. 이는 미국 전체 인구의 약 6퍼센트에 가까운 수치다. 하지만 다른 많은 연구에서는 이 수치가 과소평가 된 것이라고 지적한다. 정신과 외래 환자의약 10퍼센트, 입원 환자의 20퍼센트, 정신과 치료를 받는 전체 환자의 15~25퍼센트가 경계성 성격장애 진단을 받는다. 성격장애 중 가장 흔한 질병인 셈이다.

그러나 이렇게 흔히 볼 수 있음에도 불구하고 BPD는 여전히 일반 대중에게 거의 알려지지 않았다. 길에서 행인에게 불안, 우울, 알코올 중독이 무엇이냐고 물으면 의학적으로 정확하지 않더라도 대략 병에 대해 설명할 수 있을 것이다. 하지만 경계성 성격장애가 무엇이냐고 묻는다면 그저 멍하게 쳐다보기만 할 것이다.

반면에 임상 경험이 풍부한 정신과 전문의에게 BPD에 대해 물으면 일반인들과는 전혀 다른 반응을 보일 것이다. 아마도 의사는 한숨을 내쉬며 정신분열증, 알코올중독을 비롯해 그 어떤 정신질환 환자보다 까다롭고 지독하며 피하고 싶은 사람이 바로 경계성 성격장애 환자라고 대답할 것이다. 10년이 넘도록 BPD는 정신의학계에서 일종의 '제3세계'로 여겨져 엄청나고 모호하며 위협적인 상태로 숨어 있었다.

## 모호하지만 치명적인

경계성 성격장애가 제대로 알려지지 못한 이유는 최근에서야 제대로 진단이 이루어진 탓도 있다. 오랫동안 '경계성'은 기존의 진단에 부합하지 않는 모호한 환자를 포괄하는 범주였다. 정서적 갈등에 이어 심한 불안감을 느끼는 '신경증' 환자보다는 심각하지만, 현실에서 벗어나 일반적으로 생활하기 불가능한 '정신병' 환자보다는 증상이 가볍기 때문에 이에 해당하는 환자를 경계성 성격장애로 분류한다.

또한, 경계성 성격장애는 다른 정신과 질병과 함께 발현되거나 아주 유사하다. 우울증, 불안장애, 조울증, 정신분열증, 건강염려증, 다중인격, 주의력결핍 과잉행동장애(ADHD), 외상 후 스트레스장애, 알코올중독, 약물중독(니코틴의존증 포함), 식이장애, 공포증, 강박장애, 히스테리, 반사회적 성격장애 및 다른 성격장애처럼 말이다.

'경계성Boarderline'이라는 용어가 처음 사용된 것은 1930년대이지만 1970년대까지는 이 질환에 대한 명확한 정의가 내려지지 않았다. 오랜 세월 동안 정신과 의사들은 경계성 성격장애가 독립적인 질환이라는 데 동의하지 않았다. 하물며 진단을 내릴 특정한 증상에 대해서도 알지 못했다. 그러다 점차 많은 사람들이 일상생활에서 발생하는 일련의 문제에 대한 치료법을 찾기 시작하면서 이 질병의 속성이 드러나게 된 것이다.

1980년에 정신과 전문의들에게 진단 성서와도 같은 미국 정신의학 협회《정신질환 진단 및 통계편람Diagnostic and Statistical Manual of Mental Disorders, DSM》의 세 번째 개정판에서 처음으로 BPD가 의학적으로 정의되었다.

비록 정신의학 분야의 여러 학파가 BPD의 정확한 특성, 원인, 치료 방법을 두고 논쟁을 벌이고 있지만, 현재 미국 사회에서 BPD는 주요 정신건강 문제로 공식적으로 인정받고 있다. 게다가 BPD 환자는 다른 정신질환 환자보다 정신과 관련 의료서비스를 받는 비율이 엄청나게 높다. 덧붙이자면, 여러 연구를 통해 BPD 진단을 받은 환자의 약 90퍼센트가 최소 한 가지의 다른 주요 정신질환 진단을 받았다는 사실이 입증되었다.

BPD는 내과질환과도 관계가 있다. 특히 여성에게 많이 발생하는데, 만성 두통과 그밖에 다른 통증, 관절염, 심혈관질환, 위장질환, 비뇨기질환, 폐질환, 간질환, 면역계질환, 종양질환 등이 그것들이다.

2008년에 미국 하원은 5월을 'BPD 인식의 달'로 지정했다. 하지만 안타깝게도 그 후 정부는 조현병이나 양극성장애처럼 흔치 않은 일부 BPD 연구만을 지원했다.

BPD는 정신건강의학 치료에 있어서 바이러스와 같은 존재로 인식되어왔다. 치명적이고 모호해서 진단과 치료가 힘들고 명확한 정의가 없어 환자에게 제대로 설명할 수 없었기 때문이다.

## 누구나 경계인일 수 있다

일상에서 만날 수 있는 경계인은 어떤 모습일까?

초등학교 때부터 쭉 친하게 지내온 친구 캐럴일지도 모른다. 그녀는 당신이 자신의 뒷말을 하고 다니며 한 번도 진정한 친구로 대한 적이 없었다고 비난한다. 그리고 몇 주 혹은 몇 달 뒤 아무 일도 없었다는 듯 전화를 걸어와 상냥하게 군다.

그는 당신의 상사인 밥일 수도 있다. 하루는 일상적인 업무를 마친 당신에게 칭찬을 쏟아붓고, 또 하루는 사소한 실수를 가지고 호되게 질책한다. 그는 과묵하고 거리감이 느껴지다가도 또 어떤 때는 즉흥적이고 소란스러운 남자아이 같다.

당신 아들의 여자 친구인 알린이 그 주인공일 수도 있다. 한 주는 모범생처럼 단정한 옷차림으로 다니다가 새로운 주가 시작되면 전형적인 문제아처럼 옷을 입고 나타난다. 어느 날 저녁, 아들과 헤어졌다가 몇 시간 뒤 돌아와 끝없는 헌신을 애원하기도 한다.

그는 옆집에 사는 브렛일 수도 있다. 결혼 생활이 무너지고 있다는 것을 인식하지 못하는 그는 아내가 불륜을 저지른 걸 알면서도 이를 부정하다가 곧이어 엄청나게 비난한다. 그는 절박하게 가족에게 들러붙지만 죄책감과 자기혐오로 아내와 아이에게 분노를 쏟아낸다. 그러면서도 가족이 자신을 부당하게 대우한다며 늘 불평한다.

이 짤막한 이야기 속의 사람들이 일관성이 없어 보일지도 모르지만, 이렇듯 이랬다저랬다 하는 것이 BPD의 전형적인 특징이다. BPD는 걸어 다니는 역설 덩어리이자 진퇴양난에 빠진 존재다. 이들이 보여주는 모순된 행동은 심리학자들이 왜 이 질병에 대한 규격화된 기준을 결정하는 데 그처럼 어려움을 겪었는지 짐작하게 한다. 이 사례들이 아주 익숙하게 느껴진다고 해도 걱정할 필요는 없다. 이번 기회를 통해 나를 비롯해 배우자나 친척, 가까운 친구 혹은 동료가 BPD를 앓고 있는지 확인할 수 있으니 말이다.

정확한 수치를 말하기는 어렵지만 정신과 전문의들은 일반 BPD를 앓고 있는 사람의 수가 상당히 빠른 속도로 증가하고 있다는 데 대체로 동의한다. 그러나 일각에서는 환자의 수가 늘어난 것이 아니라 이 병을 인식하는 의사들이 자각이 높아진 것이라고 주장하기도 한다.

BPD는 정말로 현대 사회의 전염병일까, 아니면 그저 '경계성 성격장애'라는 진단명이 새로 등장한 것일 뿐일까? 아무튼 이 질병은 여러 가지 유사 증상의 정신 체계에 새로운 통찰을 제공해 주었다. 많은 연구자들이 BPD를 거식증, 폭식증, ADHD, 약물중독, 청소년자살과 관련지어 살펴보고 있으며, 이 같은 경향이 지난 10년 동안 눈에 띄게 증가했다. 일부 연구는 BPD 환자의 거의 50퍼센트가 편의상 식이장애로 분류되었다는 점을 밝혀주었다. 약물중독 환자의 50퍼센트 이상이 BPD의 기준을 충족시켰다는 점을 알려준 연구도 있다.

자해 성향이나 자살 시도는 경계인에게서 아주 흔하게 발생하며 실제로 이 점이 BPD를 정의하는 한 가지 기준이기도 하다. BPD 환자의 70퍼센트가 자살을 시도한다. 자살로 인한 죽음은 전체의 약 8~10퍼센트를 차지하며 청소년 환자의 경우에는 그 수치가 훨씬 높다. 기존의 자살 시도 이력, 힘든 가족사, 지원 체계의 부재가 이런 상황을 악화시키는 요인이다. 경계인이 우울증이나 조울증, 알코올중독이나 약물중독을 앓고 있을 경우 자살할 위험은 몇 배로 늘어난다.

# BPD 진단은 어떻게 이루어지는가

1980년 이전 DSM(Diagnostic and Statistical Manual of Mental Disorders : 미국 정신의학협회가 출간하는 정신질환 진단 및 통계 매뉴얼)의 기존 I과 II 버전은 정신질환을 서술적으로 묘사했다. 하지만 DSM-III는 정신질환을 체계에 따라 범주화했고, 여러 가지 증상으로 특정 질환을 시사하고 있다. 이 같은 측정기준에 특정 개수 이상이 일치한다면 그 사람은 해당 질환의 범주 요건을 충족시킨다고 보았다.

흥미롭게도 1980년대 이후 나온 DSM의 네 번째 개정판에는 BPD에 관한 진단기준에서 아주 작은 수정만 이루어졌다. 잠시 후 보게 되겠지만 BPD와 관련해서 아홉 가지 측정기준이 있고 해당 질병으로 진단받으려면 이 중 다섯 가지 이상의 징후를 보여야 한다.

범주화하는 작업은 정신과 전문의들 사이에서 특히 성격장애 부분을 두고 논쟁을 촉발시켰다. 다른 정신질환과는 달리 성격장애는 일반적으로 성년기 초기에 발발하며 오랜 기간 지속된다. 이 같은 성격장애는 계속되거나 시간이 지나면서 아주 조금씩 변하는 경향이 있다. 그렇지만 범주화 체계로 정의하는 방식은 비현실적으로 갑작스러운 진단 변화를 야기할 수 있다. BPD와 관련해서 다섯 가지 BPD 의심 증상을 보이는 사람이라면 한 가지 증상만 바뀌어도 이론적으로는 경계성 성격장애에서 배제된다. 이런 갑작스러운 치료는 성격장애의 개념과 일치하지 않은 듯 보인다.

이러한 이유와 그밖에 다른 이유 때문에 일부 조사학자와 임상의는 DSM 진단방식을 차원적 접근법으로 바꾸기를 권하고 있다. 일부 BPD의 기능은 다른 것들보다 정도가 강해서 이 같은 접근법이 'BPD의 정도'라고 부를 수 있는 근거를 제공하기 때문이다.

차원적 접근법은 개인이 경계성 성격장애인지의 여부를 결정하기보다는 장애가 한 스펙트럼 안에서 인식되어야 한다고 주장한다. 이 접근법은 어떤 증상이 더 만연하고 지속되는지에 따라 측정기준의 비중을 다르게 책정한다. 그렇게 하는 이유는 대표적인 BPD의 전형을 발전시켜 환자가 여기에 얼마나 부합하는지 면밀하게 살펴보고 측정기준을 표준화할 수 있기 때문이다. 차원적 접근법은 기능적 장애를 측정하는 용도로 사용될 수 있다. 이 방식으로 환자의 일상적 과제를 수행하는 능력에 따라 BPD의 기능이 높고 낮은지를 식별한다. 또 다른 방법론으로는 충동, 새로운 것만 추구, 보상 의존, 손상 회피, 신경증(스트레스, 열악한 충동 조절 능력, 불안, 정동장애 등)처럼 BPD와 관련되는 특정 증상을 측정할 수 있다. 이런 관점에서는 경계성 성격장애의 지속 혹은 소멸을 결정하는 것보다 더 정확하게 변화와 개선 정도를 측정할 수 있다.

이 두 가지 정의적 접근법의 차이를 이해하는 데는 우리가 성별을 인식하는 방식이 도움이 된다. 남성 혹은 여성인지 판단하는 것은 범주화적 정의로 객관적인 유전자와 호르몬 요인에 근거한다. 그렇지만 남성성과 여성성을 구분하는 일은 차원적 개념으로 개인적, 문화적 요인을 비롯해 한층 덜 객관적인 기준이 영향을 미친다.

## BPD 진단의 아홉 가지 측정기준

가장 최신판인 DSM-V에는 BPD에 대한 아홉 가지 측정기준이 나와 있고 이 중 다섯 가지 이상 해당되어야 확진을 받을 수 있다. 언뜻 보면 이 측정기준은 BPD와 무관하거나 지엽적으로만 연관된 것 같다. 하지만 자세히 들여다보면 아홉 가지 증상이 복잡하게 연결되고 상호결합해 한 가지 증상이 연소 엔진의 피스톤처럼 다른 증상을 촉발시킨다.

아홉 가지 측정기준은 다음과 같이 요약할 수 있다(2장에서 각각의 측정기준에 대해 자세히 설명하도록 함).

1. 실제 혹은 상상 속 관계에서 버림받지 않으려고 처절하게 애쓴다.

2. 불안정하고 강렬한 대인관계를 맺고 있다.

3. 뚜렷한 정체성을 가지지 못한다.

4. 약물중독, 섹스, 절도, 난폭운전, 폭식처럼 잠재적으로 자신을 해칠 수 있는 행동을 충동적으로 한다.

5. 반복적으로 자살할 것이라 협박하거나 그런 태도를 보이고 혹은 자해를 한다.

6. 상황이 주는 스트레스에 감정 기복이 극심하고 과도한 반응을 보인다.

7. 만성적으로 공허한 느낌을 갖고 있다.

8. 화를 자주 내고 부적절한 방식으로 표출한다.

9. 비현실적 혹은 망상 속에서 순간적으로 스트레스와 관련된 감정을 느낀다.

이 아홉 가지 증상은 다음과 같은 네 가지 영역으로 분류되어 치료로 이어진다.

1. 정서불안(측정기준 1, 6, 7, 8)

2. 충동성과 위험하고 제어 불가능한 행동(측정기준 4, 5)

3. 대인관계 심리학(측정기준 2, 3)

4. 사고와 인지왜곡(측정기준 9)

# 감정 혈우병에 걸린 경계인

경계성 성격장애는 '감정 혈우병'이라고도 불린다. 이런 명칭이 붙은 까닭은 경계인은 물론 그의 가족과 친구들이 겪는 고통이 끝없이 지속되기 때문이다.

경계인의 상당수가 분명한 목적지 없이 끝없이 요동치는 감정의 롤러코스터를 경험한다. 이들과 함께 사는 가족, 그를 사랑하는 친구, 치료를 담당하는 사람들에게도 이 여정은 가혹하고 희망이 보이지 않으며 좌절하게 만든다.

앞에서 소개한 제니퍼를 비롯해 수많은 경계인들이 자신이 가장 사랑하는 사람을 상대로 감당하기 어려운 분노를 표출한다. 그들은 무력하고 공허하며 심각한 감정적 모순을 겪으며 여러 가지 정체성을 보인다.

감정기복이 아주 빠르고 폭발적이어서 환자의 감정을 기쁨에서 절망으로 순식간에 추락시킨다. 한 시간 동안 화를 냈다가 다시 침착해진 뒤에도 환자는 왜 그렇게 분노했는지 이유를 알지 못한다. 그래서 대개 사건의 본질을 이해하지 못하는 자신을 더욱 혐오하게 되거나 우울증에 빠지는 악순환으로 이어진다.

경계인은 감정 혈우병을 겪고 있기 때문에 감정을 적절하게 분출할 수 있도록 하는 응고 체계가 결여되어 있다. 이들의 연약한 피부를 찌르면 감정적으로 피를 흘리며 죽게 된다. 경계인에게 지속적으로 만족감을 느끼는 것은 낯선 일이다. 이들은 이러한 고통에서 벗어나기 위해 억지로 어떤 행동을 하기 전까지는 만성적인 공허함에 시달린다. 경계인은 이처럼 낮은 정서 상태에서 수없이 많은 충동적이고 자기 파괴적인 행동을 보이기 쉽다. 약물이나 알코올 의존, 폭식, 절식, 폭식 후 구토, 도박, 쇼핑중독, 문란한 성생활, 자해 등을 통해 공허함을 채우려 한다. 심한 경우 자살을 시도하기도 하는데 죽으려는 의도이기보다는 자신이 살아 있다는 사실을 확인하려는 경우가 대부분이다.

### 인정과 애정에 목마른 사람들

어느 경계인의 고백이다.

"감정을 느끼는 제 방식을 혐오해요. 자살을 생각하면 아주 유혹적이고 솔깃해요. 가끔은 그것이 유일한 일이기도 하고요. 자신을 해치지 않기란 어려워요. 저를 다치게 해야 두려움과 고통이 사라질 것만 같거든요."

경계인의 심리에는 정체성에 대한 모호함이 도사리고 있다. 이들에게 자신의 모습을 그려보라고 하면, 자신이 누구인지 좀 더 명확하게 아는 다른 정신질환자들과 달리 모호하고 모순적인 자화상을 그린다. 희미하고 부정적인 자신의 이미지를 극복하기 위해 배우처럼 '좋은 역할'을 찾아 자신의 텅 빈 정체성을 채울 수 있는 '캐릭터'를 완성하려고 한다. 그래서 종종 환경이나 상황 혹은 같이 있는 사람에 맞춰 카멜레온처럼 변신하는데, 우디 앨런의 영화 〈젤리그〉 속 주인공처럼 주위 사람의 성격, 정체성, 외모를 그대로 모방한다.

간혹 섹스나 마약, 그 밖의 다른 수단을 통한 황홀한 경험은 경계인에게 뿌리칠 수 없는 유혹이 되기도 한다. 황홀한 상태에 빠져 있을 때 그들은 자아와 외부 세계가 하나가 되는 일종의 두 번째 유아기의 형태로 돌아간다.

엄청난 외로움과 공허감을 느끼는 동안 경계인은 약물과다, 과도한 음주, 성적 도피를 하는데, 가끔은 며칠씩 지속되기도 한다. 마치 정체성을 찾으려는 시도가 견딜 수 없는 고통이 돼 버려서 역으로 정체성을 완전히 잃어버리거나 고통이나 마비로 인해 자아의 껍데기라도 얻는 방법으로 해결을 보려는 것과 같다.

이런 증상은 성장 환경과 깊은 관계가 있다. 경계인의 가족들을 살펴보면 알코올중독, 우울증, 감정장애가 자주 발견된다. 이들의 어린 시절은 대개 무관심, 거부, 부모의 부재, 감정 박탈, 만성적 학대로 점철된 고독한 투쟁이었다. 다수의 연구에 의하면, 대부분의 경계인에게서 심각한 정신적 육체적 성적 학대가 일어났다는 것을 알 수 있다. 실제로 경계인들은 다른 정신질환자에 비해 부모나 키워준 사람에게서 학대를 받았거나 폭력을 목격하거나 부적절한 경험을 한 경우가 월등히 많았다.

이런 사람은 다른 질환에 훨씬 취약하고, 호르몬 변화와 염증 변화, 유전적 변화와 그밖에 다른 신경생물학적 변화를 드러낼 가능성이 더욱 높다. 불우한 어린 시절을 보낸 임산부 대상의 한 연구에서는 임산부 자녀의 염색체를 검사했다. 검사 결과에 의하면, 친모가 과거에 받았던 아동학대의 강도는 갓난아기의 말단소립(염색체 끝을 보호해 주는 뚜껑) 길이 단축화와 직접적인 상관관계가 있었다. 이뿐만 아니라 생후 8개월 된 아이의 행동 문제 증가와도 상관관계가 있었다.

이처럼 불안정한 관계가 청소년기와 성년기에 진행되면 이성관계에 대한 애착이 상당히 높아지지만 대부분은 오래가지 못한다. 경계인은 필사적으로 이성을 찾아 애정을 갈구하다가도 이내 그 감정을 거부한다. 좀 더 긴 연인관계를 맺었다고 해도 지속하지 못하고 몇 주 혹은 몇 달 만에 끝이 나 버린다. 게다가 그 시간을 엄청난 동요, 분노, 놀라움, 흥분으로 채운다. 이와 관련된 연구에 따르면, 어린 시절에 학대받은 경험이 있는 사람은 신체적 접촉에 과민하게 반응하고 대인관계에 서툰 경향을 보인다.


## 흑백논리 속 세상에 사는 경계인

경계인은 세상을 어린아이처럼 영웅과 악당만이 존재하는 이분법적 관점으로 바라본다.

아이와 같은 유치함을 지닌 경계인은 인간의 모순과 모호함을 용인하지 못한다. 그래서 타인의 좋은 점과 나쁜 점을 분리하거나 통합해서 이해하는 능력이 현저히 떨어진다. 어느 특정한 순간에 따라 그저 '좋은 사람'이나 '나쁜 사람'으로 나뉠 뿐 그 중간은 존재하지 않는다. 게다가 뉘앙스나 미묘한 차이를 파악하는 것도 무척 힘들어한다. 또한, 우상이었던 연인, 부모, 형제자매, 친구를 한순간에 완전히 무시하거나 나쁜 사람으로 치부해 버린다.

이상적이라 생각했던 사람이 실망을 주면(모두가 언제든 그럴 수 있는 것처럼) 경계인은 자신의 엄격하고 융통성 없는 관점을 급진적으로 적용한다. 다시 말해, 천사를 단번에 악마로 둔갑시킨다. 자신의 우상을 지하 동굴로 던져버리거나 그 사람의 완벽하고 훌륭한 이미지를 지키기 위해 스스로를 동굴로 던져 버린다.

이런 식의 행동을 심리학에서는 '분리'라고 하는데, 경계인들이 주로 보여주는 방어기제다. 엄밀히 말하면 분리는 본인이 타인에 대한 긍정적 또는 부정적 생각과 감정을 엄격하게 구별하는 것으로, 두 가지 감정을 동시에 발생시키는 능력이 부족한 데서 온다. 대부분의 개인은 동시에 두 가지 모순되는 감정을 느끼고 받아들일 수 있다. 하지만 경계인은 특성상 왔다 갔다 바뀌어야 하며 한 가지 감정이 나타난 상태에서는 다른 쪽 감정을 전혀 알아차리지 못한다.

경계인에게 분리는 불안감에서 벗어나게 하는 도피용 비상구 역할을 한다. 이들은 전형적으로 친한 친구나 친밀한 관계에 있는 한 사람을 각기 다른 시간대에 놓인 두 명의 개별 인물로 인식한다.

예를 들어, 조라는 사람이 있다고 하자. 어느 날 경계인은 완전히 선한 사람으로 전혀 망설이지 않고 '착한 조'를 꼽는다. 부정적인 측면은 모두 '나쁜 조'에게 있으므로 착한 조에게 결점은 존재하지 않는다. 하지만 다른 날에는 '나쁜 조'만 보이고 그의 악마와 같은 특성을 혐오하며 거리낌 없이 분노를 쏟아낸다. 지금 그의 눈에는 '착한 조'가 존재하지 않으니 이런 반응이 당연한 것이다.

경계인이 모순적인 감정과 이미지의 집중 공격을 피하기 위한 분리

메커니즘은 얄궂게도 종종 역효과를 낸다. 성격이라는 옷감이 해져서 자신의 정체성과 타인의 정체성이 더 급격하게 자주 바뀌는 것이다.

## 참을 수 없는 고독의 고통

타인에게 지속적으로 상처를 입는다는 느낌을 받으면서도 경계인은 절박한 마음으로 새로운 관계를 추구한다. 심지어 일시적일지라도 학대보다 참을 수 없는 것이 '고독'이다. 그래서 외로움에서 벗어나려고 이성을 만날 수 있는 술집 등 자신을 고독이라는 고통에서 벗어나게 해줄 수 있는 곳이라면 어디든지 달려간다. 최근에는 데이팅 앱 등을 이용해 끊임없이 이성을 찾아 헤매기도 한다.

인생에서 체계를 잡아줄 누군가를 찾아 탐색하는 과정에서 경계인들은 자신과 상호보완적인 성격을 가진 사람에게 끌린다. 예를 들어, 앞에서 소개한 제니퍼의 남편은 지배적이고 자아도취적인 성격으로, 큰 노력 없이 제니퍼에게 명확한 역할을 실행하게 만들었다. 그는 아내에게 복종과 학대에 관련된 정체성을 부여했다.

그렇지만 경계인의 경우 관계가 아주 빨리 끝나버리는 일이 많다. 이들과 친밀감을 유지하려면 증상에 대한 이해가 필요하고 아주 위험한 줄타기를 하려는 의지가 있어야 한다. 너무 가까이 다가가면 그들을 질식시킬 위험이 있다. 그렇다고 거리를 유지하기 위해 그들을 혼자 두면 아주 짧은 시간일지라도 마치 어린아이처럼 버림받았다고 생각한다. 둘 중 어느 쪽도 반발은 아주 격렬할 것이다.

어떤 의미에서 경계인은 대인관계라는 지도 한 장만 들고 돌아다니는 감정 탐험가와도 같다. 이들은 다른 사람과 심리적으로 적정한 거리를 측정하는 데 엄청난 어려움을 겪는다. 특히 중요한 사람일수록 더욱 심하다. 그래서 이를 보상하기 위해 엄청난 의존성을 보이거나 비이성적인 분노를 표출하며 극과 극을 오간다. 버려지는 것이 두려워 집착하지만 빠져드는 것이 두려워 상대를 밀어낸다. 친밀함을 추구하지만 동시에 이를 두려워한다. 그래서 가장 교감하고 싶었던 사람을 쫓아버리며 관계를 마무리한다.

## 직장은 무질서함의 도피처

이렇듯 BPD로 고통받는 사람이 사생활 관리에 엄청난 어려움을 겪지만, 직장에서는 조금 이야기가 다르다. 일이 체계적이고 정의가 명확하며 적절한 지원을 받는 경우에는 아주 유능한 직장인이 되기도 한다.

이들은 직장 생활을 무질서한 사회적 관계로부터 도망갈 수 있는 도피처라고 여긴다. 그래서 이들은 종종 고도로 체계화된 업무 환경에서 최고의 역할을 해내기도 한다. 많은 경계인이 의료, 간호, 성직, 심리 상담과 같이 남을 돕는 직업을 동경한다. 사회적 관계 속에서 자신을 벗어나게 하는 힘이나 통제력을 얻을 수 있다는 점에서 매력을 느끼는 것이다. 이들은 이런 역할을 수행하면서 다른 사람에게 도움을 주고 그들의 인정을 받을 수 있다는 점을 중요하게 여긴다. 경계인은 아주 두드러진 예술 능력을 보여주기도 한다. 인간의 강력한 감정에 쉽게 접근할 수 있다는 점을 무기로 뛰어난 창의성을 발휘해 성공을 거두는 것이다.

그러나 오랫동안 업무를 잘 수행하다가도 갑자기 업무 체계가 바뀌거나 개인적인 삶에 큰 변화가 있거나, 그저 지루해져서 변화를 원하게 되면 충동적으로 회사를 그만두기도 한다.

때론 자신의 지위를 고의로 망쳐버리는 경우도 있다. 경쟁이 심한 업종이거나 일에 체계가 잡혀 있지 않거나 주위에 상당히 비판적인 상사가 있다면 극심한 스트레스에 시달려 제어할 수 없는 분노와 과민반응을 보인다. 이를 방치하면 결국 자신의 경력을 망칠 수 있다.

# BPD 발병의 다양한 요인들

BPD가 새로운 현상인지 아니면 긴 세월 존재했으나 우리가 모르고 있다가 최근에서야 단순히 새로운 이름이 붙은 것인지는 알 수 없다. 하지만 내적 감정과 외적 행동이 서로 밀접하게 결합하는 부분은 정신건강학계에서 흥미로운 주제로 여겨진다.

대부분의 정신과 의사들은 BPD가 출현한 지 상당히 오래되었다고 믿는다. 실제로 많은 정신과 전문의들이 20세기에 들어서면서 지그문트 프로이트가 주장했던 가장 흥미로운 이론 중 하나인 '신경증'이 현대사회의 BPD를 명확하게 진단하고 있다고 여긴다. 이 같은 측면에서 BPD는 인간의 가장 복잡한 특성인 과거와 현재, 현실과 가상을 이해할 수 있는 새롭고 흥미로운 주제가 됐다.

BPD 연구자들은 다양한 측면에서 연구를 지속하고 있다. 그 결과로 BPD가 성별, 연령, 직업, 지역, 경제적 수준 등과 같은 요인에 따라 발병률이 다르게 나타난다는 연구 결과들이 있다.

## BPD는 '여성의 질환'인가

얼마 전까지만 해도 경계성 성격장애를 앓고 있는 사람 중 여성이 남성보다 3~4배 더 많다고 알려졌다. 그렇지만 최근의 연구에 따르면, 남녀의 분포가 비슷하게 나왔다. 다만, 여성이 치료에 좀 더 적극적이고 빈번하게 참여하며 증상과 장애의 심각성도 더 큰 것으로 나타났다. 이는 왜 여성이 임상실험의 대부분을 차지했는지 설명하는 데 도움이 된다.

BPD를 '여성의 질환'으로 인식하게 만드는 데는 다른 요인들도 작용한다. 일부 비평가들은 임상의의 편견이 BPD에도 적용된다고 주장한다. 의사들이 정체성과 충동성의 문제를 남성의 경우에 더 '일반적'인 것으로 볼 수 있다는 점이다. 따라서 남성의 BPD는 제대로 진단을 받지 못했을 수도 있다. 여성의 파괴적인 행동은 성격장애로 보는 반면 남성의 유사한 행동은 반사회적으로 여겨지는 것이다. 이런 궁지에 몰린 여성은 곧장 치료를 받게 되지만 남성은 영원히 정확한 진단을 받지 못하고 사법 제도의 영역으로 들어가게 된다.

## 연령대별 BPD

경계성 성격장애의 주요 특징인 충동, 격정적인 관계, 정체성의 혼란, 불안정한 정서는 청소년기에 흔히 겪게 되는 행동 양식이다. 실제로 핵심 정체성을 확립하는 일은 10대와 BPD 환자 모두에게 중요한 여정이다. 그런 이유로 BPD는 다른 연령대보다 10대와 청년층에서 더 많이 발생한다.

BPD는 노년층에서는 드물게 나타나는 것처럼 보인다. 최근 연구 결과에 따르면, 40대 이후의 BPD 진단이 현저하게 줄어들고 있다. 이런 연구 결과를 토대로 일부 학자들은 BPD로 고통받는 사람도 나이가 들어 성숙해지면 안정을 얻을 수 있다고 주장한다. 그렇지만 노년층은 신체적 정신적 기능이 떨어지는 상태에서도 대인관계에서 만족감을 얻으려 노력해야 하므로 오히려 아주 위험한 적응 프로세스가 될 수 있다.

자존감이 낮은 사람의 경우 나이가 들수록 상대방의 기대에 부응해 자신의 이미지를 조정하는 데 어려움을 겪는다. 집요한 정신병을 앓고 있는 노년의 경계인은 기능이 악화되는 것을 부정하고 자신의 약점을 다른 사람의 탓으로 돌리며 편집증이 심해질 수 있다. 아니면 장애를 과장해 더욱 의존적으로 바뀌기도 한다.

### 소득과 발병률의 관계

경계성 병리학은 미국 내 모든 문화권과 경제 계층에서 발견된다. 하지만 BPD의 비율은 별거, 이혼, 사별 혹은 독거를 비롯해 저임금과 교육 수준이 낮은 곳에서 매우 높은 발병률을 보인다. 유아기와 어린 시절에 겪은 가난의 결과로 스트레스는 높고 교육 수준은 낮으며 제대로 된 육아, 심리적 양육, 임신 시에 적절한 보살핌을 받지 못하면(태아의 뇌 손상 혹은 영양실조) 가난한 계층 내에서 BPD가 발생할 확률이 상당히 높다.

BPD의 사회적 비용은 상당히 큰 편이다. 경계성 성격장애를 앓고 있는 사람은 대개 일반인보다 정신질환과 다른 내과질환으로 훨씬 높은 비용을 지출하고, 그 질환으로 인해 업무 생산성이 떨어지면서 더욱 높은 대가를 치르게 된다.

덴마크의 포괄적 연구에서는 15년에 걸쳐서 BPD 환자 수천 명의 의료비와 일반 사람의 의료비를 비교했다. 이 연구 결과에 따르면 다른 의료비가 BPD 진단을 받기 5년 전보다 훨씬 높아졌다. BPD 환자의 배우자가 지출하는 의료비와 생산성 손실 비용도 증가했다.

## 문화적·사회적 영향을 받는 BPD

BPD에 대한 대다수의 이론 공식과 실증 연구들이 미국에서 진행되었지만 캐나다, 멕시코, 이스라엘, 스웨덴, 덴마크를 비롯한 서구 유럽 국가들과 동구권에서도 자국 내 경계성 병리학을 인식하기 시작했다.

이 시점에서 상대성 연구를 진행하는 것은 부족하고 모순적이다. 예를 들어, 일부 연구는 히스패닉계에서 높은 BPD 발병률을 보인다고 주장하지만 다른 연구에서 이 점을 입증할 근거를 찾을 수 없다. 어떤 연구에서는 미국 인디언 사이에서 BPD 발병률이 높다고 말한다. 지속적인 연구가 많이 부족한 상태지만, 지금까지의 연구를 통해 자녀 양육, 문화적·사회적 요소가 하나로 어울려 대략적인 증상을 유발한다는 사실을 알 수 있었다.

## 유명인과 허구적 인물들의 경계성 행동

유명인사와 허구적인 인물들은 BPD의 각기 다른 측면을 보여주고 있다. 그 관점에 따라서 전기 작가를 비롯한 여러 학자들이 경계성 성격장애를 다이애나 왕세자비나 여배우 마릴린 먼로, 소설가 젤다 피츠제럴드와 토머스 울프, 영화 〈아라비아의 로렌스〉의 실제 모델인 토머스 에드워드 로렌스 그리고 아돌프 히틀러, 시리아의 독재자 무아마르 알 카다피와 같은 다양한 범주의 인물들이 경계인이라고 추측하고 있다.

문화평론가들은 경계성 성격장애가 〈욕망이라는 이름의 전차〉 속 블랑슈 뒤부아, 〈누가 버지니아울프를 두려워하랴?〉의 마샤, 〈카바레〉의 샐리 볼스, 〈택시 드라이버〉의 트레비스 비클, 〈네트워크〉의 하워드 빌, 비제의 오페라 〈카르멘〉에서 볼 수 있다고 말한다. 비록 BPD 증상이나 행동이 이들 인물들에서 드러날 수 있으나 BPD가 이 실제 인물 혹은 허구 인물 혹은 작품이 보여주는 근본적인 행동이나 운명의 원인이거나 가중시킨 직접적인 요인이라 보기 어렵다.

예를 들어, 히틀러가 살인마가 된 것은 BPD가 아닌 정신이상과 그의 마음을 상당히 점유하고 있던 사회적인 힘에 의해 주도되었을 가능성이 더 크다. 마릴린 먼로의 자살(추정)은 단순히 BPD가 원인이라고 말하기에는 한층 복잡한 근본원인이 있을 것으로 보인다. 〈택시 드라이버〉나 〈네트워크〉의 작가가 경계성 성격장애를 앓고 있는 주인공을 만들려고 의식적으로 노력했다는 점을 뒷받침할 근거도 없다. 경계성 성격장애는 매혹적인 인간 군상을 해석하고 분석하는 또 다른 관점을 제공해 준 것뿐이다.

지난 10년 동안 유명한 배우와 음악가를 비롯한 많은 연예인이 경계성 성격장애 증상을 보인다는 소문이 돌았다. 물론 이에 대해 공개적으로 이야기하는 사람은 많지 않다. 하지만 〈SNLSaturday Night Live〉 출연자 피트 데이비슨 전직 NFL 스타 브랜든 마셜은 고통의 근원이자 치욕적인 정신질환인 BPD로 진단받았다고 밝혔다. 유명한 조사학자이자 BPD의 주요 치료법인 변증법적 행동치료(DBT) 창시자인 마샤 리네한 박사도 청소년기에 BPD를 앓아 자해와 그밖에 다른 증상으로 포괄적 입원 치료를 받았다고 밝혔다.

# BPD 연구와 치료의 진보

이 책이 처음 출간된 이후로 BPD의 근본 원인과 치료에 대해 수많은 연구가 진행되었다. 그로 인해 생물학, 심리학, 유전학적 측면에서의 정신질환에 대한 이해가 진일보했다. 또한, 뇌 각 부분이 어떻게 상호 작용하는지에 대한 연구도 진행되고 있으며, 뇌 속 신경전달물질의 역할, 호르몬, 화학적 반응 등에 관해 좀 더 깊이 있게 이해할 수 있게 되었다. 더불어 열성유전자, 유전자의 간헐적 작용 방법 일상생활 속에서 겪게 되는 다양한 사건들과의 충돌이 성격 기능을 결정하는 데 어떤 영향을 미치는지에 관해서도 연구가 진행되고 있다.

16년 동안 추적조사를 한 결과, 경계인의 99퍼센트가 최초 2년 이내에 증상이 호전되었고, 78퍼센트가 8년 동안 BPD의 측정기준 아홉 가지 중 다섯 가지를 충족하지 못해 BPD에서 벗어나는 경험을 했다. 그러나 이렇듯 증상이 호전되고 있음에도 불구하고 많은 경계인이 여전히 지역 사회, 직장, 학교 등에서 어려움을 겪고 있는 것도 사실이다.

BPD의 10년 후 재발병률이 34퍼센트로 비교적 높은 편이다. 하지만 완전히 치료가 되어 사회적, 직업적으로 훌륭하게 기능하고 있는 사람도 50퍼센트에 달한다.

## 정상과 비정상의 한 끗 차이

우리 모두는 어느 정도 경계인과 동일한 문제를 겪고 있다. 별거의 위협, 거절당할 두려움, 정체성의 혼란, 공허함과 무료함을 느끼는 것처럼 말이다. 평범한 사람이라도 누구나 조금은 강렬하고 불안정한 관계를 가지고 있을 것이다. 이따금씩 화가 폭발하고, 황홀한 상태를 경험하고 싶은 유혹에 빠지기도 할 것이다. 혼자 있는 것이 죽도록 싫다거나 기분이 극과 극을 오가거나 때로는 자해적인 태도를 보인 적도 있을 것이다.

BPD는 우리에게 '정상'과 '비정상'이 종이 한 장 차이임을 알려준다. 그래서 우리는 누구나 어느 정도 BPD 증상을 가지고 있다고 해도 틀린 말은 아닐 것이다. 실제로 이 글을 읽고 있는 많은 독자들이 BPD 관련 증상이 자신 혹은 아는 사람과 비슷하다고 여겼을 것이다. 그렇지만 경계인과 구별할 수 있는 차이는 모든 사람이 증상에 지배당해 인생을 망치거나 잠식시키지 않는다는 점이다.

극단적인 감정, 생각, 행동과 더불어 BPD는 21세기 초 우리 사회가 보여주는 가장 뛰어나고 가장 열악한 요인을 대변하고 있다. BPD의 범주와 깊이를 탐구하면서 우리는 인간의 가장 추악한 본성과 가장 뛰어난 잠재력과 마주하게 될 것이고, 그 길은 한 지점에서 다른 지점으로 넘어가기 위해 반드시 거쳐야 하는 힘든 여정이다.

제2장

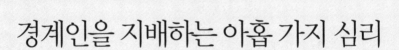

# 경계인을 지배하는 아홉 가지 심리

"모든 것이 갑자기 변한다.

그들은 아무 조건 없이 사랑하다가 곧 아무 이유 없이 미워한다."

— 17세기 영국 내과의 토마스 시드넘이 지금의 경계성 성격장애에 해당하는 '히스테리'에 관해 남긴 말

# 내 안에 경계인이 살고 있다

"가끔은 제가 악령에 빙의된 것이 아닌가 하는 생각까지 하게 돼요."

캐리라는 중년 여성의 고백이다. 그녀는 대형 병원의 정신과 병동에서 사회복지사로 근무하고 있다.

"저는 제 자신을 이해할 수 없어요. 제가 아는 거라곤 이 경계성 성격장애가 제 인생 속 모든 사람을 다 내쳐버렸다는 것밖에 없어요. 그래서 전 너무 외로워요."

캐리는 22년간 각종 치료와 약물 투여로 인한 정신적, 심리적 문제로 이곳저곳을 전전하며 입원 치료를 받다가 결국 경계성 성격장애 진단을 받았다. 그 무렵 그녀의 진료 기록지는 닳아버린 여권처럼 그동안 거쳐간 수많은 정신병동의 도장이 찍혀 있었다.

"몇 년 동안 병원을 들락거렸지만, 저를 제대로 이해하고 어떻게 해야 할지 알려주는 의사를 만난 적은 없었어요."

캐리의 부모는 그녀가 막 태어났을 무렵 이혼을 했다. 어린 캐리는 아홉 살까지 알코올중독인 어머니와 함께 살았다. 그리고 이후 4년 동안은 사회기관의 보호를 받았다.

캐리는 스물한 살이 되던 해에 극심한 우울증이 찾아와 처음으로 병원을 찾았다. 다행히 처음에는 적절한 치료를 받고 상태가 호전되었다. 그러나 몇 년 뒤 그녀는 극심한 감정 기복 때문에 조울증(양극성 장애) 치료를 받았다. 이 시기 캐리는 약물과다복용과 손목을 긋는 자해 행위를 수없이 되풀이했다.

"저는 손목을 긋기도 하고, 신경안정제든 항우울제든 약이라면 무조건 먹었어요. 그게 거의 일상이었어요."

20대 중반에는 환청이 들릴 만큼 심각한 편집증에 사로잡혔다. 이때 그녀는 처음으로 병원에 입원했고 정신분열증 진단을 받았다.

그리고 몇 년 뒤 캐리는 극심한 불안으로 인해 자주 심각한 가슴 통증을 느꼈고, 심장마비 치료센터에 수시로 입원해야 했다. 이 시기 그녀는 폭식과 단식의 경계를 오가며 몇 주 사이에 몸무게가 31킬로그램이나 빠지기도 했다.

서른두 살이 되던 해 캐리는 자신이 근무하는 병원 의사에게 잔인하게 강간을 당했다. 그 후 그녀는 학교로 돌아왔고 담당 여교수 한 명과 동성애 관계를 맺었다. 마흔두 살이 될 무렵 그녀의 진료 기록지에는 정신분열증, 우울증, 조울증, 건강염려증, 불안, 거식증, 성기능장애, 외상 후 스트레스장애 등 상상할 수 있는 거의 모든 정신과 질환이 다 적혀 있었다.

## 마음의 상처가 인생을 집어삼키다

신체적, 정신적 문제에도 불구하고 캐리는 자신의 일을 상당히 잘해 나갔다. 비록 자주 직업을 바꿨지만, 사회복지학으로 박사 학위를 마쳤다. 그리고 작은 대학에서 한동안 교수로 학생들을 가르치기도 했다.

그러나 캐리의 개인적인 인간관계는 상당히 제약되어 있었다.

"성적으로 학대를 받으며 했던 섹스가 남자와 유일한 관계였어요. 저와 결혼하고 싶어 하는 남자가 몇 명 있었지만, 누가 날 만지거나 가까이 다가오는 게 싫었어요. 그럴 때면 도망가고 싶었어요. 약혼한 적도 몇 번 있었지만, 금방 파혼해야 했어요. 제가 누군가의 아내가 된다는 사실이 믿기지 않았거든요."

친구에 관해서는 이렇게 말했다.

"전 아주 자기중심적인 사람이에요. 생각하고 느끼는 것을 비롯해 알건 모르건 뭐든 다 말해야 직성이 풀리죠. 그래서 다른 사람에게 흥미를 갖는 일이 쉽지 않아요."

20년 넘게 치료를 받은 뒤 마침내 캐리는 자신의 증상이 경계성 성격장애라는 것을 알게 되었다. 그녀의 이상행동은 몸에 깊이 밴 개인적 특성에서 비롯된 문제이지 과거의 진단받은 일시적인 병의 증상과는 거리가 멀었다.

"경계인으로 살면서 겪는 가장 큰 어려움은 공허함, 외로움과 같은 감정이에요. 극단적인 행동이 저를 혼란스럽게 만들어요. 그럴 때면 제가 누구고 어떤 감정을 느끼는지 전혀 알 수 없게 돼버려요."

다행히 캐리는 자신의 병에 관해 이해하게 되면서 치료에 좀 더 적극적으로 임할 수 있게 되었다. 약물치료는 명확하게 드러난 증상을 치료하는 데 도움을 주고 자신에 대해 논리적으로 생각할 수 있게 해주었다. 하지만 동시에 그녀는 약물치료가 가진 한계를 실감하게 되었다.

캐리를 치료하는 정신과 의사는 다른 내과 전문의와 협력해 캐리가 가진 육체적인 불만과 불안함 사이의 상관성을 이해하고 불필요한 시범 치료, 약물, 수술을 피할 수 있게 도와주었다. 정신요법은 끝도 없이 이어지는 극심한 위기상황보다는 그녀의 정체성과 관계 구축에 의존하는 성향을 줄이는 데 주력했다.

마흔여섯 살의 캐리는 기존에 자신이 했던 모든 행동이 더는 용납될 수 없다는 점을 배우고 있다.

"이젠 더 이상 손목을 긋거나 약에 의존하거나 정신병원에 갇히는 짓을 할 수 없어요. 세상과 맞서 살아보겠다고 스스로 맹세했어요. 하지만 솔직히 세상이 너무 무서워요. 제가 할 수 있을지, 하고 싶은지도 확신하지 못하겠어요."

### 천성과 후천적 환경이 뒤섞여 만들어지는 BPD

병원에서 의학적 증상을 찾고 진단을 받은 캐리의 길고 긴 여정은 정신질환을 앓고 있는 환자나 그 가족들이 겪는 혼란과 절망을 잘 보여주고 있다. 물론 캐리의 사례가 아주 극단적이라고 볼 수도 있겠지만 수많은 사람이 연인관계, 성행위, 우울증, 약물중독과 같은 유사한 문제를 겪고 있다. 그녀가 좀 더 일찍 정확한 진단을 받았더라면 고통과 외로움을 조금이나마 줄일 수 있었을 것이다.

BPD가 인생에 심각한 위협을 가하는 고통스러운 증상을 유발하는데도 이 질환에 대해 이해하고 효과적으로 치료를 해나가기 시작한 지는 불과 십수 년밖에 되지 않았다.

그렇다면 '경계성 성격장애'란 무엇일까? 경계성에서 '경계'란 정확히 무엇을 지칭하는 것일까? 경계성 성격장애가 다른 정신질환과 비교했을 때 유사한 점과 차이점은 무엇일까? 정신과적 치료라는 전반적인 도식 속에 이 증후군이 어떻게 들어가 있을까?

원인을 찾기 힘들고 역설적인 경계성 성격장애의 특성과 정신의학의 흥미로운 진화라는 관점에서 보았을 때 이는 전문가들도 대답하기 곤란한 질문이다.

현재 경계성 성격장애에 대해 보편적으로 인정받고 있는 기본 모델에 따르면, 개인의 성향은 실제로는 기질(참을성이 부족하고 중독에 취약한 것과 같은 개인적인 특성)과 성격(성장 환경과 경험에서 생성되는 발전적 가치)이 결합하여 구성된다고 한다. 다시 말해 '천성과 후천적 환경'이 뒤섞여 이루어진다는 뜻이다.

기질은 유전과 생물학적으로 관련되어 있으며 생애 초반에 발달하고 본능이나 습성으로 인식된다. 성격은 기질보다는 좀 더 늦은 성인기에 출현하며 주변 환경에 의해 결정된다. 이 모델을 통해 보자면 BPD는 유전과 환경이 충돌해서 나타난 복합적인 결과라고 할 수 있다.

BPD는 미국 정신의학협회가 출간하는 DSM의 다섯 번째 버전 DSM-V에서 언급된 열 가지 성격장애 중 하나다(부록 A에서 분류에 관해 더 자세한 사항을 알 수 있다). 이 책에 실린 성격장애들은 개인의 행동을 주도하는 특성에 따라 구별된다. 이 특성은 상당히 유동적이라 인지, 행동, 타인과의 관계를 구축하는 잘못된 패턴을 형성할 수 있다.

이와 대조적으로 상태성 장애인 우울증, 정신분열증, 거식증, 약물

의존증은 대체로 시간이나 사건의 제약을 받는 경우가 더 많아서 성격장애처럼 오래가지 않는다. 증상이 갑자기 나타났다가 이내 사라지는 경우도 있어 환자가 다시 '정상인'으로 돌아가기도 한다. 많은 경우 이러한 질병은 생체 불균형과 관련이 있으며 주로 약물치료로 나을 수 있다. 그리고 증상은 완전히 없어진다.

반면에 성격장애의 증상은 더 오래 지속되고 아주 천천히 바뀌는 성향을 보인다. 그래서 일반적으로 약물치료의 효과가 떨어진다. 약물을 비롯한 여러 치료법이 있지만 심리치료가 주로 많이 이루어지며 심각한 불안 혹은 우울증과 같은 여러 증상을 경감시킬 수 있다. 대부분의 사례에서 경계성 성격장애와 다른 성격장애는 부차적인 진단으로 여겨져 보다 분명하고 주된 상태성 장애 증상을 보이는 환자의 기질적 이상을 설명하는 용도로 활용된다.

# 경계인을 지배하는 심리

현재 경계성 성격장애의 공식 정의는 미국 정신의학협회 출간하는 DSM-V의 진단기준을 따르고 있다. 이 아홉 가지 진단기준은 서술적이고 식별할 수 있는 행동을 중심으로 구성돼 있다.

이제부터 소개하는 아홉 가지 측정기준 중 최소 다섯 가지를 충족하면 BPD 성향을 가진다고 볼 수 있다. 그렇다고 걱정할 필요는 없다. 아주 정상적인 사람들도 일정 부분 경계인의 특성을 가지고 있으니 말이다 (인간은 누구나 불안정한 존재다). 모든 문제의 해결점은 나 자신과 직면하는 데서 시작한다는 것을 기억하자.

이 장을 읽으면서 눈치 빠른 독자라면 앞으로 소개할 BPD의 측정기준이 되는 질문이나 증상이 서로 얽혀 있다는 점을 알았을 것이다. 경계인을 지배하는 심리는 고립된 호수가 아닌 강물과 같아서 서로 이어지다가 결국 하나의 큰 강으로 합쳐져 바다로 나간다.

## 심리 1. 버려진 아이 – 나는 홀로 존재할 수 없다

### 기준 1 : 현실 또는 상상 속에서 상대에게 버림받지 않으려고 애쓴다.

영아기의 아이들은 어머니가 잠시 자리를 비운 것과 완전히 사라진 것을 구별하지 못한다. 경계인도 같은 특성을 가지고 있어서 일시적으로 혼자 있게 된 것을 영원한 고립이라고 생각한다. 그래서 중요하게 생각하는 사람에게 실제로든 상상이든 버림받았다는 생각이 들면 심각한 우울증에 빠지고, 그들의 관심을 끌기 위해 세상(혹은 누구든 가까이 있는 사람)을 향해 분노를 쏟아낸다.

경계인의 버림받는 것에 대한 두려움은 과학적으로도 측정할 수 있다. 한 연구팀이 PET 스캔을 활용해 BPD를 앓고 있는 여성에게 버림받는 기억을 노출시키자 뇌의 특정한 부분의 혈액 흐름이 변화한 사실을 밝혀냈다. 특히 혼자 있을 때 경계인은 실제로 존재한다는 감각을 상실한다. 데카르트의 '나는 생각한다, 고로 존재한다'라는 실존 원칙을 포용하기보다는 '다른 사람이 나를 알아줘야 비로소 내가 존재한다'라는 철학을 가지고 살고 있는 것이다.

경계인은 고독을 견디기 힘들어한다. 다른 사람의 물리적인 존재로만 오직 안정을 얻을 수 있다고 생각하므로 끈질긴 형이상학적 외로움에 갇힌다. 그래서 미혼 전용 술집이나 사람으로 붐비는 장소를 찾지만 결국은 실망하게 되고 심하면 폭력적인 일이 일어나기도 한다.

《마릴린 : 알려지지 않은 이야기Marilyn : An Untold Story》에서 노먼 로스텐은 마릴린 먼로가 혼자 있는 것을 극도로 싫어해서 사람들이 계속 주변에 있지 않으면 공허함에 빠져서 한없이 두려워했다고 회고했다. 대부분의 사람들에게 고독은 자신의 삶에 중요한 기억과 문제들을 살필 수 있는 소중하고 드문 기회다. 나 자신과 다시 만나 내가 누군지 재발견할 수 있게 해주기 때문이다.

존 업다이크는《켄타우로스The Centaur》에서 이렇게 썼다.

'텅 빈 방의 벽은 자기 자신에 대한 감각을 증대시킬 수 있는 거울이다.'

그러나 자존감이 매우 낮은 경계인에게 고독은 성찰의 기회나 삶의 쉼표가 되지 못한다. 오히려 어린 시절 부모에게서 버림받았던 극심한 공포를 떠올리게 할 뿐이다. 그렇다면 누가 그를 보살펴 줄까?

경계인에게 고독이 주는 고통은 수많은 사랑 노래에 등장하는 이상적인 연인이 나타나는 것만으로도 치유할 수 있다. 하지만 현실에서 그들이 꿈꾸는 이상적인 연인은 영원히 존재하지 않는다.

**심리 2. 애증의 딜레마 – 떠나는 것도 남는 것도 두렵다**

**기준2 : 상대에 대한 태도가 돌변하고 타인을 교묘하게 이용하려고 한다.**

경계인의 불안한 연인관계는 멀어지는 것을 참지 못하면서도, 또 가까워지는 것을 두려워하는 이중성을 가지고 있다. 이들은 보통 의존적이고, 매달리며, 상대를 이상화하는 경향이 있다. 그러다 연인, 배우자, 친구가 무언가에 대해 거절이나 무관심한 태도를 보이면 자신을 필요로 하지 않는다고 생각해 갑자기 상대를 밀어내고 심하게 평가절하하며 노골적으로 피한다.

그렇게 한 후로도 다시 만나기를 바라며 자신을 보살펴 주길 기대한다. 하지만 다른 한편으로는 완전히 상대에게 빠져들까 봐 두려워한다. 두 가지 마음 사이에서 계속 줄다리기를 하는 것이다.

경계인에게 빠져든다는 것은 곧 정체성과 자율성을 잃어버리고 존재하지 않는 느낌을 얻는다는 것과 같다. 이들은 공허함과 지루함에서 벗어날 수 있는 친밀감에 대한 욕망과 자신감과 독립성을 빼앗아 가는 친밀감에 대한 두려움 사이에서 끊임없이 방황한다. 타인과의 관계에 있어서 이런 내적 감정이 심하게 요동쳐서 강렬하고 변덕스럽게 행동하며, 상대를 교묘하게 조종하려고도 한다.

## 가학적 관계를 반복하는 이유

경계인은 종종 어린아이처럼 상대에게 자신만 계속 바라봐달라는 비현실적인 요구를 한다. 이런 요구는 신체적 불편함, 연약함과 무기력을 어필해 도발적인 행위나 마조히즘(이성에게 정신적, 육체적으로 학대를 받으면 성적 쾌감을 느끼는 변태 성욕)적인 행동, 건강염려증 등을 통해 발현된다. 자살 위협이나 시도도 상대방의 주목을 끌고 도움을 받기 위해 활용하는 방법 중 하나다. 이들은 타인을 조종하려는 전략으로 유혹을 활용하며, 기혼자나 의사 또는 성직자와 같이 부적절하고 연애의 대상이 되면 안 되는 인물을 대상으로 삼기도 한다.

경계인은 타인의 감정에 아주 민감한 듯 보이지만 실제로는 사람에 대한 공감 능력이 결여되어 있다. 교사나, 직장동료, 의사, 상담 치료사를 일상적인 장소가 아닌 곳에서 만나면 실망하기도 하는데, 이는 그 사람에게도 내가 본 모습 이외의 인생이 있다는 점을 받아들이기 어렵기 때문이다. 더욱이 의사나 상담 치료사에게도 그들만의 인생이 있다는 것을 이해하지 못해서 그의 가족이나 다른 환자까지 질투의 대상으로 삼기도 한다.

이는 BPD를 앓고 있는 사람은 사회적 신호에는 매우 민감하게 반응하는 반면 타인에 대한 정보 통합 능력은 부족하다는 이론을 뒷받침한다. 또한, 그들은 긍정적인 상황보다 부정적이거나 고통스러운 상황에서 더욱 뛰어난 공감 능력을 발휘한다. 부정적인 감정과 상황에 더욱 익숙해지기 때문인지도 모른다.

경계인은 '대상항상성'이 부족하다고 알려져 있다. 대상항상성이란, 대상에 대한 일정한 이미지를 유지하는 것으로, 타인을 다양한 면을 지닌 인격체로 이해하면서도 이질적인 요소들을 일관적인 기준으로 연관해 받아들이는 것을 말한다. 그런데 경계인은 광범위하게 지속되는 상호소통이 아닌 가장 최근에 만난 모습을 토대로 상대방을 기억한다. 따라서 타인에 대해 예측 가능하고 지속적인 관점을 가질 수 없다. 마치 특정인에 대한 기억상실증에 걸린 것처럼 만날 때마다 새로운 사람을 대하듯 반응한다.

경계인은 과거의 실수에서 배우지 못하고 자신만의 행동 패턴을 고집하기 때문에 파괴적인 관계를 되풀이한다. 예를 들어, 경계성 성격장애 진단을 받은 여성이 자신을 학대하던 전남편과 다시 함께 살면서 다시 학대를 당하는 경우가 많다. 경계인 남성의 경우 경계인 여성을 만나 가학피학성 관계를 반복하기도 한다. 이들의 의존성은 열정이라는 가면으로 포장돼 "난 그를 사랑하니까"라고 서로 다잡으며 파괴적인 관계를 이어간다. 이런 관계가 끊어지면 둘 다 상대방의 심리 문제를 이별 원인으로 꼽는다. 따라서 진료실에서 이런 말을 듣는 것은 어렵지 않다.

"제 첫 번째 부인이 경계성 성격장애 환자였어요!"

## 백마 탄 왕자와 연약한 공주님

경계인은 자신에게 모든 것을 내어주고 항상 곁에 있어 주는 완벽한 보호자를 찾기 위해 끝없이 찾아 헤맨다. 그러다 완전히 병적인 상대를 만나는 일이 흔하다. 이런 경우 처음에는 양쪽 모두 상호 간의 파괴성을 인식하지 못한다.

미셸은 남성에게 간절하게 보호받고 편안함을 느끼고 싶어 했다. 반대로 마크는 엄청난 자신감의 소유자였다. 허세에 가까운 자신감이 마크의 불안한 내면을 가려주었고, 미셸은 그런 마크가 백마 탄 왕자님이 되어 자신에게 필요한 부분을 채워줄 것으로 생각했다. 마크 역시 미셸이 연약한 상태로 남아 자신에게 의존해 주길 바랐다.

하지만 얼마 뒤 두 사람은 서로에게 주어진 역할을 제대로 해나가지 못했다. 마크는 연이은 실패로 인한 자기애적 상처를 견디지 못해 술에 빠져 미셸을 학대하기 시작했다. 미셸은 마크가 씌워놓은 굴레에 반발했지만, 그의 약한 모습을 보고 오히려 두려워졌다. 둘의 서로에 대한 불만족은 더 많은 자극과 더 큰 충돌로 이어졌다. 경계인은 자기혐오로 고통을 받으면서도 다른 사람이 베푸는 배려를 믿지 못한다.

스물한 살 대학생 샘은 치료를 받으러 올 때마다 "제겐 치료가 아니라 데이트가 필요해요"라며 불평 섞인 말을 내뱉는다. 심각한 대인관계 문제를 겪고 있었지만 매력적인 샘은 기질적으로 자신이 만나서는 안 되는 여성에게 접근한다. 그리고 여성의 마음을 얻는 데 성공하면 즉시 상대방에 대한 흥미가 떨어져 더 이상 만남을 원하지 않게 된다.

이러한 특성들 때문에 경계인은 다른 사람과 친밀한 관계를 만들어가기가 힘들다. 캐리가 했던 말을 다시 떠올려 보자.

"저와 결혼하고 싶어 하는 남자가 몇 명 있었지만, 누가 날 만지거나 가까이 다가오는 게 싫었어요. 그럴 때면 도망가고 싶었어요."

경계인은 타인에게 건전하게 의지하는 수준에서 그칠 정도로 독립적인 사람이 아니다. 그들은 영혼의 진정한 공유는 서로에게 절대적으로 의지하고 상대를 위해 희생하며 자신의 정체성을 완성하기 위해 일종의 샴쌍둥이처럼 타인과 결합하는 것이라고 생각한다. 경계인은 인간관계가 끊어지면 자신의 조각이 떨어져 나갔다고 느낀다. 영화 〈제리 맥과이어〉의 명대사 "당신이 날 완성해!"가 그들에게는 결코 도달할 수 없는 힘든 목표가 되는 것이다.

### 심리 3. 비추지 않는 거울 – 너 없이는 나도 없다
### 기준 3 : 뚜렷한 정체성이 없다

경계인은 지속적이고 핵심적인 정체성이 결여되어 있다. 이는 타인에 대해서도 마찬가지여서 상대방에 대한 지속적이고 핵심적인 정체성을 인식하는 것이 불가능하다. 이들은 자신의 지능, 매력, 세심함을 고유의 특성으로 인식하지 못하고, 사람들에게 끊임없이 평가받아야 하는 비교용 특성이라고 생각한다.

예를 들어, 경계인은 IQ 테스트 한 번으로 자신을 똑똑하다고 자부한다. 그런데 어느 날 누구나 저지르는 '바보 같은 실수'를 저지르면 자신을 '멍청이'로 격하시킨다. 이들은 스스로에 대해 매력적이라고 생각하다가 자신보다 더 잘생기고 예쁜 사람을 보면 자신을 못났다고 치부해 버린다. 경계인은 '역시 나야!', '이건 나니까 할 수 있는 거야'와 같은 자신감 넘치는 모습을 좋아하지 않는다. 가까운 관계에 있어서도 그들은 자신에 대해 일종의 기억상실증에 빠진다. 과거의 좋은 기억은 회색지대에 묻어버리고 마치 까다로운 상사처럼 자신과 다른 사람에게 늘 이렇게 묻는다. "그래서? 네가 날 위해 최근에 해준 게 뭔데?"

경계인은 자신의 가치를 타인과 비교해서 상대적으로 평가하는 반면 정체성은 절대평가 한다. 오늘 자신이 누구이고 무엇을 했느냐로 자신의 가치를 결정할 뿐 과거는 전혀 의미가 없다. 경계인들은 자신에게 과거의 영광을 돌아볼 수 있게 허락하지 않는다. 그리스 신화에 나오는 시시포스처럼 산꼭대기 위로 바위를 굴려 올리며 영원히 자신을 입증해야 하는 운명인 것이다. 자존심 또한 다른 사람에게 강렬한 인상을 심어줬을 때만 얻을 수 있으므로 자신을 사랑할 때도 남을 기쁘게 하는 것이 우선이다.

### 마릴린 먼로의 메소드

노먼 메일러는 자신의 저서 《마릴린》에서 마릴린 먼로가 정체성을 찾는 과정이 어떻게 삶의 모든 측면을 흡수하는 원동력이 되었는지에 관해 다음과 같이 설명하고 있다.

그녀는 정체성에 얼마나 집착을 보였던가! 자신만의 정체성은 말을 할 때 느껴지는 진실함, 실체를 느낄 때 알게 되는 사적인 감각이다. 이러한 기분은 심리학에서 중요하게 생각하는 실존적 철학의 신비를 감추고 있기 때문이다. 진짜라고 느끼는 감정적인 상태보다 더 좋은 것은 없다. 이유가 어떻든 간에 자신에 대한 공허함을 느끼는 것보다 훨씬 좋은 이 감정은 마릴

린과 같은 주창자들에게 섹스에 대한 본능이나 지위, 돈에 대한 열망보다
더 강렬한 삶의 동기를 제공했다. 혹자는 정체성이 주는 편안함을 잃어버
릴 용기도 내기 전에 사랑이나 안정에 안주할지도 모른다.

나중에 마릴린은 배우 활동에서 자신의 존재 이유를 찾았는데, 특히
'메소드 연기(배우가 배역 그 자체가 되는 것)'에 빠졌다.

메소드를 연기하는 배우들은 그것을 실현해 보인다. 그들의 기법은 그 자체
로 정신분석학처럼 고안되어 감정을 표출하고 마음 깊숙한 곳과 친숙해진
다음 자신의 역할에 충실히 동화된다. 참으로 마법과도 같은 변화다. 〈욕망
이라는 이름의 전차〉에서 보여준 말론 브란도의 연기를 생각하면 쉽다. 배
우가 역할에 동화되는 것을 '득도(satori, 혹은 직관적인 이해)'라고 부르는데
한 사람의 정체성이 그 역할을 하는 동안 완전히 느껴지기 때문이다.

경계인이 꾸준한 정체성을 확립하는 데 어려움을 겪는 이유는 '속이
고 있다'고 느끼는 불안감이 마음을 사로잡기 때문이다. 대부분의 사
람들은 인생의 다양한 시기에 이런 감정을 경험한다. 일반적으로 새로
운 일을 하게 되었을 때 정도의 차이는 있지만 직장 상사나 동료, 또
는 주변 사람들에게 일에 대한 지식과 자신감을 조금 과장해서라도 보
여 주려고 한다. 하지만 어느 정도 회사 시스템에 익숙해지면 이런 자
신감은 상당 부분 진짜가 되어 더는 잘하는 척을 하지 않아도 된다.
'우리는 되고자 하는 것처럼 된다'는 커트 보네거트 말도, 사람들이 즐
겨 쓰는 '그렇게 될 때까지 그런 척하라'라는 말도 모두 일리가 있다.

하지만 경계인은 이와 반대다. 애당초 자신감이 없었기 때문에 어느 정도 시간이 지난 뒤에도 계속해서 자신과 남을 속이며 혹시라도 들통이 날까 봐 전전긍긍한다. 특히 성공을 거둔 다음에 의심이 더욱 커져 자신은 그런 대우를 받을 자격이 없는데 무언가 일이 잘못됐다고 느낀다.

이처럼 만성적인 기만 혹은 거짓을 느끼는 것은 어린 시절의 경험에서 기인한다. 뒤에서 살펴보겠지만 '선경계성pre Boarderline'은 종종 다양한 환경 요인으로 인해 비현실적인 역할을 강요받을 때 일어난다. 예를 들어, 신체적 또는 성적 학대를 받았거나 아이인 상태로 어른의 역할을 강요받거나 아픈 부모의 보호자 역할을 해야 하는 경우 등이 여기에 해당한다.

반대로 부모에게서 분리되지 못하게 억압받거나 의존적으로 길러져 적당한 분리 시기를 놓친 경우에도 독립적인 자아를 확립하기 힘들다. 이렇게 성장한 사람은 다른 사람이 알려준 역할을 받아 계속 '그런 척'을 할 수밖에 없다.

톨스토이가 자신의 소설 속 인물 중 하나에 대해 "그는 선택을 해본 적이 없었습니다. 그저 상황에 맞는 옷을 입었을 뿐입니다"라고 한 말을 기억하자. 경계인은 역할에 실패하면 처벌을 받을까 봐 두려워한다. 또, 성공한다고 해도 곧 누군가가 이것이 거짓임을 밝혀서 망신을 당하게 될 것이라고 확신한다.

## 끝없이 환경에 자신을 맞추려 한다

완벽한 상태를 얻기 위해 초현실적인 시도를 하는 것은 경계인들이 보이는 패턴 중 하나다. 예를 들어, 경계성 식욕부진증을 겪는 사람은 몸무게에 집착해서 1킬로그램이라도 몸무게가 늘어나면 공포에 사로잡힌다. 이 같은 기대치가 비현실적이라는 사실을 인식하지 못하고 말이다. 경계인들은 역동적인 변화 상태에 있기보다는 정지 상태에서 스스로를 인식하면서 고정된 자기 이미지에 변화가 찾아오는 것을 엄청난 충격으로 받아들인다.

역설적으로 경계인들은 환경을 바꾸기보다는 카멜레온처럼 자신을 환경에 맞추어 내면의 만족을 얻는다. 직업, 경력, 목표, 친구 심지어 성별까지 바꾸면서 말이다. 예를 들어, 청소년 BPD 환자는 끊임없이 친구 집단을 바꾼다. 운동하는 애들과 어울렸다가 문제아들과 사귀기도 하고 수재들에서 괴짜들 무리로 넘어가면서 소속감을 얻고 싶어 한다. 심지어 성적 정체성이 경계인에게 혼란스러운 요인이 되기도 한다. 일부 전문가들은 경계성 성격장애 환자에게서 동성애, 양성애, 성도착증이 증가하는 추세라고 말한다.

무조건적인 포용을 약속하는 숭배집단, 체계적인 사회 기반, 엄격한 정체성을 가진 하위집단 등도 경계인에게는 상당히 매력적으로 다가온다.

개인의 정체성과 가치 체계가 그대로 투영되는 집단은 그 무리의 리더가 엄청난 권력을 가지게 된다. 이런 집단의 리더는 추종자에게 목숨에 위협이 되는 일일지라도 자신의 행동이나 말을 모방하게 할 수 있다. 1978년 존스타운 대학살, 1993년 다윗교의 무력 충돌, 1997년 천국의 문 광신도들의 대규모 자살이 대표적이다.

아론은 대학을 중퇴한 뒤 목적 없는 삶에서 벗어나고 싶어서 통일교에 가입했다. 그는 2년 뒤 그 집단을 나왔지만 여러 도시와 일자리를 전전하다가 결국 2년 뒤에 다시 돌아갔다. 그는 10개월 뒤 다시 통일교에서 나왔지만 이번에는 안정적인 목표도 없었고 자신이 누구이고 무엇을 원하는지 알지 못한 상태였기에 자살을 시도했다.

미국에서도 마릴린 먼로나 커트 코베인과 같은 유명인이 목숨을 끊은 뒤에는 국가 자살률이 큰 폭으로 증가한다. 유명인의 자살을 따라하는 '베르테르 현상'은 정체성에 혼란을 겪는 경계인들에게 나타나는 행동 중 하나다.

### 심리 4. 구원의 채찍 – 고통만이 나를 자유롭게 한다
### 기준 4 : 약물중독, 섹스, 도박, 난폭 운전, 절도, 과소비, 폭식처럼 잠재적으로 자신을 해칠 수 있는 행동을 적어도 두 가지 이상 충동적으로 한다

경계인의 행동은 갑작스럽고 모순적이다. 고독하고 경험이 단절되어 순간적으로 강렬한 감각에 빠져서 충동적으로 행동하고 일관성이 없다. 그들은 과거의 경험에서 교훈을 얻지 못하고 미래에 대한 희망도 없이 현재의 고독함 속에서 살아간다. 역사적 패턴, 지속성, 예측 불가능성 때문에 비슷한 실수가 계속 반복된다.

영화 〈메멘토〉는 일상에 놓인 경계인의 모습을 은유적으로 보여준다. 단기 기억상실증에 걸린 보험수사관 레너드 셸비는 자신의 방에 폴라로이드 사진과 포스트잇 메모를 빼곡하게 붙여두고 몸에도 문신으로 메시지를 새겨 몇 시간 전 혹은 몇 분 전에 있었던 일을 기록해 둔다. (그는 자동차 추격 신에서 부인을 살해한 자에게 복수하려고 하지만 정작 자신이 누구를 쫓고 있는지 혹은 쫓기고 있는지 기억하지 못했다.) 이 영화는 '막 잠에서 깬 것 같은 기분'으로 살아가야 하는 남자의 고독함을 극적으로 보여준다.

경계인의 제한된 인내심과 즉각적인 만족감의 필요는 다른 BPD 측정기준과도 연관이 있다. 험악한 관계에서 느낀 좌절감에 충동적인 행위나 분노를 표출하고(기준 2), 극심한 감정 기복을 충동적으로 표출하며(기준 6), 충동을 억제하지 못해서 부적절한 방식으로 화를 내며(기준 8), 좌절로 인해 자멸 혹은 자해 행위를 한다(기준 5). 또한, 종종 약물이나 알코올중독과 같은 충동적인 행동은 외로움과 버려짐을 극복하기 위한 방어기제로 작용한다. MRI 연구에서는 경계인의 혈류가 몇몇 특정한 피질 영역에서 대조군에 비해 급격하게 충동적으로 변한다는 사실이 밝혀지기도 했다.

서른한 살 이혼녀 조이스는 이혼 뒤 남편이 곧바로 재혼을 하자 술에 의존하기 시작했다. 조이스는 매력적이고 재능 있는 여성이지만, 일은 팽개치고 술집에서 더 많은 시간을 보냈다.

"피하기 위해서 술을 마셨죠."

후에 그녀가 털어놓은 말이다. 혼자가 되고 버려진 느낌이 주는 고통이 감당할 수 없게 되자 그녀는 술을 현실을 잊는 마취제로 활용했다. 가끔 남자를 유혹해 집으로 데리고 가기도 했다. 하지만 이런 알코올중독이나 문란한 성생활 후에 그녀는 죄책감으로 스스로를 질책하고 남편에게 버려진 것이 당연하다고 느꼈다. 이런 주기가 반복되면 그녀는 자신이 쓸모없다고 판단하고 스스로 더 많은 처벌을 내릴 것이다. 자기 파괴는 고통을 회피하는 수단이자 속죄하는 가학적 메커니즘인 셈이다.

## 심리 5. 양치기 소년 - 오늘은 죽고 말 거야

### 기준 5 : 반복적으로 자살할 것이라 협박하거나 그런 태도를 보이고 혹은 자해를 한다.

자살 협박이나 시도는 경계인의 과도한 우울증, 절망, 타인을 교묘하게 움직이려 하는 특성을 담은 대표적인 행동이다. 자해 행위는 도움을 요청하는 외침인 동시에 '나쁜' 자신을 스스로 벌하는 행위다.

경계인의 75퍼센트가 자해 이력이 있고, 이들 중 대다수가 최소 한 번은 자살을 시도했다. 이런 자살 위협이나 시도는 진짜 죽으려고 하는 것보다는 고통과 소통하고 타인에게 개입해달라고 요청하는 의사 표현이라 할 수 있다. 그러나 불행하게도 이런 행동이 습관적으로 반복되면 자살 시도가 정반대의 시나리오로 흘러가 버릴 수 있다. 주변 사람들이 그의 소동에 지쳐 반응을 하지 않아서 결국 더 심각한 시도로 이어지는 것이다.

자살하려는 행동은 가족과 치료를 담당하는 의료진에게 가장 어려운 BPD 증상이다. 반응하자니 끝없는 비생산적인 대면으로 이어지고, 무시하자니 죽음으로 이어지기 때문이다. 비록 BPD 증상의 상당수가 시간이 흐르면서 약화하지만, 자살의 위험성은 일생에 걸쳐 남아 있다. 어린 시절 성적 학대를 받은 경험이 있는 경계성 성격장애 환자는 자살을 시도할 확률이 10배나 더 높다는 연구 결과도 있다.

정신병과 명확하게 관련된 것을 제외한 자해는 BPD의 전형적인 특징이다. 자해 행위는 다른 정신병보다 BPD와 밀접하게 연관되어 있으며, 주로 생식기와 손발 그리고 상반신에 자해를 한다. 경계인에게 신체는 평생 스스로가 만든 상처를 남길 수 있는 중요한 로드맵이 된다. 면도날, 가위, 손톱, 담뱃불이 가장 흔하게 사용되는 도구이고 마약, 알코올, 과도한 음식 섭취도 자해 수단이 될 수 있다. 자해의 목적은 죽음이 아니다. 물론 자상이 너무 깊거나 화상이 너무 심해서, 다시 말해 자해의 정도가 너무 심해서 뜻하지 않게 사망에 이르기도 한다.

종종 자해는 충동적이고 자기 처벌 행위로 시작되지만, 시간이 지나면서 의식적인 절차로 바뀐다. 이 단계에 이르면 경계인은 조심스럽게 자신의 몸에 상처를 남기고 옷으로 감춘다. 이것이 BPD의 심각한 모호함이다. 스스로 대담하게 자기 처벌을 하고 싶지만, 고난의 증거를 꽁꽁 감추고 싶어 하는 경계인의 이중적 성향이 반영된 결과다.

과거에 비해 최근에는 문신과 피어싱에 대한 사회적 인식이 좋아져서 자신을 꾸미기 위한 하나의 패션 트렌드로 인식되기도 하지만, 한편으로는 경계인의 경향을 반영하는 것일 수도 있다. BPD를 앓고 있는 사람(주로 청소년)은 가끔 무리에 끼고 싶은 절박한 심정에 사로잡혀서 칼로 자기 살을 긋는 행위를 흉내 내거나 자기 피부에 글귀나 이름을 새겨넣는다. 1장에서 소개한 제니퍼도 쉽게 가릴 수 있는 손목이나 복부, 허리에 손톱으로 자해를 했다.

### 자기 처벌의 심리

드물지만 자기 처벌이 한층 간접적인 경우도 있다. 경계인은 반복되는 '표면적인 사고'의 피해자이다. 본인이 직접 자주 싸움을 유발하는 것이다. 이런 경우 경계인들은 어쩔 수 없는 상황으로 인해 폭력을 휘둘렀다고 생각하기 때문에 직접적으로 책임을 느끼지 않는다.

예를 들어, 해리는 여자 친구와 헤어졌을 때 자신의 부모를 탓했다.

6년 동안 사귄 여자 친구가 바람을 피우자 그는 허망했고 부모가 그의 연애를 지지하거나 충분히 우호적이지 않았기 때문이라고 생각했다. 해리는 스물여덟 살이 되었음에도 여전히 부모가 집세를 내주는 아파트에 살면서 간간히 아버지의 사무실에서 일했다. 그는 10대 때 자살을 시도했지만, 어느 순간부터 자신을 죽여 부모에게 '만족'을 주지 않겠다고 결심했다. 그 대신 매우 위험한 행동에 몰두했다. 수많은 자동차 사고를 낸 것이다. 그중 일부는 약에 취한 상태에서 낸 사고였으며 운전면허가 취소된 뒤에도 운전을 계속했다. 그는 자주 술집에 드나들며 자신보다 덩치가 훨씬 큰 남자들과 싸움을 벌였다. 해리는 자신의 파괴적 행동을 인식하고 가끔은 '이러다가 그냥 죽었으면'하고 바라기도 했다.

이런 극단적인 자기 파괴적 행동과 위협은 여러 가지 방식으로 설명할 수 있다.

먼저 자신에게 주는 고통은 경계인이 무기력에 갇힌 상태에서 벗어나고자 하는 마음을 반영한다. 이들은 보호막을 형성해 감정적으로 상처받지 않으려고 할 뿐 아니라 현실을 직시하지 않으려 한다. 그래서 고통의 경험은 자신의 존재와 연결되는 중요한 문제다. 그렇지만 이들이 자초한 고통이 이 경계를 넘어설 만큼 충분히 강하지 못하면(피와 상처는 그들이 보기에 멋지겠지만) 고통을 얻으려고 더 큰 시도를 한다.

또한, 스스로가 만든 고통은 다른 형태의 고통을 잊게 해주는 기능을 한다. 어떤 환자는 외롭거나 두려울 때면 신체 여러 부분을 칼로 그어 외로움을 잊어버리려고 한다. 또 다른 환자는 스트레스와 관련해 극심한 편두통이 찾아오면 미친 듯이 머리를 흔든다. 내적 긴장 완화가 자해를 하는 가장 큰 이유다.

자해와 같은 행동은 속죄의 기능을 하기도 한다. 어떤 남성은 결혼이 깨진 이유가 전적으로 자신의 잘못이라 생각하면서 제일 싫어하는 술인 진을 토할 때까지 마셨다. 이런 불편함과 치욕이 계속되어야 자신의 실수를 만회하고 일상생활로 돌아갈 수 있다고 믿었기 때문이다.

고통스럽고 자기 파괴적인 행동 혹은 위협은 종종 가까운 관계에 있는 사람을 처벌하기 위한 것이기도 하다. 한 여성은 지속적으로 난잡한 성생활(마조히즘적이고 모멸적인 의식을 동반한)을 남자친구에게 털어놓았다. 그녀의 성행위는 화가 나거나 남자친구에게 벌을 주고 싶을 때마다 벌어졌다.

결국 경계인의 자기 파괴적인 행동은 동정을 이끌어 내거나 구조받기 위해 이용하는 행위일 수 있다. 실제로 한 여성은 남자친구와 싸운 뒤에 그가 보는 앞에서 반복적으로 손목을 그어서 남자가 자신을 치료해주도록 유도했다.

많은 경계인이 자해를 하는 동안 느낀 고통을 부인하고 심지어 그 이후 고요한 행복을 느꼈다고 말하기도 한다. 자기를 다치게 하기 전에 그들은 엄청난 긴장, 화 혹은 과도한 슬픔을 겪었고 자해를 한 뒤에는 불안에서 벗어나고 해방되는 기분을 느낀다. 어렵게 하나씩 높이 쌓아 올린 블록이 결국에는 흔들리다 무너질 때 속이 후련해지는 것처럼 말이다.

이 같은 안도감은 신체적 혹은 정신적 요인에서 기인한 것일 수도 있고 두 가지 모두가 결합된 것일 수도 있다. 내과 의사들은 오랜 경험을 통해 전쟁 상처와 같은 심각한 신체적 트라우마를 겪은 환자는 치료를 받지 못했음에도 불구하고 이례적으로 침착하고 일종의 자연스러운 마취를 경험한다고 말한다. 일부 의사들은 이 환자들의 몸에서 모르핀이나 헤로인처럼 생물학적 물질을 방출해 고통을 자연 치유한다는 가설을 주장한다.

### 심리 6. 롤러코스터 – 끝없는 감정의 변덕

**기준 6 : 우울, 안달, 불안과 같은 상황에서 스트레스를 받으면 극심한 감정 기복과 과도한 반응을 보인다. 대개 이런 반응은 몇 시간만 지속되나 드물게는 며칠을 가기도 한다**

경계인은 대부분 엄청난 기분파지만 이런 기분은 몇 시간 동안만 지속된다. 기본적인 기분은 항상 침착하고 안정적이지 않은 상태로, 과도하게 행동하거나 안달하거나 혹은 비관적이고 냉소적이며 우울하기도 하다.

오드리는 오웬이 퇴근길에 그녀를 위해 몰래 꽃을 사온 것을 보고는 몹시 기뻐하며 남편에게 키스 세례를 퍼부었다. 하지만 오웬이 저녁 식사를 하기 전에 씻으러 간 사이 오드리는 어머니의 전화를 받았고, 온몸이 아픈데도 딸이 전화를 하지 않았다고 질책했다. 오웬이 씻고 나오자 오드리는 엄청나게 화가 나 있는 상태로 변했고, 남편에게 저녁 식사 준비를 돕지 않았다며 고함을 질렀다. 오웬은 그 자리에 가만히 서서 아내가 돌변한 상황에 당혹해할 수밖에 없었다.

저스틴은 점점 더 깊은 절망감에 사로잡혀 약물을 과도하게 복용하려고 하다가 여자 친구에게 이끌려 응급실로 향했다. 정신병동으로 들어가는 길에는 걷잡을 수 없을 정도로 흐느끼면서 간호사에게 아무런 희망이 없어서 죽고 싶은 생각밖에 안 든다고 호소했다. 하지만 몇 분도 채 지나지 않아 병실에서 새로 만난 사람과 농담을 주고받으며 웃고 떠들었다.

## 심리 7. 빈 잔 – 언제나 공허하다
### 기준 7 : 만성적으로 공허하다고 느낀다

경계인은 공통적으로 고통스러운 외로움을 호소하는데 이런 '공허함'을 채우려고 마치 밑 빠진 독에 물을 붓듯이 실패가 예정된 방법을 끊임없이 시도한다.

셰익스피어는 신체적인 아픔으로까지 느껴지는 마음속 고통을 《햄릿》에서 애통하게 그리고 있다.

"무슨 이유인지 알지 못하지만 최근에 모든 웃음이 사라지고 모든 생활도 포기하고 내 깊숙이 침투해서 이 엄청난 세상에 나 혼자 와 있는 것 같소."

톨스토이는 무료함을 '욕망을 위한 욕망'이라고 정의했다. 이 같은 맥락에서 보자면 경계인이 파괴적인 행동이나 실망스러운 관계를 맺는 등 충동적으로 행동하는 것은 지루함을 극복하기 위함이다.

이들은 공허함에서 벗어나기 위해 여러 방면에서 새로운 관계를 맺거나 경험하려 한다. 여기엔 사르트르와 카뮈를 비롯한 다른 철학자들이 주장하는 실존주의 운명의 특징이 보인다. 경계인은 실존적 불안을 쉽게 경험한다. 그런데 이것이 병을 치유하려는 동기가 되는 에너지를 무너뜨려 치료를 어렵게 하는 가장 큰 걸림돌이 된다. 이런 감정 상태가 BPD의 다른 여러 증상에 영향을 미친다.

자살은 공허함을 영속적으로 느끼는 것에 대한 이성적인 반응일 수 있다. 공허함을 채우고 지루함을 해소하기 위해 화를 내거나 충동적으로 자신에게 해를 가하는 행동은 특히 약물중독인 경우에 심하다. 버림을 받았을 때도 더 강렬하게 느낄 것이고 관계도 제 기능을 하지 못할 것이다. 빈껍데기 안에서는 안정적인 자아가 자랄 수 없다. 그리고 불안정한 기분 상태는 외로움이 원인이다. 실제로 우울증과 공허함은 양쪽 측면을 더 강화하는 경우가 많다.

## 심리 8. 성난 황소 – 사소한 일에 목숨을 건다
### 기준 8 : 강렬한 화 또는 통제 불능의 분노로 부적절하게 자주 화를 내거나 지속적인 분노와 함께 몸싸움을 벌인다

정서적 불안정성과 분노는 가장 끈질긴 경계성 성격장애의 증상으로 시간이 지나도 계속 남아 있다. 경계인의 분노 표출은 그 폭발력만큼이나 예측하기 어렵다. 별것 아닌 다툼에 식칼이 등장하고 접시가 날아다니는 것이 이들의 전형적인 분노 표출법이다. 분노는 특정한(그리고 종종 사소한) 공격으로 시작되지만, 그 불꽃 아래에는 실망과 포기에 대한 위협에서 오는 두려움이 자리하고 있다.

빈센트 반 고흐는 절친한 벗인 폴 고갱과 채색 기법 차이로 다툼을 벌이다 푸줏간에서 쓰는 식칼을 가져와 고갱을 집에서 내쫓아 버렸다. 그러고는 분노에 휩싸여 그 칼로 자신의 귀를 잘라버렸다. 아주 강하고 극에 달한 분노는 종종 배우자나 자녀, 부모처럼 가장 가까운 상대를 향한다. 경계인의 분노는 도움을 요청하는 절규이거나 헌신을 시험하는 방법이거나 아니면 친밀함에 대해 느끼는 두려움일 수 있다. 하지만 내재된 요인이 무엇이든 간에 이런 폭력적인 반응은 자신에게 가장 필요한 사람들을 멀어지게 한다. 상대에게 모욕을 당해도 주위에 남아 있는 배우자나 친구, 연인, 가족 구성원은 무척 인내심이 강하거나 이해심이 많은 사람이지만 큰 고통을 겪고 있을 것이다. 경계인의 분노를 목격하면서 동정심을 느끼는 것은 어려운 일이다. 또한 관계를 계속 이어가려면 항상 가까이에서 지켜봐야 한다.

이들의 분노는 종종 치료를 담당하는 의료진을 향하기도 하는데 주로 정신과 의사가 그 대상이 된다. 많은 BPD 환자가 의사에게 분노를 표출하면서도 계속 치료를 이어갈 수 있도록 의사의 헌신을 시험하려고 한다. 그래서 의사는 되도록 자신이 담당하는 BPD 환자의 수를 제한하려는 경향이 있다.

## 심리 9. 폭풍 – 가끔 나는 미친 사람 같다
### 기준 9 : 스트레스를 받으면 일시적으로 망상적 사고 또는 심각한 정도의 해리 증상이 나타난다

BPD 환자가 경험하는 가장 보편적인 정신병적 경험은 비현실적이고 피해망상적인 착각이다. 비현실적인 감정은 일반적인 인지에서 분리되는 것도 포함되며 개인이나 주위의 사물이 비현실적으로 느껴지는 것이다. 일부 BPD 환자는 일종의 내적 분리를 경험하는데, 여러 가지 상황에서 출현하는 다중인격이 이런 경우다. 여기에 왜곡된 인식이 오감에 개입할 수 있다.

경계인은 스트레스가 심한 상황(버려졌다고 느낄 때 등) 혹은 전혀 체계가 없는 곳에 놓이게 되면 일시적으로 정신이상이 된다. 예를 들어,

고전적인 정신분석 과정에서 의사는 정신병의 에피소드들을 살피는데 주로 비체계적인 상황에서 드러나는 과거의 트라우마와 자유로운 연계에 집중한다. 정신병은 불법 약물중독에 의해 생길 수 있다.

그러나 경계성 정신병은 정신분열증, 정신적인 우울증, 약물중독과 같이 정신병을 앓고 있는 환자와는 다르다. 기간이 짧고 환자에게 더 강렬한 두려움으로 인식되어 평범한 경험과는 상당히 다르게 나타난다. 그리고 외부 세계에서 보기에 BPD로 인한 정신질환의 발현은 다른 정신병과 구별하기 어려우며 갑작스럽게 발병한다. 가장 큰 차이는 발생기간이다. BPD 환자는 다른 정신병에서 보이는 형태와는 달리 몇 시간 혹은 며칠 내에 발병이 사라지고 일반적인 상태로 돌아간다.

항상 비상대기 상태인 정신의학과 레지던트 질 산체스는 같은 방 친구의 도움을 받아 응급실에 온 덥수룩한 몰골의 스물세 살 대학원생 로렌조를 진료했다. 로렌조의 친구는 지난 24시간 동안 로렌조의 편집증과 이상행동이 점점 심해졌다고 했다. 로렌조는 최근에 아버지가 돌아가신 이후 가족 문제로 힘든 상황에서 졸업 논문을 완성해야 한다는 압박감에 시달렸다. 잠도 자지 못하고, 거의 먹지도 못했다. 급기야는 혼잣말을 중얼거리기 시작했고, 그러다가 논문 지도교수가 눈앞에 있기라도 한 것처럼 고래고래 소리를 질렀다. 전 우주가 자신을 공격해 무너뜨리려고 한다고 두려움에 떨면서 소리쳤다. 로렌조는 더 이상 이 세상에 발을 디디고 있을 수 없어서 다른 차원으로 달아나야 한다고 말했다.

산체스는 로렌조를 진료하면서 과거의 정신병 이력이나 가족력을 찾아내지 못했다. 약물 검사에서도 약물은 검출되지 않았다. 로렌조의 친구는 로렌조가 예전에는 특이한 행동을 보이지 않았다고 했다. 다만 로렌조가 변덕스러운 성격이라서 가끔 기분이 극단적으로 오락가락했고, 난데없이 폭발적으로 화를 내는 경우가 간혹 있었다고 했다. 산체스는 로렌조를 정신분열증 초기로 진단하고 정신병동으로 보냈다. 그러고는 로렌조의 불안증을 완화하고, 숙면을 유도하려고 항정신병약을 약간 투여했다.

　다음 날 아침, 로렌조는 완전히 다른 사람이 된 것 같았다. 샤워를 하고 깔끔하게 차려입은 로렌조는 차분한 태도로 의사의 질문에 잘 대답했다. 지난 이틀간의 일이 완전하게 기억나지는 않지만 학교와 가족 문제로 스트레스를 많이 받았다고 말했다. 로렌조는 불안과 의심에 사로잡혔던 자신의 행동을 어렴풋이 떠올리고는 당혹스러워했다. 하룻밤 숙면을 취하고 나자 마음이 훨씬 편해진 것 같았다. 로렌조는 기분이 훨씬 좋아져서 학교로 돌아갈 수 있도록 퇴원시켜 달라고 했다. 하지만 의사는 하루 더 있기를 권유했고 로렌조는 그 의견을 받아들여 하루 더 입원하기로 했다. 그는 병원에서 지내는 동안 다른 불안증 환자를 돌보는 간호사들을 도와주었다. 퇴원할 때는 학교로 인한 스트레스에 더욱 잘 대처하는 법을 배워야겠다고 했다. 또한, 아버지가 돌아가시면서 가족 간의 불화로 불안했던 마음이 더욱 깊어졌다고 인정했다. 로렌조는 정신과 의사를 찾아가 후속 치료를 받겠다고 했다.

# BPD vs 다른 정신장애

BPD가 종종 다른 질병으로 위장되거나 다른 질병과 관련되기도 해서 임상의들은 환자를 진찰할 때 BPD가 중요한 요소라는 사실을 인식하치 못하는 경우가 많다. 그 결과 BPD는 앞에서 소개한 캐리의 사례처럼 수많은 병원과 의사를 거치며 평생 여러 가지 병명으로 진단받는 일이 흔하다.

BPD는 여러 가지 방식으로 다른 장애와 결합된다. 우선 BPD가 모습을 숨기고 상태성 장애(우울증 등)와 함께 존재할 수도 있다. 예를 들어 환자의 심각한 우울증 속에 BPD가 감춰져 있을 수도 있다. 항우울 치료로 우울증이 해결되면 BPD가 수면으로 떠올라 더 많은 치료가 필요하다는 점을 알게 되는 것이다.

다음으로, BPD는 다른 장애와 긴밀한 관련이 있으며 심지어 더욱 발전시키기도 한다. 예를 들어 약물중독이나 식이장애가 있는 환자가 보이는 충동성, 자해, 대인관계의 어려움, 자기 이미지 축소, 변덕 등

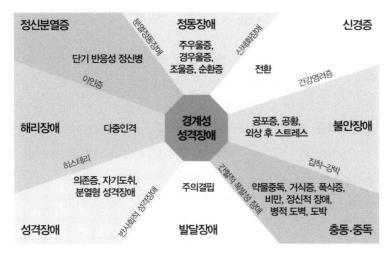

[그림 1] 다른 정신장애와 관련한 BPD의 계층구조

은 다른 주요 정신질환보다는 BPD의 영향이 더 크다. 만성적인 알코올의존증으로 인해 개인의 성격이 바뀌어서 BPD로 진화할 수 있다는 데는 논란의 여지가 있다. 하지만 내재된 성격의 병적 증상이 처음 나타난 뒤 알코올의존증으로 이어진 것으로 보인다. 닭이 먼저냐 달걀이 먼저냐는 질문은 풀기 어려운 숙제지만 BPD와 결합되는 질병의 경우 스트레스에 취약한 심리 상태를 대변한다.

개인에 따라 심장발작, 암, 위장병 등 신체적 질병에 유전적·생물학적 기질이 있는 것처럼 많은 사람이 생물학적으로 정신적인 질병에 쉽게 노출되는 경향도 있다. 내재된 취약함에 스트레스가 더해져 BPD로 가는 것처럼 말이다. 따라서 스트레스를 받았을 때 어떤 경계인은 약물에 손을 대고, 또 다른 사람은 식이장애를 보이거나 심각한 우울증에 빠지는 것이다.

제2장 • 경계인을 지배하는 아홉 가지 심리

마지막으로, BPD는 다른 정신질환과 증상이 너무 비슷해서 환자가 정신분열증, 불안 조울증, ADHD 또는 다른 질환으로 잘못 진단받는 경우가 생기기도 한다.

### 정신분열증, 정신병

정신분열증은 BPD보다 장애 정도가 심각하지만 타인을 교묘하게 세뇌하거나 관여하는 정도는 훨씬 덜하다. 양쪽 모두 불안하고 정신병적 에피소드를 경험한다. 정신병 증세(환영이나 환청, 편집적 망상, 해리 증상 등)를 보이는 경계인의 비율은 20퍼센트에서 50퍼센트로 추정된다. 경계인의 정신병 증세는 정신분열증과는 대조적으로 대개 시간이 지남에 따라서 지속력과 파급력이 약해지지만 대체로 스트레스에 영향을 받는다. 반면, 정신분열증 환자는 자신의 환각과 착각에 점점 더 익숙해져서 가끔은 별다른 불편을 느끼지 못할 가능성이 크다. 두 환자군 모두 파괴적이고 자해 성향을 보이지만 경계인은 대체로 사회적 기능이 적절하게 작용하는 반면 정신분열증 환자는 훨씬 심각하게 떨어진다.

### 조울증, 우울증

경계인의 약 96퍼센트가 한평생 기분장애를 호소한다. 불안장애는 종종 조울증을 동반한다. 경계인의 71~83퍼센트가 우울증을 앓고 있다고 한다. 급격한 기분 변화와 끝도 없는 생각이 조울증과 우울증을 겪는 환자들이 호소하는 보편적인 증상이다. 이런 증상은 BPD와 연관이 있으며 ADHD와도 관련이 있다. 그러나 증상 간의 차이는 아주 크다. 조울증이나 우울증으로 고통받는 사람과 상담해 보면 뇌의 기능에 근본적인 원인이 있다는 것을 알게 된다. 기분 변화는 며칠에서 몇 주까지 이어진다. 기분이 바뀌는 동안 환자는 상당히 일반적인 삶을 유지할 수 있고 명상을 통해 효과적으로 치료할 수 있다. 하지만 이와 대조적으로 BPD의 경우 두드러진 기분 변화가 겉으로 드러나지 않을 때도(적어도 내부적으로) 기능에 어려움을 보인다. 자해, 자살 위협, 과잉 행동, 폭넓고 급격한 기분 변화가 조울증으로 보일 수도 있지만 경계인의 기분 변화는 더 일시적이고(며칠이나 몇 주가 아닌 몇 시간만 지속되며) 환경적 자극에 반응하는 경우가 더 많다. BPD와 조울증은 유기 공포와 정체성 혼란을 느끼느냐 아니냐에 따라 매우 확연하게 구분된다. 그런데도 BPD와 조울증을 동시에 진단받는 환자가 20퍼센트에 이른다. 다시 말해서 조울증 환자의 20퍼센트가 BPD를 갖고 있고, BPD 환자의 20퍼센트가 조울증 증세를 보인다. 이처럼 두 가지 질환을 모두 진단받은 환자는 증상이 훨씬 더 심각하고, 결과도 더욱 복잡하다.

## ADHD

ADHD를 앓고 있는 사람은 끊임없이 이루어지는 빠른 인식 전환으로 집중력이 극도로 낮다. 경계인과 마찬가지로 엄청난 기분 변화, 끊임없는 생각, 충동, 분노 표출, 참을성 부재, 낮은 욕구 불만을 가진다. 이들 대부분은 약물중독이나 알코올의존증, 고통스러운 연인관계를 경험한 적이 있다. 또한 모든 일에 쉽게 지루해한다. 실제로 많은 경계인의 성격적 특성이 끊임없이 새로움을 추구하고(재미를 위해), 보상 의존성이 낮은(즉각적인 결과에 대한 걱정이 없음) '전형적인 ADHD 기질'에 들어맞는다. 당연하게도 여러 연구 결과가 이들 증상 사이의 상관관계를 보여준다. 몇몇 전향적 연구에 따르면 ADHD를 진단받은 어린아이는 나이가 들어 BPD와 같은 성격장애로 이어지는 경우가 많다. 또한 후향적 연구에 따르면 BPD를 진단받은 성인이 어린 시절 ADHD를 진단받은 경우가 종종 있다. 한 질병이 다른 질병의 원인이 되는지, 그 질병들이 함께 발병하는지, 아니면 그저 같은 질병의 관련 징후인지는 추후 조사를 통해 밝혀질 것이다. 흥미롭게도 한 연구에 따르면 ADHD 증상을 치료하면 두 증상을 모두 진단받은 환자의 BPD 증상도 줄어든다.

### 고통

경계인은 고통에 역설적인 반응을 보이는 것으로 나타났다. 많은 연구결과 환자가 자초한 경우, 특히 고통을 판단하는 감각이 현저하게 떨어지는 것으로 나타났다. 그렇지만 경계인은 만성적인 고통에 엄청나게 민감한 반응을 보인다. 이 '고통 역설'은 경계인에게서만 보이는 독특한 점이며 아직 제대로 설명이 안 되고 있다. 일각에서는 자해를 한 경우 고통감각이 환자의 심리적 필요를 충족시키고 그것이 전기적 뇌 활성 변화와 결합하여 신체가 만드는 마약인 내인성 진통제를 신속하게 생성한다고 믿고 있다. 그렇지만 환자가 통제할 수 없는 외부에서 발생하는 지속적인 고통은 내인성 진통제의 보호를 줄게 만들어 불안을 가중시킬 수 있다. 어쩌면 더욱 많은 관심과 돌봄을 받고 싶어서 만성적 고통을 민감하게 받아들이는지도 모른다. 연구 결과에 따르면 경계인은 무릎 수술 시 통증 내성이 훨씬 낮았다. 이는 경계인의 만성 통증 대응 기제와 관련이 있다. 경계인은 나이를 먹으면서 통증에 점점 더 민감해진다.

## 신체화장애

경계인은 의료진이나 지인들과 의존적인 관계를 유지하기 위해 신체적 아픔에 큰 비중을 두고 과장되게 고통을 호소한다. 하지만 의사는 그저 건강염려증 정도로 치부하며 문제의 실상을 이해하려고 하지 않는다. 신체화장애는 환자의 다양한 신체적 아픔(통증, 위장, 신경, 성적 증상)에 따라 결정되는 병으로, 이미 알려진 질병으로는 설명할 수 없다. 건강염려증이 있는 환자는 질병의 징후가 전혀 없다는 의사의 소견에도 아랑곳없이 자신이 끔찍한 병에 걸렸다고 확신한다.

## 해리장애

해리장애에는 기억상실증, 자신에 대한 비현실적인 감각(이인화) 또는 환경에 대한 비현실적인 감각(현실감 상실)과 같은 증상이 포함돼 있다. 해리장애의 가장 극심한 형태는 '다중인격'으로 불리는 해리성 정체감 장애다. BPD를 경험한 개인의 약 75퍼센트가 어느 정도 다중인격을 경험한다. 가장 심각한 해리장애인 DID를 진단받은 사람들 사이에서 BPD는 흔히 찾아볼 수 있으며 확정 진단을 받은 사람은 더 많다. 두 질병 모두 충동, 분노 표출, 비정상적인 인간관계, 심한 감정기복, 자해 경향과 같은 공통점이 있다. 대개 어린 시절에 학대받고 혹사당하거나 방치된 경험이 있다.

## 외상 후 스트레스장애

외상 후 스트레스장애는 자연재해나 전쟁과 같은 심각한 트라우마가 되는 사건을 겪고 난 뒤에 오는 복합적인 증상을 말한다. 강한 두려움, 특정 사건에 대해 감정적으로 반복되는 경험, 악몽, 화, 과장돼 나타나는 놀람 반응, 사건과 관련된 장소나 활동 회피, 무기력함 등이 특징이다. BPD나 외상 후 스트레스장애 모두 어린 시절 매우 심한 학대를 받은 기억과 관련되는 경우가 종종 있어서 극도의 감정적 대응이나 충동처럼 유사한 증상을 보인다. 일부 환자는 자신들이 같은 질병을 앓는다고 치부해 버리기도 한다. 이 두 가지 질병이 동시에 발병하는 경우가 50퍼센트 이상이라는 몇몇 연구 결과가 있긴 하지만, 이 둘은 각기 다른 진단기준이 있는 명백하게 다른 질병이다.

## 다른 성격장애

BPD의 많은 특징이 다른 성격장애의 특성과 중복된다. 예를 들어, 의존성 성격장애는 의존적이고 혼자가 되는 것을 피하려고 하고 제약된 관계를 구축한다는 점에서 BPD와 맥을 같이 한다. 그렇지만 의존성 성격장애는 경계성 성격장애처럼 자기 파괴, 분노, 극심한 감정기복을 보이지 않는다. 마찬가지로 정신분열성 성격장애는 다른 사람과 열악한 관계를 맺고 타인을 믿는 데 어려움을 겪지만 BPD 환자보다 더 괴짜인 데다 자멸하는 성향은 덜하다. 종종 두 가지 이상의 성격장애를 보이는 환자는 개별 진단을 내리기도 한다.

DSM 이전 판에서 경계성 성격장애는 극적이고, 감정적이거나 변덕스러운 특징을 반영하는 성격장애 전체를 포괄한다. 이 그룹에는 자기

애성 성격장애와 반사회적 성격장애, 히스테리성 성격장애가 포함되어 있다. 이러한 성격장애는 모두 BPD와 보다 더 밀접하게 관련되어 있다.

경계성 성격장애와 자기애성 성격장애는 둘 다 비난에 상당히 민감하게 반응한다. 실패하거나 거절을 당하면 극심한 우울증을 일으킬 수 있다. 두 가지 모두 사람을 이용하고 항상 관심을 받고자 요구한다. 그렇지만 자기애성 성격장애는 일반적으로 더 높은 수준에서 기능한다. 자신의 중요성을 과장해 생각하고(가끔은 절박한 불안을 감추며), 타인을 무시하는 모습을 보이며 겉으로 동정하는 모습조차 찾아볼 수 없다. 반면에 경계성 성격장애는 자존감이 낮고 다른 사람의 확신에 상당히 의존한다. 그들은 타인에게 절박하게 의존하며 일반적으로 그들의 반응에 더 민감하다.

경계성 성격장애와 마찬가지로 반사회적 성격장애는 충동적이고 좌절에 취약하며 남을 이용하는 경향이 강하다. 그렇지만 반사회적 성격장애는 죄책감이나 양심의 가책을 느끼지 못한다. 타인과 거리를 두며 의도적으로 자기 파괴적인 행동을 하지 않는다.

히스테리성 성격장애는 관심을 추구하고, 남을 교묘하게 이용하며 감정기복이 심하다는 점에서 경계성 성격장애와 유사하다. 그렇지만 히스테리성 성격장애는 더 안정적인 역할과 관계를 발전시킨다. 일반적으로 연설이나 태도에서 한층 더 대담하고 감정적인 반응이 과장되는 경향이 있다. 신체적 이목은 히스테리성 성격장애에서 가장 중요하게 생각하는 부분이다. 한 연구에서 BPD, 정신분열증, 강박증, 회피성 성격장애 환자들의 심리적·사회적 기능을 우울증 환자와 비교해보

앉다. 그 결과 BPD와 정신분열증 환자가 다른 성격장애 환자나 우울증 환자보다 월등하게 기능적으로 뒤쳐지는 것으로 나타났다.

### 약물중독

BPD와 약물중독은 상당히 관련이 깊다. 약물중독으로 진단을 받은 환자의 약 3분의1이 BPD 진단기준을 충족한다. 그리고 BPD로 입원한 환자의 50퍼센트 이상이 약물이나 알코올중독에 빠져 있다. 알코올이나 약물은 자기 처벌, 분노, 충동적인 행동, 쾌락에 대한 갈망, 혹은 외로움과 타협하는 방법을 반영한 것이다. 약물의존성은 사회적 관계를 구축하고, 친숙하고 편안한 방식으로 안정화 혹은 자기명상으로 급격한 기분 변화를 다스리거나 소속감이나 자기 정체성을 확립하는 방식으로 좋아질 수 있다. 약물중독에 대한 이 같은 설명은 또한 BPD의 기준을 정의하는 일부이기도 하다.

### 거식증과 폭식증

거식증과 폭식증은 미국 젊은 여성들 사이에서 중요한 건강 문제로 대두됐다. 식이장애는 자신의 몸에 대한 근본적인 혐오와 자기 정체성에 대한 일반적인 반감 때문에 발생한다. 거식증 환자는 자신을 완벽한 흑백논리로 판단한다. 그래서 뚱뚱하거나(항상 그렇게 느낀다) 날씬하거나(한 번도 날씬한 적이 없다고 느낀다) 둘 중 하나다. 또한 스스로 통제할 수 없다고 느끼기에 자기제어를 유지하려고 충동적으로 굶거나 폭식하는 등 식욕 이상을 보인다. 거식증이나 폭식증 환자는 의심할 여지 없이 자기 파괴적인 행동을 한다. 대체로 왜곡된 정체성을 지니고 있고 공허감을 느낀다. 이러한 패턴이 BPD와 유사하기 때문에 많은 정신과 전문의는 이 두 장애를 깊이 연관 지어 생각한다.

한 연구 결과에 따르면 거식증이나 폭식증을 앓는 환자는 인간관계에서 불안을 느끼고, 공허감을 호소하며, 자살 행동과 해리 증상을 보인다. 기분 불안정과 충동성, 분노와 같은 BPD 증상은 거식증 환자보다 폭식증 환자와 좀 더 관련이 깊다. 거식증 환자는 정체성 혼란을 더 많이 겪는다. 거식증 환자가 BPD를 보이는 비율은 25퍼센트에 달한다. 폭식증 환자가 BPD를 보이는 비율은 28퍼센트에 이른다.

## 강박 행동

특정한 강박적 행동 또는 파괴적 행동은 BPD의 패턴을 반영한다. 예를 들어 강박적인 도박꾼은 돈이 모자라도 도박을 멈추지 않는다. 그는 편안하게 쉴 수 없는 지루한 세상에서 벗어나 습관적으로 스릴을 느끼고 싶어 한다. 어쩌면 도박은 충동적인 자기 처벌의 표현일 수도 있다. 좀도둑은 종종 필요하지도 않은 물건을 훔친다. 폭식증 환자의 50퍼센트가 병적 도벽, 약물오용, 난잡한 성행위를 보인다. 이런 행동이 강요에 따라 통제되면 자신에게 고통을 줘야 하거나 그럴 필요가 있다고 느낀다.

난잡한 성행위는 주로 타인에게 꾸준한 사랑과 관심을 받고 싶은 욕구가 반영돼 있으며 자신에 대한 긍정적인 감정을 얻으려는 행동이다. 경계인은 대개 긍정적인 자존감이 부족하고 지속적인 확신이 필요하다. BPD를 앓는 여성은 자존감이 결여돼 신체적 매력이 자신의 유일한 자산이라 생각하고 잦은 성 접촉으로 자기 가치를 확인하려고 한다. 이런 식으로 혼자가 되는 고통을 피하고 자신이 완전히 지배할 수 있는 인공적인 관계를 구축한다.

욕망은 정체성으로 스며들 수 있다. 자기 처벌이 정신역학의 주된 분야라면 모욕, 마조히즘, 도착증이 관계에 유입된다. 인간관계의 어려움은 사적이고 전형적인 사고와 행동을 이끌며 종종 집착이나 강박으로 드러난다. 경계인은 두려움을 없애려고 현실을 부정하며 특정한 공포증을 유발한다. 이들이 친밀감을 형성하는 방식은 성도착증으로 이어질 수 있다.

## 추종

경계인들은 지시와 승낙을 동경하므로 잘 통솔된 집단의 강력한 리더에게 매력을 느낀다. 이들은 이런 리더들에게 무조건적이고 즉각적인 충성심, 자동적인 소속감, 이상적인 지도자를 향한 숭배심을 보이며 쉽게 이끌린다. 특히 이들은 외부 세계의 화신인 '악'과 추종 그룹을 아우르는 '신'으로 나뉜 흑백 세계관에 상당히 취약하다.

## 자살

경계인의 최대 70퍼센트가 자살을 시도하며, 그로 인해 목숨을 잃는 경우도 10퍼센트에 달하는데, 이는 일반인의 거의 1,000배에 해당하는 수치다.

리스크가 높은 집단인 청소년과 청년층(15~29세 사이)에서 BPD는 자살 원인 중 3위를 차지했다. 무력감, 충동적인 공격성, 우울증, 약물 중독, 어린 시절 학대 경험이 자살 위험을 높이는 것으로 나타났다.

경계인을 정의하는 기준 중에서 정체성 불안과 공허감, 유기 공포는 자살 시도와 가장 밀접하게 연관되어 있다. 물론 불안 증상은 종종 다른 질병으로 자살하는 경우와도 관련이 있다. 하지만 엄청난 불안감을 보이는 경계인은 실질적으로 자살하는 경우가 적다.

캘리포니아대학교의 연구에서는 고의적인 자해나 자살 생각으로 응급실을 찾은 환자의 향후 자살 사망률을 조사했다. 다른 응급실 환자와 비교했을 때 자해로 응급실을 찾았던 환자가 이후 1년 내에 자살할 확률은 50배 더 높았고, 자살 의지를 보였던 응급실 환자가 자살할 확률은 30배 더 높았다. BPD를 앓고 있는 사람이 자살로 조기 사망하는 비율은 비교 그룹보다 2.5배 이상 높았다.

제3장

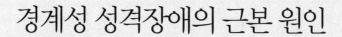

# 경계성 성격장애의 근본 원인

"모든 행복한 가족들은 서로 닮았다.
모든 불행한 가족들은 자신만의 이유로 불행하다."

— 레프 톨스토이의 《안나 카레니나》 중에서

# 경계인은 대물림된다

딕시 앤더슨은 어른이 되지 못한 어른이다. 그녀의 아버지는 언제나 집을 비웠고 어쩌다 집에 있을 때도 별로 말을 하지 않았다. 항상 집에 없었기 때문에 그녀는 아버지가 무슨 일을 하는지도 알지 못했다. 딕시의 어머니 마가렛은 남편을 '일 중독자'라고 했다. 어린 시절 내내 딕시는 어머니가 뭔가를 감추고 있다고 느꼈지만, 그것이 무엇인지는 확실히 알 수 없었다.

그러나 딕시가 열한 살이 되었을 때 모든 것이 변했다. 어머니가 그녀를 '조숙한 아이'라고 불렀지만 딕시는 그 말이 무슨 뜻인지 제대로 알지 못했다. 그녀가 아는 것이라고는 아버지가 전과는 달리 갑자기 집에 자주 들어온다는 것과 신경을 더 많이 써주었다는 것뿐이었다. 딕시는 새로운 관심을 즐겼고 아버지가 그녀를 만지고 난 뒤에 얻게 되는 새로운 권력을 즐겼다. 아버지는 볼일을 끝내면 그녀가 원하는 것은 무엇이든 들어줬다.

거의 같은 시기에 딕시는 불량한 친구들에게 갑자기 인기가 높아졌다. 아이들은 그녀에게 몰래 숨겨둔 마리화나를 나눠줬고 몇 년 후에는 마약에 손을 댔다.

딕시의 중학교 시절은 힘든 시기였다. 학교생활 중 절반을 다른 아이들과 싸우며 보냈지만, 그녀는 전혀 개의치 않았다. 딕시는 다른 아이들이 겁낼 만큼 충분히 거칠었고 친구와 마약이 있었다. 그리고 예뻤다. 한번은 과학 선생님이 정말 머저리라고 생각해 주먹을 날렸다. 이 일로 딕시는 퇴학을 당했다.

열세 살에 딕시는 처음으로 정신과 진료를 받았고, 주의력결핍 과잉행동장애(ADHD) 진단을 받았다. 여러 가지 치료를 했지만 마리화나를 했을 때만큼 기분이 좋아지지는 않았다. 그래서 딕시는 모든 것에서 도망치기로 결심했다. 그녀는 작은 여행 가방을 챙겨 나와 고속버스에 몸을 실었고 몇 분 뒤 라스베이거스로 향했다.

## 모녀의 데칼코마니

마가렛이 보기에 자신이 어떤 노력을 하든 딕시는 항상 나쁜 길로만 가는 듯했다. 그녀는 첫째 딸인 딕시가 마음에 들지 않았다. 딸은 남편의 유전자를 물려받은 것이 분명했고 항상 자신의 관점이나 가정을 돌보는 방식을 비난했다.

남편의 무관심과 딸의 비난 속에서 마가렛은 먹는 것으로 스트레스를 풀었고 결국 고도비만이 됐다. 그녀는 살을 빼기 위해 암페타민을 복용하고 위장 절제술까지 받으면서 노력했지만 소용없었다. 그녀는 여전히 뚱뚱했고 언제까지나 그 모습일 것 같았다.

그녀는 왜 로저가 자신과 결혼을 했는지 종종 궁금해했다. 잘생기고 인기가 많던 로저가 무엇 때문에 자신을 원했는지 알지 못했다. 신혼이 끝나갈 무렵 로저는 더 이상 마가렛에게 관심을 보이지 않았다. 외박이 잦아지더니 급기야 집에 들어오지 않는 날이 더 많아졌다.

그런 마가렛에게 딕시는 인생의 한 줄기 빛이었다. 둘째 딸인 줄리는 이미 다섯 살에 비만 진단을 받아 실패한 자식처럼 느껴졌다. 그렇지만 딕시는 날씬하고 예뻤다. 마가렛은 딕시를 위해서라면 무엇이든 할 수 있을 것 같았다.

마가렛은 마치 생명줄을 붙잡듯 딕시에게 집착했다. 하지만 마가렛이 집착할수록 딕시는 화를 냈다. 딕시는 점점 요구하는 것이 많아지더니 짜증을 부리고 어머니의 몸무게에 대해 불평을 늘어놓았다. 의사도 마가렛을 도울 수 없었다. 그녀는 조울증에다 알코올과 암페타민 중독이었다. 마지막으로 마가렛이 병원에 갔을 때 의사는 그녀에게 전기충격 요법을 권했다. 남편도 떠났고 아끼는 딸 딕시마저 언제나 도망치려 하자 마가렛의 세상은 무너져 갔다.

한편 라스베이거스에서 정신없는 몇 달을 보낸 뒤 딕시는 로스앤젤리스로 옮겨갔지만 그곳에도 탈출구는 없었다. 딕시는 돈을 벌고 차도 사고 좋은 시간을 보내겠다고 다짐했다. 그러나 많은 차를 얻어 탔지만 좋은 시간을 보내기란 쉽지 않았다. 새로 사귄 친구들은 낙오자들뿐이었다. 간혹 그녀는 단돈 몇 달러를 빌려준 남자와 잠자리를 했다. 딕시는 결국 1년 만에 주머니에 고작 몇 달러만 들고 집으로 돌아왔다.

돌아온 집의 사정도 전혀 나아진 게 없었다. 아버지는 완전히 집을 나갔고, 어머니는 깊은 우울증과 약물에 빠져 무기력해져 있었다. 이런 암울한 상황에서 그녀 역시 얼마 지나지 않아 술과 마약에 다시 빠지게 되었다. 열다섯 살에 약물중독으로 두 번이나 병원에 감금되었고 수많은 치료를 받았다. 열여섯 살에는 고작 몇 주 만난 남자의 아이를 임신했다. 임신을 알게 된 직후 딕시는 그 남자와 결혼했다.

일곱 달 뒤 킴이 태어났을 때 결혼 생활은 이미 삐걱거리고 있었다. 딕시가 보기에 남편은 허약하고 소극적인 멍청이였다. 인생을 개척하고 자식을 위해 든든한 가정을 제공해 줄 수 있는 배포가 없었다.

아이가 태어난 지 여섯 달이 되었을 때 결혼 생활은 끝이 났고 딕시와 딸 킴은 마가렛의 집으로 들어왔다. 그때부터 딕시는 체중에 집착하게 되었다. 그녀는 종일 아무것도 먹지 않다가 갑자기 미친 듯이 엄청난 양의 음식을 먹은 다음 곧장 화장실에 가서 다 토해냈다. 구토로 음식을 꺼낼 수 없으면 다른 방법을 썼다. 그녀는 변비 초콜릿을 사탕 먹듯이 수시로 먹었다. 그리고 옷이 땀에 흠뻑 젖고 진이 빠져 움직일 수 없을 때까지 운동을 했다.

살은 점차 빠졌지만 그녀의 건강과 행복한 기분도 함께 빠져나갔다. 생리는 멈췄고 활력을 잃어갔으며, 집중력도 약해졌다. 딕시는 우울한 자신의 삶을 떠올리며 처음으로 자살이 진정한 탈출구가 될 수 있을 거라고 생각했다.

다시 정신병원에 입원했을 때 딕시는 처음엔 안정감과 편안함을 느꼈지만, 이내 원래의 자아로 되돌아갔다. 나흘째 되던 날 그녀는 의사를 유혹하려 했다. 그가 반응하지 않자 복수하겠다고 그를 위협했다. 그녀는 간호사에게 추가적인 특권과 특별한 주의를 요구했고 단체 활동에 참여하기를 거부했다.

이후에도 딕시는 갑작스럽게 입원하고는 며칠 뒤 다 나았으니 퇴원시켜 달라고 요구하기를 반복했다. 여러 명의 정신과 의사를 만났지만 누구도 그녀의 극심한 기분 변화, 우울증, 외로움, 이성관계, 마약에 대한 충동성을 이해하거나 알지 못하는 듯 보였다. 딕시는 자신이 행복해질 수 있을지에 대한 의구심이 들었다.

## 손녀에게 이어진 비극

상황이 악화될수록 딕시와 마가렛은 서로를 향해 분노를 표출하며 싸우기를 반복했다. 마가렛 입장에서는 딕시가 자신이 저지른 실수를 똑같이 저지르고 있는 것처럼 보였다. 마가렛은 더 이상 그냥 지켜볼 수 없었다.

마가렛의 아버지는 남편 로저처럼 외롭고 불행한 남자로, 가족에게 별로 해준 것이 없었다. 그녀의 어머니 역시 마가렛이 가정을 꾸려나가는 것과 같은 방식으로 가족을 돌봤다. 그리고 마가렛이 딕시에게 집착한 것처럼 그녀의 어머니도 마가렛에게 집착했고 하나부터 열까지 간섭했다.

마가렛은 그런 어머니의 생각과 감정에 동조했고, 심지어 엄청난 음식까지 고스란히 받아먹었다. 열다섯 살이 되던 해 마가렛은 고도비만이 되었고 주치의에게 엄청난 양의 암페타민을 처방받아서 식욕을 억눌러야만 했다. 스무 살이 되자 술을 마시게 되었고 암페타민에서 벗어나기 위해 긴장성 두통을 치료하는 피오리널을 복용했다.

마가렛은 어머니와의 관계에서 분노가 커지는 것을 제어하느라 어머니를 기쁘게 해줄 수 없었다. 그녀의 딸과 남편에게도 마찬가지였다. 그녀는 어느 누구도 행복하게 해준 적이 없다는 사실을 깨달았다. 심지어 자신조차도. 그렇지만 즐거워하지 않는 사람들을 즐겁게 해주려는 부질없는 노력을 계속해 나갔다.

이제 남편도 떠나고 딕시마저 심하게 아픈 상태에서 마가렛의 인생은 나락으로 떨어지는 것만 같았다. 딕시는 마침내 마가렛에게 아버지가 어떻게 자신을 성적으로 학대했는지 털어놓았다. 로저는 떠나기 전에 자신이 만난 모든 여자들에 대해서 심하게 자랑을 늘어놓았다. 이 모든 사건에도 불구하고 마가렛은 여전히 남편을 그리워했다. 그 역시 자신과 마찬가지로 혼자라는 것을 그녀는 알고 있었다.

딕시는 자기 파괴적인 이 가족의 곤경을 극복하기 위해 무언가를 해야겠다고 결심했다. 아니면 최소한 자신만이라도 이 고통의 수렁에서 벗어나고 싶었다. 가장 먼저 떠올린 것은 직장을 잡는 것이었다. 직업을 가지게 되면 끝없는 지루함을 이겨낼 수 있을 것 같았다. 그렇지만 그녀는 고작 열아홉 살이었고 이제 겨우 두 살 된 아이가 있는 미혼모인 데다가 고등학교도 졸업하지 못했다. 그런데 강박적인 성격 탓이었을까, 그녀는 곧장 고등학교 졸업장을 주는 프로그램에 등록하고 몇 달 안에 졸업장을 받았다. 그리고 곧바로 대학에 입학했다.

딕시의 학업 때문에 마가렛이 킴을 돌보기 시작했다. 여러 가지 면에서 이 방식은 효과가 있는 것처럼 보였다. 킴은 마가렛의 인생에 의미를 부여했고 킴은 보살핌을 받을 수 있었으며 딕시는 인생의 새로운 도전을 할 시간이 생겼다.

하지만 이내 이 체계에 균열이 생겼다. 마가렛은 가끔 너무 술에 취하거나 우울해서 아이를 돌볼 수가 없었다. 이런 일이 생길 때마다 딕시는 단순한 해결책을 썼다. 마가렛에게 킴을 빼앗아 버리겠다고 협박한 것이다. 할머니와 손녀는 절박하게 서로가 필요했기에 딕시는 완벽하게 가정을 통제할 수 있었다.

그러면서 딕시는 끊임없이 자신을 구해줄 남자를 찾았지만, 그녀의 잦은 남자와의 잠자리는 얼마 가지 못했다. 그녀는 항상 같은 패턴을 반복했다. 남자를 유혹하고 그 남자가 자신을 보살피기 시작하면 곧바로 싫증이 났다. 교제해서는 안 되는 의사들, 결혼한 지인, 자신과 나이차이가 많이 나는 교수와 같은 남자들이 언제나 그녀의 이상형이었지만 그들이 자신의 유혹에 반응하면 즉시 차버렸다. 그녀가 데이트한 젊은 남자는 모두 혼전 경험을 엄격하게 반대하는 교회에 다니는 사람들이었다.

딕시는 여성을 기피해 동성 친구가 없었다. 여성은 약하고 재미없는 존재라고 생각했다. 적어도 남자는 어떤 실체가 있었다. 그녀의 유혹에 반응하는 남자는 멍청이고 그렇지 않은 남자는 위선자였다.

다행히 학업은 성공적이었다. 그러나 성공과 함께 두려움도 커졌다. 딕시는 거의 집착에 가까울 정도로 끊임없이 학업에 매달렸지만 자신이 보기에 진정한 성공을 거두려면 더 높고 비현실적인 노력이 필요한 것 같았다. 그녀는 시험에서 이런 자신의 기대치에 미치지 못했을 때는 좋은 성적을 받아도 분노를 폭발하며 자살하겠다고 마가렛을 위협했다.

어머니나 외할머니와 마찬가지로 킴도 아버지를 잘 알지 못했다. 이따금 아버지가 찾아오기도 하고 할머니와 사는 집으로 킴을 데려가기도 했다. 하지만 아버지는 항상 킴의 주변에서 어색하게 굴었다.

어머니는 무심하고 외할머니는 자신의 문제에만 빠져 있거나 능력이 부족했기에 킴은 네 살이 되던 해부터 집안일을 돕기 시작했다. 킴은 자신에게 냉담한 딕시를 무시했다. 킴이 짜증을 부리면 마가렛은 손녀가 원하는 것은 뭐든 들어줬다.

집안은 혼란의 연속이었다. 가끔 마가렛과 딕시는 동시에 병원에 입원했다. 마가렛은 알코올의존증, 딕시는 폭식증 때문이었다. 그럴 때면 킴은 아버지에게 임시로 맡겨졌지만 아버지도 킴을 돌봐 줄 능력이 없었다.

주위가 혼란스러웠지만 킴은 여섯 살 나이가 무색할 만큼 성숙했다. 킴에게 다른 아이들은 자신과 같은 경험이 없는 그저 아이들일 뿐이었다. 킴은 자신이 가진 특정한 형태의 성숙함을 전혀 이상하다고 생각하지 않았다. 어머니와 할머니가 자기 또래일 때의 사진을 보면 그들도 자신과 같은 모습을 하고 있었기 때문이다.

# 유전 vs 환경

여러 측면에서 딕시 가족의 이야기는 경계인과 그 가족의 전형적인 사례를 보여준다. 경계성 성격장애에 영향을 주는 요인들은 종종 세대를 이어 내려온다. BPD의 계보는 자살, 근친상간, 약물중독, 폭력, 상실, 외로움과 같이 깊고 오랫동안 지속된 문제로 이어지는 경우가 많다. 부모가 BPD 증상을 보이면 자녀들도 부모와 같은 길을 걷게 되는 형태다.

BPD의 이 같은 대물림 현상은 여러 가지 질문을 떠올리게 한다. 이를테면, BPD의 특성은 어떻게 발달하는가? 어떻게 가족을 통해 전해지는가? 그 원인이 유전에만 있는 것인가?

이런 질문들은 인격이 '타고나는 것인가, 키워지는 것인가'(혹은 기질적인 것인가, 아니면 특성인 것인가)라는 전통적인 의문을 다시 생각하게 만든다.

BPD의 원인에 대한 중요한 이론 두 가지는 이 딜레마를 반영하고 있다. 하나는 발달(정신적) 원인을 강조하는 것이고 다른 하나는 형성 (생물학적, 유전적) 기원에 초점을 두고 있다. 연구 결과에 따르면 BPD 특성의 약 42~55퍼센트는 유전적 영향을 받고, 나머지는 환경적 경험에 좌우된다.

대인관계의 스트레스 요인과 시련 이외에 환경적 영향력도 빼놓을 수 없다. 환경적 영향력에 속하는 사회문화적 요인으로는 빠르게 분화되는 사회구조와 핵가족의 파괴, 이혼율의 증가, 비 부모 탁아에 대한 의존도 증가, 커진 지리학적 이동성, 성적 역할 유형의 변화가 있다. 비록 이 같은 환경 요인에 대한 실증적인 연구는 제한적이지만 일부 전문가들은 이들 요인이 BPD의 확산에 영향을 미친다고 추측한다.

BPD의 원인 혹은 원인의 유형을 입증하는 명백한 증거는 존재하지 않는다. 대신 유전적, 발달적, 신경생물학적, 사회적 요인이 결합해 이 질병의 발달에 영향을 미친다는 것만은 분명하다.


## BPD는 정말 유전되는가

가족 연구에 따르면 경계인의 직계존속이 BPD에 걸릴 확률이 다른 사람보다 몇 배 더 높다고 밝혀졌다. 또한, 이들 가족 구성원은 기분, 충동, 약물중독에 걸릴 확률 역시 매우 높았다.

여러 가족 연구에서 BPD를 정의하는 네 가지 주요 영역(기분 영역, 대인 영역, 행동 영역, 인지 영역)의 요소들을 집중적으로 조사했다. 그 결과, 그러한 증상들을 가족 구성원에게 집중시키는 유전적 경로가 드러났다.

한 연구 결과에 따르면 BPD 환자의 가족은 가족이 아닌 사람보다

BPD에 걸린 확률이 거의 4배 더 높았다. 또 다른 쌍둥이 연구에서는 BPD 기준 아홉 가지를 모두 조사했다. 이 연구 결과에 따르면 유전 가능한 일반적인 BPD 요소 하나가 BPD 기준에 가장 큰 유전적 영향력을 미쳤다. 이 조사에서는 BPD 환자의 충동성 수준이 유전되기 훨씬 쉬운 것으로 나타났다. 이와는 대조적으로 대인적 특성과 자아상 특성은 살면서 겪은 경험에 영향을 받을 가능성이 더욱 컸고, 유전적으로 결정될 가능성은 훨씬 작았다. 많은 유전자를 가지고 있는 9번 염색체가 BPD와 관련이 있을지도 모른다고 주장하는 전문가들도 있다. 물론, 하나의 특정한 유전자가 BPD 발현 여부를 결정짓지는 않는다. 그보다는 대부분의 질병이 그렇듯 많은 염색체 위치가 능동적으로 또는 은밀하게 BPD 발현에 관여하고 있다.

BPD와 유전적, 해부학적 연관 관계는 이미 여러 차례 입증됐다. 나는 《자신이 미친 것처럼 느껴질 때Sometimes I Act Crazy》에서 특정한 유전자가 신경전달물질(뇌세포 사이에 메시지를 전달하는 뇌 호르몬)에 어떤 영향을 미치는지 자세히 다뤘다. 세로토닌과 노르에피네프린, 도파민, 그 밖의 신경전달물질이 오작동해서 충동과 기분장애 그리고 BPD의 여러 특성을 불러온다. 이들 신경전달물질은 신체의 아드레날린과 스테로이드 생성에도 영향을 미친다. 신경전달물질에 영향을 미치는 몇몇 유전자는 여러 가지 정신질환과도 연관이 깊다.

간혹 '사랑 호르몬'이라고도 하는 옥시토신은 모성애와 관련이 있어서 사회성을 높여주면서 불안감을 낮춰준다. 그런데 BPD가 옥시토신 분비에 이상을 일으킬 수 있다. 몇몇 연구에 따르면 BPD 환자는 그러한 신경 펩타이드에 모순적인 반응을 보였다. BPD 환자의 경우에는 내

분비 시스템의 스트레스 반응과 관련된 핵심 물질인 코티솔 분비에도 이상이 생겼다. 이런 유전자들 가운데서도(환경 스트레스 요인과 결합하는) 동의유전자가 정신질환에 가장 큰 영향을 미치는 것으로 나타났다.

경계인의 전형적 자기 파괴 행동인 폭식과 알코올의존 약물중독은 내부의 감정적 혼란을 자체적으로 치료하려는 시도로 볼 수 있다. 경계인의 뇌는 이런 중독 행위를 자해로 받아들이기보다는 고통을 완화해주는 행동으로 이해해서 안도감을 느끼게 한다.

실제로 자해는 다른 육체적 트라우마나 스트레스와 마찬가지로 엔도르핀을 방출한다. 엔도르핀은 신체가 자연스럽게 분비하는 마취 물질로 출산과 신체적 트라우마, 장거리 달리기나 다른 신체적 스트레스를 완화하는 효과가 있다.

뇌의 신진대사와 형태학(혹은 체계)의 변화 또한 BPD와 관련이 있다. 경계인의 뇌 일부는 정서성 및 충동(대뇌변연계)과 결합해 과잉행동을 보인다. 이 때문에 이성적인 사고와 감정 조절을 제어하는 부분(전전두엽)의 활동이 감소한다. 게다가 이 부분의 크기가 바뀌는 것도 BPD와 연계돼 생리적 변화와 연합한다.

면역 체계는 외적 손상이나 내적 스트레스에 반응해서 무수히 많은 생물학적 상호작용을 자극해 염증을 초래한다. 그뿐만 아니라 혈액으로 측정할 수 있는 친염증성 요소와 항염증성 요소를 자극한다. 염증 과정은 우울증과 양극성장애, 정신분열증, PTSD, 강박장애, 그밖에 다른 정신질환과 연관되어 있다. 그렇기 때문에 BPD의 몇몇 특성(분노, 충동성 등)이 자가면역 이상과 관련되어 있다고 해도 놀랄 일이 아니다.

뇌의 변화는 뇌 손상이나 질병과 관련이 있다. 경계인의 상당수가 뇌 트라우마, 뇌염, 뇌전증, 학습장애, ADHD, 임신합병증 병력이 있다. 이런 이상 증세가 불규칙한 뇌파(EEG 혹은 뇌전도), 대사장애, 백질과 회백질 수 감소에 영향을 미친다.

최근 한 연구에 따르면 BPD는 적어도 부분적으로 유전되므로 부모와 아이 모두 인지나 감정적 교감에서 이상을 느낄 수 있다고 주장한다. 열악한 의사소통은 BPD를 발생시키는 불안과 충동, 정서 결함을 고착화할 수 있다.


## 선천성과 후천성 사이에서

'타고난 것이냐 그렇게 키워진 것이냐'하는 문제는 오래전부터 인간 행동의 다양한 측면에 적용되는 논란의 여지가 많은 주제다. 생물학적으로 부모에게 물려받았기 때문에 BPD에 걸렸을까, 아니면 부모가 처리하는 방식 혹은 잘못된 양육으로 인한 것일까? 생화학과 신경학적 무질서가 질병의 원인일까, 아니면 질병으로 인해 그렇게 된 것일까? 건강한 양육을 받은 것처럼 보이는데도 일부 사람들이 BPD에 걸리는 이유는 무엇일까? 트라우마와 학대로 얼룩진 성장 과정을 겪고 있으면서도 경계성 성격장애를 보이지 않는 이유는 무엇일까?

그러나 '닭이 먼저냐, 달걀이 먼저냐'하는 딜레마는 잘못된 가정으로 이끌 수 있다. 예를 들어, 혹자는 발전 이론을 토대로 원인이 분명 다음 세대로 넘어간다고 결론을 내릴 수 있다. 이 말은 냉담하고 정이 없는 어머니가 정서가 불안한 경계성 성격장애를 앓는 아이를 만든다는 것이다. 그렇지만 관계는 그보다 더 복잡하고 훨씬 상호 소통적이다. 반응을 보이지 않는 아이는 어머니에게 실망과 무심함을 느끼게 한다. 무엇이 먼저인지와 상관없이 서로 소통하고 대인관계 패턴을 계속 이어가면 시간이 걸리겠지만 다른 관계로까지 확장할 수 있다. 호의적인 아버지, 가족과 친구들로부터의 인정, 우수한 교육, 신체적, 정신적 능력과 같은 다른 요인이 개인의 궁극적인 감정 건강을 결정하는 데 영향을 미친다.

비록 특정한 BPD 유전자에 대한 증거는 없지만 인간은 어린 시절의 좌절과 트라우마, 삶에서 특정한 스트레스를 준 사건, 건강한 양육, 건강관리 등 공헌 요인의 다양성에 따라 나중에 특정한 질병으로 발현하게 만드는 염색체의 취약성을 유전시킬지도 모른다. 일부에서는 알코올중독으로 이어지는 개인적 경향과 결합할 수도 있는 알코올을 소화하는 신체의 생물학적 결함이 유전된다고 보는 것처럼, 기분과 충동을 안정시키는 데 취약한 유전적인 결함이 관여된 BPD에 유전적인 성향이 존재할지도 모른다.

많은 경계인이 그들이 둘 중 하나를 선택하거나 흑백논리에서 벗어나는 법을 익혀야 한다는 것을 알게 된 것처럼, 연구자들은 BPD(가장 큰 의학적, 정신적 질병)에 가장 적합한 모델을 구축하기 시작했고 천성과 양육처럼 다양한 공헌 요인들을 인식해 동시에 작업하고 소통하고 있다. 경계성 성격장애는 무수하게 교차하는 실들로 풍부한 자수를 놓은 복잡한 태피스트리와 같다.

# BPD의 진행 원인

BPD의 원인에 대한 발달 이론은 생후 첫 몇 년 동안 아동과 보호자 사이의 미묘한 상호소통에 주목한다. 특히 자율성을 얻으려고 노력하기 시작하는 18~30개월 연령의 유아기가 BPD 발병에 중요한 영향을 미친다.

일부 부모는 이 시기에 아이가 분리되려고 하는 발달 과정을 적극적으로 저항하고 제어하며 독점하려 한다. 이는 숨 막히는 공생으로 이어지는 경우가 많다. 이와는 반대로, 부모의 일관되지 못한 양육이 아이에게 BPD 증상을 가져오기도 한다.

이처럼 행동의 과잉 통제나 방치 등 부모의 극단적인 행동은 아이가 낙관적이고 안정적인 자아를 형성하는 데 장해물이 된다. 또한, 아이가 끊임없이 애정에 집착을 보이고 버려지는 것에 만성적인 두려움을 느끼게 한다.

부모와 자녀 사이의 잘못된 관계를 보여주는 많은 사례가 심각한 형태의 조기 부모 상실 혹은 트라우마가 된 분리 또는 두 가지 모두를 양산한다. 딕시의 경우처럼 많은 경계인이 한쪽 부모가 없거나 심리적으로 문제가 있는 부모를 두고 있다.

경계인의 부모(특히 어머니)는 일관적이지 못하고 우울하며 심각한 정신병적 특징(종종 BPD)을 가지고 있는 경우가 많다. 또한 경계인의 성장 배경을 살펴보면 근친상간, 폭력, 알코올중독 등의 문제점이 많이 나타난다.

## 대상관계이론과 유아기의 분리개별화

유아 발달의 한 모델인 대상관계이론은 아동과 환경 속 '대상(사람과 사물)'과의 관계가 아이의 향후 기능을 결정하는 데 중요한 역할을 한다고 주장한다.

특히 영아 발달의 초기 단계(36개월까지의 영아)를 위한 주요 대상관계 모델은 마가렛 말러 박사와 동료들이 이론을 정립했다. 그들은 유아의 생애 첫 한두 달은 자폐기로, 자신을 제외한 모든 것을 잊어버리는 상황으로 형성된다고 말한다. 다음 네다섯 달은 공생기로, 자신의 우주 속에서 다른 사람을 인식하지만 개별적인 존재가 아닌 자신의 연장선으로 받아들인다.

이어서 찾아오는 분리개별화 시기는 2~3세 때까지 나타난다. 이 시기에 아이는 보호자에게서 분리와 철수를 거쳐 개별 자아를 구축하기 시작한다. 말러와 동료들은 아동이 이 발달 과정을 헤쳐 나가는 능력이 이후의 정신건강에 중요한 영향을 미친다고 봤다. 전체 분리개별화 시기에 아이는 독립하려는 욕망과 의존하려는 욕망, 지나친 관심에 대한 두려움과 방치에 대한 두려움 같은 상반된 감정의 충돌을 경험한다.

이때 아이는 하나의 대상을 두 개의 상반된 모습으로 인식하는 경향이 있다. 예를 들어 어머니가 자상하게 반응하면 '아주 좋은 사람'으로 여긴다. 하지만 편안함과 위안을 주지 못하거나 그럴 수 없는 상황이면 또 다른 존재인 '아주 나쁜 사람'으로 여긴다. 어머니가 시야에서 벗어나면 아이는 어머니가 영원히 사라졌다고 받아들이며 절망과 충격에서 벗어나기 위해 되돌아오라고 울음을 터뜨린다.

아이가 성장하면서 이 정상적인 '분리'는 어머니의 좋은 점과 나쁜 점을 건강하게 통합하며 사라진다. 분리불안은 어머니가 물리적으론 보이지 않지만 얼마 지나면 돌아올 거라는 경험(대상항상성으로 알려진 현상)을 통해 극복된다.

말러는 분리개별화를 다음과 같은 네 가지 하위 단계로 분류했다.


### 분화기(5~8개월)

유아는 어머니와 분리된 세상을 알게 된다. 환경에 대한 첫 반응으로 주로 어머니를 향해 '사회적 미소'를 보낸다. 이 시기 거의 막바지에 유아는 이와 동일한 반응의 반대 양상으로 낯선 사람에게 '낯가림'을 시작한다.

어머니와의 관계가 충분히 좋고 편안하면 낯선 사람에 대한 반응은 주로 흥미로운 궁금증으로 나타난다. 하지만 관계가 제대로 이뤄지지 못한 경우에는 불안감이 더 크다. 이 시기 아이는 다른 사람을 향한 긍정적이고 부정적인 감정을 구분하기 시작한다.

코로나 사태로 사회적 거리 두기가 연장되면서 영유아의 향후 인생이 어떤 영향을 받을지는 미지수다. 사회적 상호작용에 제약이 있는 환경에서는 어머니와 낯선 사람에게 다르게 반응하는 기능이 약해진다.

### 연습기(8~16개월)

유아가 처음에는 기고 나중에는 걷기를 하면서 어머니에게서 떨어지는 능력을 키우는 시기다. 그렇게 어머니에게서 떨어지더라도 눈으로는 어머니(안전기지, 정서적 재충전)를 계속 확인한다. 이는 커지는 자신의 자율성을 향한 아이의 첫 번째 모순 행동이다.

### 화해기(16~25개월)

유아는 자신이 주변과 다른 개별 정체성을 가졌다고 인식하며 세상을 넓혀나간다. 어머니와의 재결합과 어머니의 허락에 대한 필요가 어머니와 타인이 별개의 사람이라고 인식하게 해준다. 이 시기에 아이와 어머니가 맞게 되는 갈등은 앞으로 경계성 성격장애에 대한 취약성을 결정한다.

화해기 어머니의 역할은 아이가 개별화를 경험할 수 있도록 권장하되 동시에 지속적으로 돕고 관심을 충족시켜 주는 것이다. 평범한 두 살짜리 아이는 부모와 강력한 유대를 맺으며, 분리되더라도 분노나 짜증 대신 슬픔을 느끼고 일시적으로 부모와 떨어지는 법을 배운다.

부모와 다시 결합할 때 아이는 떨어졌던 것 때문에 분노와 함께 행복한 감정을 느낀다. 그리고 수많은 분리와 재결합을 겪은 뒤 견고한 자아감, 부모에 대한 사랑과 믿음, 다른 사람에 대한 건전한 양면가치가 발달하게 된다.

하지만 경계인 어머니는 자녀에게 다른 방식으로 반응해 아이를 혼란스럽게 하는 경우가 많다. 어머니 본인의 두려움 탓에 아이를 너무 일찍 떨어뜨리거나 반대로 아이에게 지나치게 집착한다. 어떤 경우든 아이는 버려지는 데 대한 두려움과 함께 어머니가 느끼는 두려움까지 받아 안게 된다. 그 결과, 아이는 결코 감정적으로 독립적인 인격체로 성장할 수 없다. 경계인이 개인적인 관계에서 친밀감을 얻지 못하는 이유는 이 유아기 단계의 영향이 반영됐기 때문이다.

이런 영향을 받은 아이는 성인이 되어서도 상대방이 친밀감을 보내올 때 이를 그대로 받아들이지 못한다. 어린 시절 친밀감을 얻으려고 했던 헛된 시도나 버려진 데 대한 절박한 감정 또는 어머니의 지나친 애착 탓에 생긴 트라우마 중 하나가 감정을 지배해 버리는 것이다.

서른여덟 살에 자신의 고압적인 어머니와 가까워지는 두려움에 대한 글을 쓴 토머스 에드워드 로렌스는 이렇게 말했다.

"어머니가 나의 감정, 신념, 삶의 방식에 관한 모든 것을 알고 있다는 데 공포심을 느꼈다. 그녀가 알고 있다면 그 감정은 훼손되고 침해받은 것이므로 더는 내 것이 아니다."

### 대상항상성기(25~36개월)

두 살이 거의 끝날 무렵 기존의 발달 단계가 안정적으로 진행되었다는 가정하에 아이는 대상항상성기로 들어선다.

아이는 어머니와 다른 주요 보호자가 시야에 없어도 완전히 사라져 버린 것이 아니라는 사실을 인식하게 된다. 좌절을 인내하는 법을 배우며 어머니의 일시적인 분노 상태도 인식한다. 또한 자신의 분노가 어머니를 파괴하지 않는다는 점을 이해하기 시작한다. 아이는 조건 없는 사랑이라는 개념을 인식하기 시작하고 공유하고 몰입할 수 있는 능력을 받아들이고 발달시킨다. 그리고 아버지와 다른 사람에게 더 많이 반응하게 된다. 양심이 출현해 자기비판을 하기도 하지만 스스로의 이미지는 더 긍정적이 된다.

이 모든 과제를 수행하는 아이는 어머니를 대신해 유사한 안정(곰 인형, 여자아이 인형, 담요)을 주는 이행 대상을 만들기도 한다. 그 대상의 형태, 냄새, 질감은 물리적으로 편안한 어머니를 대변한다. 이행 대상은 발달기의 아동이 자율성을 키울 필요와 의존성의 필요 사이의 충돌을 협상하기 위해 처음으로 만든 타협안이다. 이런 타협안은 아이가 편안하고 보호해 주는 어머니 상의 이미지를 영구적으로 형상화할 수 있는 단계(이행 대상 단계)가 되면 자연스럽게 사라진다.


발달 이론가들은 경계인이 결코 이행 대상 단계로 나아가지 못한다고 주장한다. 그 대신 경계인은 초기 발달 단계인 분리와 다른 방어기제에 주로 남아 있는 형태로 고착된다.

그들은 대상항상성, 믿음, 독립된 정체성을 얻는 데 지속적으로 어려움을 겪는다. 경계인은 성인이 돼서도 편안함을 가져다줄 이행 대상에 계속 의존한다.

예를 들어 한 여성은 주치의의 글귀가 담긴 신문 기사를 오려 지갑에 항상 갖고 다닌다. 스트레스를 받았을 때 그 기사를 꺼내 자신의 '안전 담요'를 소환하는 것이다. 인쇄된 의사의 이름을 보면서 그의 존재와 자신에 관한 관심이나 걱정을 떠올리며 안정감을 느낀다.

다이애나 왕세자비 또한 20개의 동물 인형을 '우리 가족'이라고 부르며 침대 귀퉁이에 놓아두고 위안을 얻었다. 그녀의 숨겨진 애인이었던 제임스 휴잇은 "어린 시절부터 그녀가 갖고 놀며 안고 자던 인형은 30개 정도다. 그녀는 결혼한 뒤에도 인형을 자신의 침실로 가져가 안정과 편안함을 얻었다"라고 회고한다. 여행을 갈 때도 다이애나는 가장 좋아하는 곰 인형을 갖고 갔다.

극단적으로 의례적이고 미신을 따르는 행동을 하는 경우 이행 대상의 경계성 활용이라고 볼 수 있다. 예를 들어, 연속 안타를 치는 동안에는 면도도 하지 않고 양말도 갈아 신지 않는 야구 선수는 스포츠에서 흔히 볼 수 있는 징크스를 신봉하는 사람이다. 하지만 이런 행동이 반복적, 충동적, 무차별적으로 일상생활에 관여하게 되면 그 사람은 경계성 성격장애로 넘어가고 있는 것이다.

# 갈등과 트라우마가 BPD에 미치는 영향

대상항상성에 대한 아동의 감각발달은 성장하는 과정에서 지속적으로 영향을 미친다. 착한 사람과 나쁜 사람으로만 채워진 동화의 세계로 입장한 유아는 주요 대처 전략으로 착한 사람과 나쁜 사람으로 분리하는 방식을 활용해 다양하고 복잡한 장면을 간단하게 정리한다.

예를 들어, 백설 공주는 착한 사람이고 사악한 왕비는 나쁜 사람으로 개념화되는 것이다. 동화는 혼란스러운 가정교육의 산물일 수 있는 여왕에 대한 동정도, 일곱 명의 난쟁이와 동거하는 여주인공에 대한 비난도 보여주지 않는다.

## 영유아기의 트라우마

비록 어머니의 영구적인 존재를 지금은 믿고 있지만 자라는 아이는 어머니의 사랑을 잃을 두려움과 여전히 씨름해야 한다. 잘못했다고 꾸지람을 받는 네 살짜리 아이는 어머니의 사랑을 잃게 될까 봐 두려움을 느낄 수도 있다. 아이는 어머니가 자신의 행동과는 상관없이 본인의 화를 표출하는 것일지도 모른다는 가능성을 인식하지 못하고 있으며, 어머니도 화를 낼 수 있다는 사실과 그럼에도 불구하고 동시에 자신을 사랑한다는 점을 알지 못한다.

결론적으로 아이들은 학교에 들어가면서 분리불안과 마주하게 된다. 학교 공포증은 학교 자체를 싫어하는 것이 아니라 아이의 불안과 분리에 대한 자신만의 양면 가치를 고수하도록 만드는 부모의 반응 사이의 미묘한 상호작용으로 발생하는 것이다.

## 청소년기의 갈등

분리와 개성화 문제는 청소년기에 되풀이되며 자신의 정체성에 대한 의구심과 타인에 대한 밀접함이 다시금 주요한 걱정거리로 부상한다. 유아기와 청소년기의 화해기에서 관계 구축의 주요 모드는 다른 사람, 특히 부모에게 반응하는 것보다 덜 행동적이다.

두 살짜리 아이가 보호자를 모방하면서 자신의 정체성을 구축해 부모로부터 승낙과 감탄을 이끌어내는 동안 청소년은 의식적으로 부모와는 다른 혹은 정반대인 또래를 모방하거나 그런 행동에 적응한다. 이 두 단계에서 아동의 행동은 즉각적인 환경 속 중요한 사람들에 대한 반응이 아닌 내부적인 필요에 의해 독자적으로 결정된 것이 아니다. 그리고 행동은 구축된 것을 강화하기보다는 정체성을 발견하려는 여정이 된다.

불안정한 10대는 이성 친구를 두고 '그는 날 사랑해 아니 그는 날 사랑하지 않아'하는 방식으로 끊임없이 고민한다. 이런 긍정적이고 부정

적인 감정을 통합해 타인에 대한 지속적이고 견고한 인식을 구축해 나
간다. 만약 이에 실패하면 방어기제와 같은 지속적인 분리로 이어진
다. 대상항상성을 유지하는 데 실패한 청소년은 성인이 돼서도 믿을
만한 관계를 유지하거나 정체성의 핵심 감각을 구축하고 불안과 좌절
을 견디는 데 어려움을 겪는다.

## 트라우마

부모의 부재, 방치, 거부, 육체적·성적 학대와 같은 주요 트라우마
가 발달 초기에 발생한 경우 청소년기와 성인이 되어 BPD에 걸릴 확
률이 높아진다. 실제로 BPD 환자의 성장 과정을 살펴보면 대체로 황
량한 전쟁터, 결손 가정의 상처, 만성적인 학대, 감정 상실을 경험한
것으로 나타났다.

노먼 메일러는 마릴린 먼로가 자신의 친부가 누구인지 몰랐던 것이
그녀에게 어떤 영향을 미쳤는지 설명하고 있다. 비록 아버지의 부재는
그녀 일생에 정서적인 불안을 가져왔지만 아이러니하게도 배우로서
경력을 강화해 주는 동기로도 작용했다.

위대한 배우는 필사적으로 정체성을 찾으려고 시도하는 과정에서 대개 자
신에게 재능이 있다는 점을 발견한다. 그들에게 적합한 평범한 정체성도.
그들을 이끌어 줄 평범한 절망도 존재하지 않는다. 젊은 시절에 위대한 배
우로 나아가게 해주는 원동력은 지독한 야망이다. 사생아로 태어나고 정
신이상을 보이는 것이 위대한 배우들의 대부. 대모다. 한부모 가정의 자녀
는 정체성을 찾으려고 노력하다가 재빨리 배우가 된다(새롭고 실현 가능한

정체성을 찾는 가장 창의적인 방법은 역할에 완전히 몰입하는 것이기 때문이다).

이와 유사한 사례로 어머니에게 거부당하고 차갑고 내성적인 아버지 밑에서 자란 다이애나 왕세자비 역시 비슷한 특징을 보인다.

다음은 그녀의 유모였던 메리 클라크가 한 말이다.

"나는 항상 다이애나가 아주 훌륭한 여배우가 될 거라고 생각했어요. 그녀는 자신이 선택한 역할이라면 무엇이든 잘 해냈으니까요."

어린 시절 몇 년간 고아원에서 자란 마릴린 먼로는 최소한의 사랑과 관심만 받고 생존하는 법을 배워야 했다. 그래서 자기 이미지를 구축하는 데 큰 어려움을 겪었고 이는 나중에 연인들을 조종하는 행동을 하게 된 원인이 됐다.

다이애나의 경우 '자격이 없다는 깊은 불신'(그녀의 오빠 찰스가 언급한 단어)이 남성과의 관계를 방해했다.

"나는 항상 남자친구가 문제를 일으킬 거라고 여겨서 그들을 멀리했어요. 감정적으로 그들을 다룰 수 없었어요. 그래서 내가 망치고 말았다고 생각했지요."

물론 트라우마를 겪거나 학대받은 아이들이 모두 경계인이 되는 것은 아니다. 그리고 모든 성인 BPD 환자에게 트라우마나 학대당한 경험이 있는 것도 아니다. 게다가 대부분의 연구에서 어린 시절 트라우마가 미치는 영향을 조사하면서 어린아이가 어른이 돼가는 과정 전체를 전부 살펴본 것도 아니다. 그런데도 엄청난 수의 일화와 통계적 증거들이 학대나 방치가 BPD와의 사이에서 다양한 형태로 연결된다는 것을 보여준다.

제4장

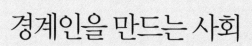

# 경계인을 만드는 사회

"비전이 없는 사람은 쇠퇴한다."

— 잠언 29장 18절

"국가는 인간과 같다. 인간의 특성에서 자라나기 때문이다."

— 플라톤의 《국가》 중에서

# 경계성 사회가 경계인을 만든다

처음부터 리사는 제대로 할 수 있는 것이 없었다. 그녀의 오빠는 모범생이었다. 우수한 학교 성적에 예의가 발랐고 운동까지 잘하는 완벽한 학생이었다. 천식이 있는 여동생 또한 부모의 지속적인 관심을 가져갔다. 부모가 보기에 리사는 만족스럽지 못했다. 특히 아버지는 더욱 탐탁지 않게 생각했다.

리사의 아버지는 자신이 무일푼에서 시작했고 부모가 돈이 없어서 자신을 돌봐주지 않고 술만 많이 마셨다는 소리를 입버릇처럼 달고 살았다. 그런 환경 속에서도 아버지는 스스로 돈을 벌어 고등학교와 대학을 졸업했고 국영 투자 은행에 취직해 승승장구했다. 1999년 아버지는 닷컴 주식 붐에 힘입어 엄청난 돈을 벌었다가 1년 뒤 직업적 실수로 돈을 모두 날렸다.

어머니에 대한 리사의 어릴 적 기억은 아프거나 고통에 빠져 소파에 누워 리사에게 집안의 이런저런 심부름을 시키던 모습이 거의 전부다.

리사는 어머니를 보살피기 위해 열심히 노력했고 정신을 몽롱하고 혼미하게 만드는 진통제와 진정제를 그만 먹으라고 설득했다.

리사는 자신이 똑똑했다면 어머니의 병을 낫게 해주고 아버지를 기쁘게 할 수 있었을 것이라 생각했다. 그녀의 성적은 항상 좋았지만(오빠보다 더), 아버지는 언제나 그녀의 성취를 깎아내렸다. 시험이 너무 쉬웠거나 A 이하의 점수는 점수도 아니라는 식으로 말이다. 어느 시점에서 그녀는 의사가 되고 싶다고 생각했지만, 아버지는 그녀가 결코 그렇게 되기 힘들 거라고 했다.

리사의 가족은 아버지의 직장과 승진에 맞춰 자주 이사를 다녔다. 오마하에서 세인트루이스로, 다시 시카고로 갔다가 마침내 뉴욕에 자리를 잡았다. 리사는 이사가 싫었고 나중에는 그런 결정에 한 번도 반대한 적이 없는 어머니에게 화가 났다. 리사는 거의 2~3년에 한 번꼴로 마치 수화물처럼 포장되어 낯선 도시와 낯선 학생들로 가득 찬 새로운 학교로 전학해야 했다(몇 년 뒤 그녀는 의사에게 이 경험을 '납치된 인질 혹은 노예처럼 느껴졌다'고 털어놓았다). 가족이 뉴욕으로 이사했을 때 리사는 고등학생이었다. 그녀는 다시는 헤어지지 않기 위해 절대 친구를 사귀지 않을 것이라고 맹세했다.

가족은 뉴욕 근교 부촌에 호화로운 집으로 이사했다. 집은 그 전 집에 비해 훨씬 크고 잔디는 잘 손질되어 있었다. 하지만 그녀가 남기고 온 우정에 대한 보상으로는 턱없이 부족했다.

아버지는 가끔 집에 왔고 그럴 때마다 술을 마시면서 리사와 어머니가 종일 빈둥거린다고 비난했다. 아버지는 술을 많이 마시면 폭력적으로 변해 간혹 자신이 의도한 것보다 훨씬 거칠고 강하게 자식들을 때렸다. 그중 가장 무서웠던 순간은 아버지가 술에 취해 있고 어머니는 진통제에 취해 있을 때였다. 그러면 리사 말고는 가족을 돌볼 사람이 아무도 없었다. 그녀는 그 점이 너무 두렵고 싫었다.

2000년에 모든 것이 무너지기 시작했다. 어찌 된 영문인지 주식시장이 폭락했을 때 아버지의 회사(혹은 아버지 자신)는 모든 것을 잃었다. 아버지는 갑자기 직장을 잃을 위험에 처했고 그렇게 된다면 리사의 가족은 좋지 않은 환경의 작은 집으로 이사를 해야 했다.

아버지는 가족을 원망했다. 그중에서도 특히 리사에게 많은 비난을 쏟아냈다. 그리고 2001년 9월 어느 청명한 아침, 리사는 아래층에 내려와 아버지가 소파에 누워 눈물을 흘리고 있는 광경을 봤다. 전날 마신 술로 인해 숙취를 겪지 않았더라면 그는 월드트레이드센터에 있는 사무실에서 사고를 당했을 것이다.

그리고 몇 달간 아버지와 어머니는 무력했다. 그로부터 6개월 뒤 부모는 끝내 이혼했다. 이 시기 리사는 상실과 고립을 느꼈다. 그것은 생물학 수업시간에 느꼈던 감정과 비슷했다. 교실을 둘러보면 모두가 현미경을 들여다보고 필기를 하면서 할 일을 분명하게 알고 있는데 반해 리사는 무엇을 할지 제대로 이해하지 못해서 불안했지만 도움을 청하기에는 너무 두려웠었다.

얼마 지나지 않아 그녀는 노력하는 일을 그만두었다. 학교에서는 불량한 아이들과 어울리기 시작했다. 그녀는 부모님이 친구들의 기이한 옷차림을 볼 수 있도록 유도했다. 친구 상당수가 몸에 문신과 피어싱을 했고, 동네 문신 가게는 리사의 단골집이 되었다.

아버지가 의사가 되는 것이 불가능하다고 말했기 때문에 리사는 간호학과로 진학했다. 처음으로 병원에 일을 나갔을 때 그녀는 자신의 전문성을 혜택받지 못한 지역에서 펼치려고 하는 자유로운 영혼을 가진 남자를 만났다. 리사는 그에게 매료되어 만난 지 얼마 되지 않아 결혼했다.

그러나 그의 습관적인 음주는 몇 달이 지나면서 더 심해졌고 그는 리사를 때리기 시작했다. 매를 맞아 멍이 들면서도 리사는 여전히 자신의 잘못이라고 생각했다. 자신이 변변치 않아서 남편을 행복하게 해주지 못했다고 여겼다. 그녀는 남편이 반대했기 때문에 친구를 사귈 수가 없었다고 말했지만, 사실은 사람들과 가까워지는 것에 대한 자신의 두려움 때문이라는 것을 알고 있었다.

리사는 마침내 남편이 자신의 곁을 떠나자 안심했다. 갈라서고 싶었지만 직접 그 고리를 끊을 수가 없었다. 하지만 안도감 뒤에 '이제 난 어떻게 하지?'라는 두려움이 밀려왔다.

위자료와 월급으로 리사는 학교로 되돌아갈 충분한 자금이 생겼다. 이번에 그녀는 의사가 되기로 결심했고 아버지에게 엄청난 충격을 안겨주며 의대 진학에 성공했다. 그녀는 다시 기분이 좋아졌고 자신이 가치 있고 존중받는다고 느꼈다. 하지만 의대에 다니는 동안 자신에 대한 의구심이 다시 고개를 들었다. 지도교수들이 그녀에게 너무 느리고 단순한 절차에도 서투르고 체계가 없다고 말했던 것이다. 그들은 리사가 올바른 테스트를 준비하거나 제때 연구실에서 결과를 가져오지 못한다고 비난했다. 그녀는 환자를 상대하는 일에서만 편안함을 느꼈고 그들과 함께 있으면 누구든 될 수 있었다. 필요한 경우 친절하고 자상했고 어떨 때는 단호하고 엄격한 사람이 되었다.

리사는 의대에서 엄청난 편견을 경험했다. 그녀는 대다수의 학생들보다 나이가 많았다. 그리고 상당히 다른 성장배경을 가진 데다 여자였다. 많은 환자가 그녀를 간호사라고 불렀고 일부 남성 환자는 여자 의사를 원하지 않았다. 그녀는 상처를 받았고 화가 났다. 그 이유는 부모와 마찬가지로 사회와 그 기관들 역시 그녀의 존엄성을 앗아갔기 때문이다.

## 뿌리가 없는 사람들

심리학 이론은 문화와 시기에 따라 다른 측정 방식을 취한다. 예를 들어 프로이트는 세기가 바뀌는 시기에 근대 정신분석의 토대가 되는 체계를 완성했는데 그 문화적 맥락은 빅토리아시대에 이미 수립되어 있었다. 그는 신경증을 유발하는 주요한 원인을 용인할 수 없는 사고와 감정, 특히 공격성과 성적인 억압이라고 봤다. 그의 이론은 엄격한 사회적 맥락에서 상당히 논리적이다.

하지만, 한 세기가 지난 지금, 공격성과 성적 본능은 더 공공연하게 표현됐고 사회적 환경은 한층 더 혼란스러워졌다. 이 말은 곧 남성과 여성의 역할이 세기말의 유럽보다 현대 서구 문명에서 더 많이 모호해졌다는 것을 뜻한다. 이제 사회, 경제, 정치 체계에서 고정된 개념이 사라지고 있다. 가족 단위와 문화적 역할에 대한 정의도 훨씬 불분명해지고 '전통적'이라는 개념 역시 모호해졌다.

비록 사회적 요인이 경계성 성격장애 혹은 다른 정신질환 형태의 직접적인 원인은 아닐지 모르지만 적어도 중요한 간접 요인으로는 볼 수 있다. BPD와 사회적 요인은 여러 방식으로 소통하므로 그냥 지나쳐서는 안 된다. BPD를 유발하는 사회적 요인을 살펴보면 다음과 같다.

첫째, BPD 증상은 생의 초기에 나타나고(많은 증거가 뒷받침돼 있다) 증상이 악화되는 것은 가족 체계나 부모와 자식의 소통에서 사회적 패턴 변화와 관련된 것으로 보인다. 이런 관점에서 보자면 자녀의 양육 방식, 가정생활의 안정성, 아동 학대와 방치에서 사회적 변화를 관찰하는 것이 중요하다.

둘째, 좀 더 일반적인 부분에서 사회적 변화는 이미 경계인에게 악영향을 미친다. 예를 들어 사회의 다양성은 경계인에게 적응하기 어려운 부분인데 그들은 자신만의 체계를 구축하는 데 엄청난 어려움을 겪기 때문이다. 여성의 역할 유형 변화(가령 일과 가정 중 하나를 선택하는 것)는 정체성 문제를 악화시킨다. 일부 학자들은 이런 사회적 역할 충돌을 겪는 여성들 가운데 BPD 환자가 많으며 이미 우리 사회에 널리 퍼져 있다고 주장한다. 이렇게 BPD의 심각성이 증가하는 것은 반대로 부모와 자녀의 소통을 통해 그다음 세대로 옮겨감을 뜻한다. 따라서 그 영향력은 시간이 흐르면서 엄청나게 커질 것이다.

셋째, 일반적인 성격장애에 대한 인식이 높아지고 경계성 성격장애가 더 구체적으로 알려지면서 당대 문화 속에서 자연스러우며 피할 수 없는 반응과 표현이 나오게 됐다. 크리스토퍼 라쉬 자신의 책《나르시시즘의 문화》에서 이렇게 말했다.

모든 사회가 문화와 그 용어, 내재된 가정, 경험을 조직하는 방식을 개인과 개성의 형태로 재창조한다. 뒤르켕이 말한 것처럼 개성은 개인의 사회화다.

몇 년 동안 미국 문화는 과거와 소통하지 못하고 미래와도 연결되지 못한 상태로 남아 있었다. 기술 진보와 정보 홍수가 20세기 말과 21세기 초를 휩쓸고 지나갔다. 컴퓨터나 인터넷, 스마트폰과 같은 소통 도구들이 오히려 인간 대 인간이라는 실질적인 소통 기회를 앗아가 버렸다.

사실 소셜 미디어가 확산되면서 역설적이게도 사람들은 물리적으로는 타인과의 소통이 줄어들었다. 문자, 블로그, 페이스북, 트위터, 유튜브, 스냅챗, 틱톡 등은 모두 서로 시선을 주고받거나 실시간으로 얼굴을 마주 보는 소통을 피하고 있다.

또한, 이혼율의 증가, 보육기관 활용 확대, 지리적 이동성 증가도 모두 지속성과 안정성이 부족한 사회를 만드는 데 한몫한다. 베이비 붐 세대는 부모가(어쩌면 조부모도) 다녔던 학교와 교회에 다니며 성장했다. 이들은 친척들과 오랜 이웃들에게 둘러싸여 지낸 마지막 세대다. 오늘날처럼 이동이 잦은 세상에서는 개인적이고 오래 지속되는 관계는 어려운 일 혹은 불가능한 일이 되어 버렸고 깊은 외로움, 자기 몰입, 공허함, 불안함, 우울증, 자신감 부족이 커졌다.

BPD는 이런 스트레스가 유발하는 병리적 반응이다. BPD는 안정성과 가치의 타당성 원인을 외부에서 찾지 않는다. 그리고 흑백논리, 자기 파괴, 엄청난 기분 변화, 충동, 열악한 대인관계, 정체성의 불균형, 분노를 문화적 긴장에 대한 적절한 반응이라고 본다. 경계인의 특성은 현대를 살아가는 대부분의 사람이 어느 정도 가지고 있는 성격 특성이다. 이는 만연한 사회적 조건에 따라 더 큰 범주에서 배양된 것으로 볼 수 있다. 〈뉴욕 타임스〉 기자 루이스 사스는 이를 이렇게 말했다.

문화별로 사회적 병폐를 표현하는 자체적인 속죄양을 보유할 필요가 있다. 프로이트 시절 히스테리가 당대의 성적 억압을 전형화했다고 본다면 정체성이 여러 조각으로 분리되는 BPD는 우리 사회의 안정된 부분의 분화를 지칭한다.

비록 당대의 지혜는 경계성이 지난 수십 년 사이에 증가했다고 보지만 일부 정신과 전문의들은 이 증상이 이미 20세기 초에 보편적이었다고 믿는다. 그들은 증상이 보편화한 것은 변화 때문이 아니라 이제야 공식적으로 식별돼 정의됐으므로 더 빈번하게 진단받게 된 것이라 주장한다. 심지어 프로이트의 초기 사례 중 일부를 현 기준의 측면에서 살펴보자면 BPD로 진단할 수 있다.

그렇지만 이 같은 가능성은 의사를 찾는 경계인의 수가 증가하고 전반적인 사회 속에서 BPD의 특성을 인식하는 정도가 늘어나고 있다는 중요성을 구분 짓는 수단이 되지 못한다. 사실 임상적으로 이 병이 널리 인식되고 포괄되는 주요 이유는 치료 방식과 일반 문화 속에 널리 퍼져 있기 때문이다.

### 체제 붕괴 : 분편화 된 사회

제2차 세계대전 이후 사회가 점차 분편화하고 있다는 주장에 반대할 사람은 그리 많지 않을 것이다.

수십 년 동안 가족 체계는 다양한 패턴과 운동, 경향에 따라 핵가족, 대가족, 외벌이 가구, 지리적 안정성으로 분화됐다. 이혼율이 급등하고 마약과 알코올의존증, 아동의 방치와 학대도 크게 늘어났다. 범죄,

테러리즘, 정치적 저격이 널리 퍼지고 거의 일상화됐다. 불확실한 경제는 일시적인 비정상적 호경기와 불경기의 시나리오를 보여주며 이제는 불확실성이 규칙으로 돼버렸다.

이런 변화 가운데 일부는 사회가 일종의 '사회적 화해'를 하지 못한 것과 관련이 있다. 3장에서 언급한 것처럼 분리개별화 단계를 거치는 동안 유아는 조심스럽게 어머니에게서 분리되려고 하지만 따뜻하고 친근하게 받아주는 품으로 되돌아온다.

이 화해 주기가 방해를 받으면 신뢰가 무너지고 대인관계에 문제를 일으키며 공허감, 불안, 불확실한 자기 이미지와 같은 경계인의 특성을 띠게 된다. 마찬가지로 현대 문화는 위로에 대한 접근을 막음으로써 건강한 '사회적 화해'를 방해한다. 이같은 현상은 경제 붕괴, 경기 침체, 실직, 예측 불가능성, 펜데믹에 따른 고립 등으로 인해 더욱 심해졌다.

대부분의 가정에서 품위 있는 삶의 기본을 유지하기 위해 맞벌이가 필요해지면서 많은 부모가 부모 역할을 다른 사람에게 떠넘길 수밖에 없어졌다. 유급 육아휴직이나 현장 탁아와 같은 제도는 새로 부모가 된 사람들에게 여전히 낯설고 거의 기회가 없다. 경제와 사회의 압력과 더불어 일자리를 자주 옮기면서 지리적 이동성 때문에 안정적으로 뿌리를 내리지 못하게 됐다. 현대인은 소속감을 상실하면 버려졌다는 느낌을 받고 인정받지 못한 상태로 표류한다.

지금 세대는 현대사회의 발판이 된 역사와 소속감이 부족하다. 소원해진 사회 속에서 편안한 유사함을 키우기 위해 개인은 다양한 병적 행동을 보인다. 지속적인 중독, 식이장애, 범죄 행위처럼 말이다.

이런 변화로 말미암아 우리는 과거에 비해 가족, 이웃, 종교, 직업, 국가에 대한 집단 충성도가 약해졌다. 사회가 개인을 사람과 단체로부터 분리되도록 지속적으로 유도하면서 각 개인은 공식적으로 BPD와 같은 반응을 보인다. 즉 타당한 정체성 인식이 줄어들고 대인관계가 악화되며 괴로움과 외로움, 지루함, 충동성을 보이는 것이다.

## 거대한 모순 속에 살고 있는 현대인

경계인이라는 말처럼 우리는 여러 방식으로 거대한 모순 사회 속에서 살고 있다. 스스로 평화롭게 살고 있다고 믿지만, 거리, 영화, 텔레비전, 스포츠는 공격과 폭력으로 넘쳐난다. 미국은 '이웃을 도와야 한다'는 원칙에 입각해 세워진 나라지만 인류 역사를 통틀어 가장 정치적으로 보수적이고 자아도취적이며 물질적인 사회다. 미국에서는 자기주장과 행동이 권장되고, 반성과 자기 성찰은 약점이나 무능함의 동의어가 되었다.

우리 사회는 신화적인 양극성을 포용하라고 요구한다. 흑과 백, 옳고 그름, 선과 악처럼 말이다. 단순하던 어린 시절의 향수에 의존하도록 부추기는 것이다. 정치적 체계 또한 양극의 지위를 얻은 후보자들을 주목하게 한다.

"내가 옳고 다른 삶은 틀렸어."

미국은 선한 나라이고, 미국을 반대하는 나라는 악한 나라이다. 이란, 이라크, 북한과 같은 나라는 악의 축이다. 종교에서는 구원받는 길이 한 가지뿐이라고 믿도록 촉구한다. 중간이 없는 유죄 혹은 무죄를 결정하도록 만들어진 사법 체계는 인생이 본질적으로 공평하며 정의는 실현된다는 신화를 영속시킨다. 즉 무언가 좋지 않은 일이 일어나면 반드시 누군가의 잘못이고 그 사람은 처벌을 받아야 한다는 식이다.

정보의 홍수와 여가 활동은 삶의 우선순위를 정하기 어렵게 한다. 이상적으로 우리 개인과 사회는 몸과 마음을 배양하고 일과 휴식, 이타주의와 자기 흥미 사이의 균형을 얻으려고 노력한다. 그렇지만 커지는 자본주의 사회 안에서 적극성에서 공격으로, 개인주의에서 소외로, 자기 보복에서 자아도취로 가는 단계는 그리 머지않아 보인다.

기술에 대한 유례없는 존경은 정확성의 추구에 대한 집착으로 이어졌다. 구구단과 주판은 계산기로 대체되었고 이는 다시 컴퓨터로 대체됐다. 이제 컴퓨터는 자동차, 가전, 전화기와 같은 생활 속 거의 모든 시스템에서 보편화해 어떤 기기나 장치를 사용하든 간에 그 속에 들어 있다. 전자레인지는 요리라는 잡일에서 벗어나게 해줬다. 벨크로 테이프(일명 찍찍이)는 아이에게 신발 끈 묶는 법을 가르치지 않아도 되게 해줬다. 창의성과 지적인 근면성은 편리함과 정확성에 희생됐다.

원래 무분별하고 불공평한 우주에 규칙과 공정성을 부여하려는 시도는 경계인에게 흑백논리, 옳고 그름, 선과 악을 선택하려는 부질없는 노력을 하게 했다. 그렇지만 세상은 본질적으로 공정하지도 정확하지도 않다. 덜 단순한 접근법이 필요한 미묘함으로 구성돼 있을 뿐이다. 건강한 문명은 불편한 모호함도 받아들일 수 있어야 한다. 불확실성을 없애거나 무시하려는 시도는 경계성 사회를 권장하는 일이 될 뿐이다.

이 모든 변화(모든 반대되는 힘의 극심함)의 축적된 효과가 우리의 마음에는 아무런 영향을 미치지 못한다는 점을 순진하게 믿어야 할지도 모른다. 그런 점에서 우리는 일종의 '경계성 국가'에 살고 있다. 한편으로는 번영, 건강, 고도로 발전된 사회이고, 다른 한편으로는 빈곤, 노숙자, 마약 중독, 정신질환, 핵폭발로 인한 대규모 살상, 재앙과도 같은 기후 위기라는 미친 악몽 사이의 어딘가에 존재하고 있다.

사회 변화가 가져온 대가는 다양한 스트레스와 스트레스로 인한 신체적 질병인 심장발작, 뇌졸중, 고혈압 등과 같은 형태로 나타났다. 이제 우리는 정신질환이 우리 삶의 일부가 되었을 가능성에 직면할 수밖에 없다.

### 지워진 어제, 불편한 내일

40년이 넘는 세월 동안 이루어진 정신 병리학을 정의하는 기본 변화를 통해 신경증에서 장애 식별까지의 증상을 살펴보자.

1975년으로 거슬러 올라가 보면 정신과 전문의인 피터 L 지오바치니는 이렇게 말했다.

"임상의들은 현 진단 분류에 들어맞지 않는 환자들이 늘어나고 있는 현상에 지속적으로 직면하게 된다. 그들은 증상을 결정하는 데 어려움을 겪는 것이 아니라 모호하고 잘못 정의된 증상 때문에 힘든 것이다. 이런 유형의 환자들을 언급할 때는 모두가 실제로 내가 누구를 지칭하는지 알고 있다."

1980년대가 시작되고 성격장애가 주된 병리학의 고전적인 신경증을 대체하면서 이런 보고가 상당히 잦아졌다. 병리학에서 이 같은 변화에 영향을 미친 사회적, 문화적 요인은 무엇일까? 많은 사람이 그중 하나로 과거에 대한 우리의 평가절하를 꼽고 있다.

순간을 위해 사는 것은 만연한 열정이다. 선조나 후손이 아닌 자신을 위해 사는 것이다. 우리는 역사적 연속성, 과거에서 시작돼 미래로 이어지는 세대의 계승에 관한 소속감을 빠르게 잃어버리고 있다.

이런 역사적 연속성의 상실은 양방향으로 이뤄진다. 과거의 가치를 평가절하하면 미래로 향하는 지각을 깨버린다. 시간이 과거의 업적, 현재의 행동, 미래에 대한 기대에서 영향을 받는 논리적이고 지속된 연결고리가 아니라 고립된 지점이 되는 것이다.

핵전쟁 위협이나 테러에 대한 공포, 지구 온난화로 말미암은 환경 파괴 등 재앙과도 같은 사건은 과거에 대한 믿음과 미래에 대한 희망을 사라지게 한다. 청소년과 아동을 대상으로 한 실증적인 연구가 이를 뒷받침해 주고 있다.

〈청소년건강저널Journal of Adolescent Health〉에 소개된 2008년 연구에 따르면 14~22세의 미국 젊은이들 상당수가 자신은 30세가 되기 전에 죽을 것이라고 예상한다고 한다. 15명 중 1명꼴로(6.7퍼센트) 이런 '비현실적인 운명론'에 빠져 있다고 연구는 결론 내린다. 이 결과는 2002년부터 2005년 사이에 아넨버그 퍼블릭 폴리시 센터의 '청소년 위기 소통 연구소'가 총 4,201명의 청소년을 대상으로 4년간 조사한 데이터를 토대로 한 것이다. 10~24세 사이의 자살률은 감소했지만, 자살은 여전히 이 연령대의 사망원인 중 세 번째로 높다.

반세기 전에 록밴드 '더 후The Who'는 이렇게 노래했다. "나는 늙기 전에 죽고 싶어." 이러한 감정이 젊은이들의 마음속에 깃들어 있는지도 모른다. 21세기 들어 첫 20년 동안 대량 학살, 학교 총기 난사 사건이 빈번하게 발생해 미래가 점점 더 암울해졌다. 특히 청소년과 아이들의 미래가 어두워졌다.

우리가 살펴본 BPD는 이런 기원을 '현재'로 전형화한다. 경계인은 과거에 대한 흥미가 거의 없는 상태에서 문화적 기억상실을 겪는 것과 같다. 힘든 시기를 견디게 해주는 따뜻한 기억의 저장소에 아무것도 저장되어 있지 않은 셈이다. 따라서 환자는 휴식도 없고 어려운 시기를 이겨내게 해주는 행복한 시간에 대한 기억의 은신처도 없어서 힘들게 고통받을 수밖에 없다. 자신의 실수에서 배우지 못하기에 실수를 되풀이할 수밖에 없는 것이다.

미래를 두려워하는 부모는 다음 세대의 필요에 몰두하지 않는다. 현대사회의 부모는 자녀를 방치하거나 자녀와 감정적으로 결속력이 약해져서 관계가 소원하면서도 자녀에게 지나치게 집착해 아이들을 잠재적인 경계인으로 자라게 만든다.

# 인간관계라는 정글에서 길을 잃다

미국의 경우 아마도 지난 50년간 전형적인 사회적 변화는 성적 관습이나 역할, 실천 분야에서 이뤄진 것으로 보인다. 1950년대 억압받는 성에서 1960년대 성 혁명의 경향을 타고 밀어닥친 자유연애와 자유결혼, 그리고 1980년대 성의 재평가(AIDS와 다른 성감염질환에 대한 두려움에서 비롯된 것으로 보고 있다)와 지난 10년의 성소수자들의 여러 활동에 이르기까지 말이다.

데이트와 매칭 웹사이트, 소셜 미디어가 수없이 생겨나고 사적 접촉이 쉽게 이뤄져 이성을 유혹할 술집에 가는 고전적인 방식은 전혀 쓸모가 없어졌다. 순수한 또는 불법적인 연인관계나 성관계는 이제 키보드에서 글자 몇 마디를 치거나 문자 메시지를 주고받으면 가능해졌다. 쟁점은 사이버 공간이 대인관계 사회에서 문명화됐는지 혹은 과거보다 더 위험한 정글이 됐는지를 살피는 것이다.

그 결과, 깊고 오래가는 우정, 사랑, 결혼은 얻기도 유지하기도 상당히 어려운 것이 되고 말았다. 최근 조사에 따르면 미국의 20~25세의 결혼한 부부 중 60퍼센트가 결국 이혼한다. 25세 이상 부부의 경우 이혼율이 50퍼센트에 이른다.

## 경계인이 양산되는 이유

1982년에 라쉬는 《나르시시즘의 문화》에서 이렇게 언급했다.

"사회생활이 전쟁처럼 야만적으로 변할수록 그런 상황에서 표면적으로 치유해 주는 개인적 관계는 전투적인 특성을 띠게 됐다."

아이러니하게 경계인은 이런 종류의 전투에 아주 잘 들어맞을 수도 있다. 예를 들어, 자기애에 빠진 남성의 독점욕과 우상화하려는 경향이 억압당하고 처벌받고 싶어 하는 경향을 가진 여성의 모순적인 필요와 결합하는 것이다.

경계성 성격장애를 앓고 있는 여성은 가정생활의 혼란에서 벗어나려고 종종 어린 나이에 결혼을 선택한다. 그들은 가정생활의 불쾌한 공기를 바꿔주는 독점적인 남편을 만난다. 두 사람이 만나면 일종의 '찰싹!', "고마워, 내게 필요한 게 그거였어!"와 같은 가학적이고 피학적인 한 쌍이 탄생한다. 때론 남녀의 역할이 바뀌어 경계인 남성이 자기애가 강한 여성 파트너를 만나기도 한다.

마조히즘은 경계인의 관계에서 드러나는 주된 특성이다. 의존성과 고통이 결합하여 비슷한 고통인 '사랑의 상처'를 끌어낸다. BPD 환자가 어린아이라면 어머니나 주요 보호자와 성숙한 관계를 구축하려고 노력하면서 고통과 혼란을 경험한다. 나중에는 배우자, 친구, 스승, 고용주, 성직자, 의사 등 다른 파트너와 이 혼란을 이어 나간다. 비난과 학대는 경계인에게 가치 없는 자기 이미지를 강화해 줄 뿐이다.

경계인의 마조히즘적인 고통이 사디즘으로 변형되기도 한다. 앤은 남편 래리에게 술주정 문제가 있다는 것을 알면서도 가끔 그에게 술을 마시라고 권한다. 또한, 래리가 술에 취하면 폭력적인 성향이 드러난다는 것을 잘 알면서도 일부러 싸움을 건다. 앤은 구타당해서 몸에 멍이 들면 그것을 훈장처럼 여기며 남편의 폭력을 되새기는 용도로 활용한다. 다른 사람들에게는 자신의 멍이 문에 부딪혀 생긴 사고라고 설명한다. 이런 일이 벌어질 때마다 래리는 크게 후회하고 수치스러운 기분에 빠져 괴로워하는 반면 앤은 자신을 오랜 고통을 겪은 순교자로 여긴다. 앤은 이런 방식으로 구타당하는 것을 남편 래리에 대한 벌로 적극 활용한다. 이 관계에서 진정한 피해자를 식별하는 일은 상당히 모호해질 수밖에 없다.

관계가 분명하게 파괴됐을 때도 경계인은 처벌받으러 다시 돌아가고 자신이 폄하 당해 마땅하다고 여긴다. 다른 상대를 만나거나 무서운 고독과 마주하는 것보다 처벌이 상대적으로 익숙하고 다루기 쉽기 때문이다.

근대 사회적 관계의 전형적인 시나리오는 연인이 겹치는 유형으로, 대개 '디딤돌'이라고 부른다. 이는 현재의 연인과 이별하기 전에 새로운 로맨스를 만들어 두는 것이다.

경계인들은 파트너십에 대한 끊임없는 요구를 전형화한다. 이는 관계라는 정글짐을 오를 때 높은 곳을 완전히 붙잡기 전까지 낮은 곳을 잡은 손을 절대 놓지 않는 것과 같다. 경계인은 새로운 백마 탄 왕자가 지평선에 나타나기 전까지 현재의 학대하는 배우자를 떠나지 않는다.

경계인에게는 1960년대와 1970년대 말처럼 자유로운 사회적·성적 관습의 시기와 체계가 덜한 낭만적인 관계가 더 큰 난관이다. 늘어난 자유와 부족한 체계가 역설적으로 경계인을 가두게 되는데 그들은 자신만의 가치 체계를 고안하는 데 심각한 어려움을 겪기 때문이다.

이와 반대로 1980년대 말처럼 성적으로 엄격한 시기(AIDS 유행과 같은 요인으로)에는 경계인의 특성이 치료될 수 있다. 엄청난 물리적 피해를 감수하고서만 건널 수 있는 엄격한 경계가 사회적 두려움으로 더욱 강화됐다. 충동성과 문란함은 폭력적인 성도착증과 같은 형태 속에서 엄청난 형벌이 됐다. 이러한 외부적 체계가 경계인이 자기 파괴자가 되지 않도록 보호해 준다.

## 여자들에게 더 가혹한 세상

지난 세기 초, 개인의 사회적 역할은 한정되어 있었고 잘 정의되며 사적 영역과 결합하기가 한층 더 쉬웠다. 어머니는 집에서 가정을 꾸리고 아이들을 돌봤다. 학교 관련 활동, 취미, 자선 활동과 같은 외부적 흥미는 이러한 의무에서 자연스럽게 드러났다. 아버지의 일과 공동체의 가시성 또한 부드럽게 결합했다. 그리고 그들의 역할은 함께 동시다발적으로 작용했다.

그러나 사회가 복잡하게 변화하면서 개인의 사회적 역할도 다양해졌다. 이들 역할 중 상당수가 서로 충돌하거나 모순된 것들이다. 예를 들어 일하는 어머니는 완전히 다른 두 가지 역할이 있고 둘 다 잘해야 한다는 압박감을 안고 일한다. 하지만 고용정책을 만드는 사람들은 일하는 어머니에게 일과 가정을 분리하기를 요구한다. 그래서 많은 어머니가 한쪽 문제가 다른 쪽에 영향을 미치게 되면 죄책감을 느끼거나 부끄러워한다.

　일하는 아버지 역시 직장과 가정의 역할을 구별한다. 아버지는 이제 가게 위층에 사는 장사꾼이 아니다. 오히려 집에서 멀리 떨어진 곳에서 일하는 경우가 많고 가족과 보내는 시간도 아주 적다. 게다가 현대 사회의 아버지는 가족 부양의 책임에서 상당한 역할을 수행한다.

　지난 25년간 역할 패턴의 변화는 왜 BPD가 여성에게 더 많이 나타나는지를 연구하는 데 매우 중요한 요인이었다. 과거에 여성은 한 가지 인생 경로밖에 없었다. 10대 후반이나 20대 초반에 결혼해서 집에서 아이를 낳아 키우며 경력에 대한 야망을 억누르는 것이다. 하지만 이와 대조적으로 오늘날 젊은 여성은 집합의 역할 모델과 기대가 다양하다. 독신 커리어우먼, 결혼한 커리어우먼, 전통적으로 양육에 힘쓰는 어머니 그리고 결혼과 일, 자녀를 성공적으로 결합한 '슈퍼맘'까지 말이다. 코로나19의 영향으로 사람들이 재택근무를 더 선호하게 되면서 일과 양육을 부부가 함께 책임져야 하는 경우가 많아졌으며 그로 인한 스트레스 역시 심해졌다.

　물론 남성의 경우도 새로운 역할을 기대하고 경험하지만 여성처럼 범위가 넓거나 상충되지 않는다. 오늘날 남성은 더 섬세하고 대담하며 과거 시대보다 자녀 양육에서 더 큰 부분을 차지하도록 기대되지만 이런 자질과 책임은 일반적으로 '제공자' 혹은 '공동 제공자'의 전반적인 역할 속에서 들어맞는다. 예를 들어 '주부 남편'의 역할을 수행하려고 직업적인 야망을 포기하거나 그러기를 기대하는 남성은 아주 드물다.

　관계와 결혼이 진화하는 동안 남성은 큰 변화를 겪지 않았다. 예를 들어 남성이 대개 가장 중요한 급여 소득자이기 때문에 이사는 가장의 이직이나 업무상 필요에 따라 이뤄졌다. 임신 기간, 출산, 자녀 양육 전반에 걸쳐 남성의 일상적 현실은 큰 변화가 없다.

그 반면 여성은 임신과 출산이라는 신체적 요구를 견뎌야 한다. 출산을 위해 일을 그만뒀다가 다시 일터로 복귀하거나 커리어를 포기하는 변화를 겪어야 하는 쪽도 여성이다. 그리고 공공연하게 언급되지는 않지만 대부분의 맞벌이 가정에서 여성은 요리를 하거나 청소를 하는 등, 집안일의 책임을 맡은 사람으로 여겨진다. 아픈 아이를 보살피거나 수리공을 기다리려고 집에 있을 수 있게 일정을 바꾸는 사람도 언제나 여성이다.

여성은 사회적, 직업적 선택의 폭을 넓히기 위해 오랜 세월에 걸쳐 지속적으로 노력해왔지만 그 과정에서 수많은 대가를 감수해야만 했다. 경력, 가족, 자녀라는 일생일대의 결정을 고통스럽게 내리고 자녀나 남편과의 관계도 제약을 받아야 한다. 그 과정에서 생기는 스트레스와 자신이 누구며 어떤 사람이 되고 싶은지에 대한 혼란도 겪는다. 이런 관점에서 정체성과 역할에 혼란이 오는 BPD와 여성은 더 깊은 연관이 있다고 할 수 있다.

결혼의 개념이 이처럼 크게 변하면서 혼란이 가중되었다. 남성과 여성 사이의 전통적인 결혼 개념은 지난 20년 동안 종교적 토론에서뿐만 아니라 정치 및 사회 분야에서 논란의 대상이 되었다. 2004년에는 동성 결혼에 대한 미국인들의 찬반 비율이 31퍼센트 대 60퍼센트였다. 그런데 2019년 여론조사에서는 대중의 의견이 정반대로 뒤집혀서 과반수가 넘는 61퍼센트가 동성결혼에 찬성했고, 31퍼센트가 반대했다.

이러한 어론이 반영되어 2015년에 미연방대법원에서 13개 주의 동성
결혼 금지가 위헌이라는 오버거펠 대 호지스 사건에 대한 판결이 내려
졌다. 하지만 동성결혼의 합법화로 그에 관한 대중의 논란이 사그라들
기는커녕 더욱 거세졌다. 지난 10년 동안 동성애와 동성결혼은 미국
전체를 양극화시키는 주요 쟁점이 되었다.

## 성적 지향과 BPD

성적 지향은 경계인의 역할에 혼란을 일으킬 수도 있다. 동성애는
수 세기 동안 논란의 대상이 되어왔다. 폭발적인 논란을 불러일으킬
정도는 아니더라도 사회와 시대에 따라 수용되거나 경범죄와 비난, 불
법의 대상이 되거나 사형으로 금지되었다. 1980년대에는 동성애가 정
신질환으로 치부되었지만 1987년에는 진단통계편람(DSM-III-R)에서
그에 관한 언급이 모두 사라졌다.

이러한 사회적 소란과 더불어 게이와 레즈비언, 혹은 트렌스젠더가
커밍아웃하기로 결정하면 대개 불안이 증폭되고, 사회와 가족, 혹은
둘 중 하나가 심각한 영향을 받을 수 있었다. 하지만 사회적 환경이
달라졌다. 최근 조사에 따르면 밀레니얼 세대의 7퍼센트가 게이라고
자신의 성 정체성을 밝혔다. 2011년에는 그 비율이 3.5퍼센트에 불과
했다.

성전환으로 남성성과 여성성을 정의하는 기준도 훨씬 더 모호해졌
다. BPD 진단기준 중 하나인 정체성 혼란은 언제나 크나큰 관심의 대
상이었다. 몇몇 사람들은 성별을 지칭하는 대명사를 바꾸어야 한다고
주장했다. 이들은 '그'나 '그녀'가 아니라 성적 중립성을 뜻하는 '그들'

제4장 • 경계인을 만드는 사회

이라는 대명사를 선호했다.

　정체성과 성생활, 실질적으로는 '정상성'을 이루는 요소가 점점 더 모호해지면서 특히 경계인이 크나큰 영향을 받는다. 보수적인 복음주의 및 종교 단체와 진보적인 성소수자 및 낙태 지지자들 사이의 논쟁이 점점 더 거세지면서 확고한 정체성을 확립하고 안정적인 관계를 맺으려고 애쓰는 경계인들은 더욱 불안해진다.

# 아이들은 어떻게 경계인으로 자라는가

제2차 세계대전이 끝난 뒤 우리 사회는 가족과 자녀 부양 유형에서 다음과 같은 엄청난 변화를 경험했다.

- 전통적인 가족이 해체되고 있다. 주된 이유는 이혼인데, 1990년대에 출생한 미국 어린이 중 절반이 한부모 가정에서 어린 시절의 일부를 보낸다. 미국 인구조사국에 따르면 1960년에서 2016년 사이에 부모 밑에서 자라는 아동의 비율이 88퍼센트에서 69퍼센트로 하락했고, 이 중에서 6퍼센트의 부모는 결혼하지 않았다. 같은 기간 동안 편모 가정 아동비율은 8퍼센트에서 23퍼센트로 거의 3배 증가했다. 2016년에는 편부 가정의 아동 비율이 4퍼센트에 이르렀다. 최근에 퓨 연구센터에서 실시한 조사에서는 18세 미만 미국 아동의 23퍼센트가 한부모 가정에서 생활하고 있다. 전 세계적으로 보더라도 한부모 가정 아동 비율은 7퍼센트에 달한다.

- 대안 가족 체계(한부모 가정이 다른 한부모 가정과 결합해 새로운 가족 단위를 구성하는 것과 같은 혼합 가족)는 많은 아이가 생물학적 부모가 아닌 사람에게 양육되는 상황을 불러왔다. 한 연구에 따르면 미국 어린이 중 63퍼센트만 생물학적 부모 밑에서 자랐다. 이는 서양에서 가장 낮은 수치다. 지역적 이동성이 증가하면서 전통적인 대가족, 조부모 가족, 형제자매, 사촌, 그 밖의 가족관계는 거의 사라지고 핵가족만 실질적으로 지지받지 못하는 상태로 남아 있다.

- 집 밖에서 일하는 여성의 수는 엄청나게 증가했다. 일하는 여성 중 40퍼센트가 17살 이하 자녀를 둔 부모였다. 미혼모의 71퍼센트가 고용되어 일을 한다.

- 여성이 집 밖에서 일을 하게 되면서 전보다 더 많은 아이들이 상당히 어린 나이에도 불구하고 다양한 형태의 보육시설로 보내진다. 보육시설에 맡겨진 영아의 수는 1980년대에 45퍼센트나 증가했다.

- 이 수치는 아동의 신체적 성적 학대 사고가 20세기 말에 엄청나게 증가했다는 점을 분명하게 뒷받침해 준다.

이 같은 양육의 변화로 인해 아동과 부모 모두에게 미치는 심리적 효과는 무엇일까? 혼합 가족과 같은 양육의 많은 변화는 집중적으로 오랫동안 연구할 주제가 되기에는 아직 생소하지만, 정신과 전문의와 발달 전문가들은 혼란, 불안, 학대와 같은 배경에서 성장한 아이는 청소년기와 성인이 되었을 때 감정적, 정신적 문제를 겪을 위험이 아주 크다는 데 일반적으로 동의한다. 게다가 이런 환경 속 부모는 스트레스, 죄책감, 우울증, 낮은 자존감처럼 BPD와 결합되는 모든 특성을 키우는 경향이 있다.

그렇다고 오해하지는 말기 바란다. 한부모 가정이나 부모 모두가 일하는 가정이 전통적인 가족에 비해 열등하다는 뜻은 아니다. 특히 그러한 가정이 정신질환을 조장한다는 주장을 뒷받침해 주는 증거는 어디에도 없다. 실제로 오늘날 미국 가정에서 부모가 모두 있는 전통적인 가족은 소수에 불과하다. 전통적인 가족에 속하지 않아도 수많은 가족이 이혼이라는 감정적이고 재정적인 스트레스 요인에도 잘 대처해 번영을 이룰 수 있다. 아니면 부모가 경력을 쌓고 싶거나 단순하게 돈을 벌어야 해서 일하려고 하는 상황에도 잘 대응할 수 있다.

아이를 보육시설에 맡기는 비율이 증가한다고 정신질환이나 아동학대가 증가한다는 증거도 없다. 그렇지만 일하는 부모를 지원해 주는 보육시설의 질은 그 수요에 비해 크게 떨어지는 편이다. 사실상 한부모 가정이나 부모 모두가 일하는 가정은 불행하고 불안정한 상황에 비하면 훨씬 나은 편이다. 이러한 가족 형태의 부모와 아동은 독서와 심리상담 치료, 가족과 친구의 조언 등을 통해 혹시 생길지 모를 스트레스를 예측해서 그에 대응하는 기술을 익혀나가는 것이 좋다.


## 아동 학대와 방치의 주범

아동 학대와 방치는 중요한 건강 문제가 되었다. 2007년 미국에서만 약 580만 명의 아동이 약 320만 개의 학대 보고서와 이론에 등장했다. 일부 연구는 성인이 될 때까지 일종의 성적 학대를 경험하는 소녀가 전체의 25퍼센트에 달한다는 결과를 내놓았다.

물리적인 학대를 받은 미취학 아동은 억제, 우울증, 애착의 어려움, 행동 문제(과잉행동과 심한 짜증과 같은), 열악한 충동 억제력, 공격성,

또래와의 관계 구축 어려움과 같은 문제를 겪는다.

"폭력은 폭력을 야기한다." 존 레논이 한 이 말은 특히 폭력을 당한 아동의 경우에 사실이다. 자주 학대를 당한 아이는 본인도 학대자가 되기 때문에 이 문제는 수십 년의 세월과 세대를 넘어오면서 자체적으로 지속된다. 실제로 학대와 방치를 당한 아동의 30퍼센트가 후에 자신의 아이를 학대하는 악순환으로 이어진다.

경계인 간의 학대나 방치 사례는 BPD를 다른 성격장애와 구별 지을 수 있게 해준다. 언어 학대 혹은 정신적 학대는 가장 흔한 형태이고, 그다음이 신체적 학대, 성적 학대로 이어진다. 신체적, 성적 학대는 본질적으로 더 극적이지만 정신적 학대를 받은 아이는 완전한 자존감 상실을 경험한다.

아동의 감정 학대에는 다음과 같은 유형이 있다.

- 비하 : 아이의 성취를 지속적으로 깎아내리고 잘못된 행동을 부각시킨다. 그렇게 시간이 흐르면 아이는 자신이 정말로 나쁜 사람이거나 가치가 없는 사람이라고 믿게 된다.
- 부재/방임 : 심리적으로 부재 상태인 부모는 자녀의 발달에 거의 흥미를 보이지 않으며 필요할 때 애정을 주지 못한다.
- 독점 : 아이의 행동을 규제하기 위해 엄청난 협박을 일삼는다. 일부 아동 발달 전문가는 이런 형태의 학대를 테러리스트들이 인질을 세뇌시키는 기법과 비교하기도 한다.

앞에서 언급한 리사의 이야기를 떠올려 보면 그녀는 아마도 이 모든 종류의 감정적 학대를 당했을 것이다. 아버지는 끊임없이 그녀가 '충분하지 못하다'고 세뇌시켰고 어머니는 리사의 편에 서준 적이 없으며 모든 중요한 결정에서 언제나 남편의 뜻을 따랐다. 그리고 리사는 가족의 잦은 이사를 '납치'로 인식했다.

심리학자인 휴 미실다인에 따르면, 방치한 아동의 유형은 이후 생활에서 경계인의 딜레마를 반영한다고 다음과 같이 설명한다.

어린 시절 방치당해 고통받았다면 자신의 결핍을 채워줄 누군가를 찾기 위해 이 사람 저 사람으로 옮겨 다니는 원인이 된다. 자신을 잘 돌보지 않고, 결혼하면 이 모든 상황이 해결될 것이라고 생각하지만 결혼한 뒤에도 감정적으로는 애착이 없는 상황에 처해 있다는 것을 알게 된다. 게다가 어린 시절 방치당한 경험이 있는 사람은 항상 감정적으로 만족하지 못하기 때문에 안절부절못하고 불안해한다. 이런 불안하고 충동적인 움직임은 감정적으로 생활하는 착각을 일으키게 된다. 예를 들어, 이런 사람은 한 사람과 결혼하기 위해 약혼을 한 상태에서 다른 두세 명과 성적인 관계를 유지하기도 한다. 감탄과 존중을 제공하는 사람이라면 누구든지 끌리게 되는데 애정에 대한 갈망이 너무 크고 차별하는 능력이 크게 손상되었기 때문이다.

학대, 방치 혹은 어린 시절 오랜 분리는 자라나는 유아의 신뢰 구축에 엄청난 방해 요인이 될 수 있다. 자존심과 자율성에 문제가 생기는 것이다. 이는 곧 분리에 대처하고 정체성을 형성하는 능력이 정상적으로 발달하지 못했다는 것을 의미한다. 그런 아동이 성인이 되면 다른 사람과의 관계 속에서 좌절을 맛본다. 가까운 사이에는 고통과 처벌이 결합될 것이고 이것을 '사랑의 상처'라고 믿게 된다. 경계인은 어른이 되면 자신을 학대한 부모의 자리를 자해 행동으로 채우게 된다.

## 이혼가정의 '사라진 아버지'

주로 이혼으로 인해 전보다 많은 아이들이 물리적, 감정적으로 아버지의 존재가 없는 상태에서 성장하게 된다. 법정에서는 양육권 분쟁에 있어서 자녀를 대부분 어머니 손에 맡기도록 하기 때문에 많은 수의 한부모 가정이 어머니로만 운영된다. 공동 보호권 혹은 자유 방문권이 있는 경우에도 이혼 후 빨리 재혼해 새로운 가정을 꾸리는 아버지는 아이의 양육에서 멀어지는 경우가 많다.

어머니와 아버지 사이의 부모 역할이 한층 동등해진 최근의 양육 경향은 아이에게 이혼이 더 화나는 일로 느껴지게 한다. 아이는 분명 부모로부터 혜택을 받지만 아이가 여전히 중요한 발달단계를 거치는 형성기에 이혼이 발생할 경우 잃게 되는 것이 더 많다.

이혼이 아이에게 미치는 영향을 연구한 결과에 따르면 미취학 아동의 경우 완전한 분노, 필요, 퇴행과 버려지는 것에 관련된 분리불안에 예민해진다. 이들 중 상당수가 아동기의 이후 단계에서 우울증을 앓거나 반사회적인 행동을 보인다. 실제로 한부모 가정의 10대는 온전한 가정에서 자라는 10대와 비교했을 때 자살할 확률이 높을 뿐 아니라 심리적 질병을 겪을 확률도 더 높다.

별거와 이혼 기간에 아이는 신체적 친밀성을 더 많이 필요로 한다. 예를 들어, 별거하는 상태에서 아이는 부모에게 함께 자겠다고 요구하는 것이 전형적이다. 이런 상황이 계속되고 같이 자는 것이 부모의 필요가 되면 아이의 자율성과 신체적 통합은 위협받는다. 여기에 이혼으로 인한 외로움과 심각한 자기애적 장애가 결합되면 일부 아이들은 발달장애를 겪을 위험이 상당히 높다.

또한 애정과 확신이 필요한 아버지는 자신의 외로움과 박탈감을 해소하려고 자녀와 더 많은 시간을 보내려 할 것이다. 아이가 아버지의 분노와 씁쓸함의 분출구가 되면 학대를 받을 위험이 더 높아진다.

별거나 이혼한 부모를 둔 아이는 부모의 파괴적인 진투 사이에 저당잡힌 신세로 전락한다. 항상 자신의 방문권을 무시하던 아버지인 데이비드는 이혼한 전처에게 화가 날 때면 갑자기 딸에게 자신과 함께 있자고 요구한다. 이런 방문은 일반적으로 아이뿐 아니라 아버지와 그의 새 가족에게 불쾌한 일이고 전처에게 죄책감과 무력감을 느끼게 하는 복수의 수단으로 활용된다.

바비는 어머니가 정기적으로 아버지를 법정에 세워 더 많은 양육비를 달라고 할 때마다 이혼한 부모의 갈등 사이에서 휩쓸리게 되었다. 뇌물과도 같은 선물 공세와 학비 혹은 생활비를 끊겠다는 위협은 지속적으로 싸움을 하는 부모 사이에서 흔한 무기로 사용된다. 뇌물과 위협은 일반적으로 부모보다는 자녀에게 더 해가 크다.

심지어 자녀가 법정에 끌려가 부모에 대해 진술해야 하는 경우도 발생한다. 이런 상황에서 부모도, 법원도, 사회복지기관도 자녀를 보호해주지 못해서 아이는 압도적인 무방비한 상태(아이가 개입했음에도 갈등은 계속되므로)로 혹은 권력의 힘(그의 증언이 부모의 전쟁 승패를 좌우하므로)을 느끼며 남겨진다. 자녀는 자신의 곤경에 관여한 듯 느끼지만 모두에게 버림받을까 봐 두려운 감정이 들기도 한다. 이 모든 것이 BPD의 원인으로 작용한다.

제4장 • 경계인을 만드는 사회

## 부모는 대체될 수 없다

이혼뿐 아니라 다른 강력한 사회적 강제도 '아버지 부재 증후군'에 영향을 미친다. 반세기만 거슬러 올라가 봐도 제2차 세계대전, 한국전쟁, 베트남전쟁, 걸프만전쟁, 이라크전쟁 참전 용사들을 비롯해 많은 정치범 수용소와 강제수용소에 있었던 인물들의 자녀가 성장하면서 그 증거가 되어 주었다. 자녀의 발달 시기에 이들의 아버지들은 대부분 아버지로서의 자리를 지키지 못했고 전쟁으로 인한 외상 후 스트레스장애와 지연된 애도(갇혀 있는 슬픔) 역시 자녀 발달에 영향을 미쳤다.

1970년에 제2차 세계대전과 한국전 전쟁포로들은 자살, 살인, 자동차 사고(대부분 운전자 혼자 탄 상태로 일어난 사고)로 폭력적인 죽음을 맞이했다. 같은 경향이 이라크전 참전 용사에게도 계속되었다. 미국 국방성 집계에 따르면 2007년에 자살을 시도한 군인의 수는 하루 평균 다섯 명으로 전쟁이 일어나기 전보다 늘어났다. 유대인 대학살 생존자들의 자녀는 종종 심각한 감정적 어려움을 겪는데 주로 부모의 엄청난 정신적 트라우마에서 기인한다.

사라진 아버지 증후군은 병적 결과로 이어질 수 있다. 이혼이나 사별로 고통받은 가족에서 종종 어머니는 이상적인 부모가 되어서 보상하려는 심리를 보이므로 자녀의 삶 모든 것에 관여하려고 한다. 그러한 행동은 자연스럽게 자녀가 자신의 정체성을 발전시킬 기회가 줄어들게 만든다. 그렇게 되면 또 다른 부모로 완충작용을 하지 않는 것이 아닌 모자의 유대감만 강해져서 건강한 분리가 어려울 수 있다.

그렇게 어머니는 아버지의 빈자리를 메우려고 노력하지만 여러 사례에서 보면 실질적으로 아버지 역할을 하는 사람은 자녀가 된다. 아버지의 부재 속에서 어머니와 공생하려는 집중력이 엄청나게 커진다. 아이는 어머니가 만든 이상적인 관점에 따라 자라고 영원히 어머니를 즐겁게 해주어야 한다는 환상을 가진다. 부모가 자녀에게 의존하는 경향은 자녀의 성장과 개인화를 방해하고 개입하게 되므로 BPD의 씨앗을 뿌리는 것과 마찬가지다.

많은 부모가 아이의 오락에 집중하면서 과도하게 보상하지만 실제로 필요한 따뜻함은 거의 제공하지 못한다. 자기애가 강한 부모는 자식을 개별 인격체가 아닌 자신의 연장선 혹은 사물이나 소유물로 여긴다. 그 결과 아이는 감정적으로 크게 관심받지 못해 자신의 중요성을 과장되게 인식하고 퇴행 방어적이 되며 자아를 잃어버린다.

## 교류를 단전하는 이동성의 확대

오늘날 인류는 그 어느 때보다 더 멀리 이동하고 있다. 지리적 이동성의 증가는 아이들에게 풍요로운 교육적 혜택과 문화 교류를 가져다주었지만 종종 지나친 이동은 아이에게 뿌리가 없는 삶을 살게 하는 원인이 되기도 한다. 몇몇 연구에 따르면, 한곳에 오래 머물지 못하고 자주 이사를 다닌 아이는 "너 어디 사니?"와 같은 간단한 질문에도 혼란스러운 반응을 보이거나 전혀 반응하지 않는 경우가 많았다.

아이가 감당할 수 없을 만큼의 장거리 이동과 정착은 경력 위주 생활 방식과 직업적 요구와 관련이 있다. 이런 가족의 경우 부모의 한쪽 혹은 양쪽이 오랜 시간 일을 해야 하는 관계로 자녀를 보살필 시간은 그만큼 줄어든다. 이런 장거리 이동과 잦은 이사, 방치는 아이들에게 세상을 장소와 얼굴이 바뀌는 동물원으로 만들어 버린다.

이러한 상황에서 자란 아이는 심심하고 외롭기 때문에 끊임없이 자극을 추구한다. 계속되는 새로운 상황과 인물에게 적응하면서 안정적인 공동체가 줄 수 있는 안정된 자아감을 상실할 수 있다. 이들은 혹여 사회적으로 인정받는 직업을 가지고 우아한 삶을 살더라도 자신의 품위가 거짓이라고 느낀다.

지리적 이동성이 높아지면서 이웃, 공동체, 학교, 교회, 공공기관 등의 안정성이 약화되었고, 전통적인 소속은 사라졌다. 미국인의 약 44퍼센트가 자신이 자란 곳이 아닌 다른 지역에서 소속감을 느낀다고 고백했다. 세대는 장거리로 인해 분리되었고 연장된 가족은 감정적 지원과 자녀 양육 기능을 상실했다. 자신의 조부모, 고모, 삼촌, 사촌이 누구인지 모르고 자란 아이들은 과거와의 강력한 유대가 없고 건강하게 감정이 성장할 수 있도록 해주는 사랑과 따뜻함을 얻지 못한다.

## 사이버 공간의 가짜 가족

사회가 분편화하면서 결혼 생활이 해체되고 가족은 무너지게 되자 자연스럽게 이 시대에 '가짜 가족' 혹은 가상 공동체가 등장해 과거의 실제 공동체를 대체하게 되었다. '부족'에 소속하고자 하는 이 같은 갈망은 다양한 형태로 발현된다.

3,000만 명의 사람이 공동 목표가 있는 더 큰 그룹의 일원이 되기 위해 가장 좋아하는 아메리칸 아이돌에게 투표하려고 매주 몇 시간씩 TV 앞에서 기다린다. 수백만 명의 젊은이가 페이스북과 마이스페이스에 가입해 대규모 소셜 네트워크의 회원이 된다. 50년 전에 커트 보네거트는 자신의 소설 《고양이 요람》에서 장난스럽게 이런 현상을 '그

랜팰룬granfalloon과의 연관'이라고 불렀다. 이 말은 선택 혹은 소유를 원하는 집단이 정체성이나 목적을 공유하지만 상호 간의 연합은 실제로는 의미가 없는 것을 뜻한다. 커트 보네거트가 현대 사회에서 소설을 썼다면 그 예시는 페이스북이나 트위터 이용자가 되었을 것이다.

2003년 이후로 SNS는 수많은 인터넷 사용자들이 관여하는 현상을 틈새 공략해 엄청나게 성장했다. 미국의 12~17세 청년층 인터넷 사용자의 절반 이상(55퍼센트)이 페이스북과 마이스페이스와 같은 SNS를 이용한다. 초기 연구 결과를 보면 10대들이 이들 사이트를 이용하는 주된 목적은 소통으로, 친구와 꾸준히 연락하고 같이 놀 계획을 세우고 새로운 친구를 만들기 위한 것이었다. 하지만 동기는 이처럼 순수하지 않을 수도 있다. 예를 들어, 마이크로소프트사의 2007년 조사에 의하면 SNS에 가입하는 가장 큰 이유는 '자아'였다. 사람들은 '자신의 사회적, 지적, 문화적 자본을 높이기' 위해 가상의 공간을 찾는다.

가상의 공간을 휩쓸고 있는 가장 인기 있는 전자적 '분노'인 트위터는 거리낌 없이 자기애적 왜곡을 일삼는다. 실시간 문자 메시지 서비스의 일종인 '트위팅'은 팔로워들에게 140자 이내로 자신이 하고 있는 일을 알리는 데 목적을 두고 있다. 의사소통이 양방향으로 이루어져야 한다는 겉치레는 거의 없다.

혹자는 미국 문화에서 커지는 나르시시즘에 대해 논쟁을 벌일 수도 있다. 1976년 톰 울프의 기념비적인 기사 〈나의 시대The Me Decade〉와 1978년 크리스토퍼 라쉬 저서 《나르시시즘의 문화》에 처음 언급된 것처럼, 자기애적인 충동은 폭넓은 문화적 성향의 왜곡에 의해 대두되었다. 리얼리티 TV는 유명해지고 싶은 참가자를 순식간에 스타로 만들었으며, 성형은 성장산업이 되었고 하고 싶은 대로 다 하게 해주는 부모 역할과 연예인 숭배, 물질적 풍요에 대한 욕망에 이어 지금 SNS는 모두가 보유한 가짜 친구 집단이 되었다.

심리학자 진 트웬지와 키스 캠벨은 《나는 왜 나를 사랑하는가》에서 이렇게 말했다.

"인터넷이 유용한 기술을 가져다주었지만, 순간적인 유명세와 '날 봐주세요!' 식 정신 상태에 대한 가능성도 가져왔다. 사람들은 '개인적 브랜드(혹은 셀프 브랜딩)'을 창출하기 위해 노력하고 자기 자신을 팔아야 하는 상품으로 포장하고 있다."

# 경계인 양성을 부추긴 격동의 10년

2009년으로 시간을 거슬러 올라가 보자. 버락 오바마가 대통령에 당선되면서 다른 세계 지도자들 그리고 미국 중앙은행과 협력해 1929년 시작된 대공황 이후 최악의 경제 위기에서 세계를 구하려고 애쓰고 있었다. 미국 인구의 약 77퍼센트는 휴대전화를 소유했고, 그중 대다수가 지난 5년 사이에 휴대전화를 구매한 10대 청소년이었다. 이들은 페이스북과 트위터, 유튜브와 함께 유년기를 보냈지만 그 당시에 인스타그램과 스냅챗은 없었다. 동성 결혼은 45개 주에서 불법이었다. 총기난사 사건은 연간 다섯 건씩 발생했다. 자신이 속한 집단만 중시하는 부족주의 정치와 사이버 폭력, 셀피, 이모티콘 같은 용어는 아직 일상적인 문화 용어로 정착하지 못했다.

정치적 이념과 상관없이 10년 후에 대대적인 사회적, 문화적, 정치적, 기술적 변화가 일어나지 않을 거라고 장담할 수 있는 사람은 거의 없었다. 휴대전화는 우리 시대의 주요한 소통 수단이 되었다. 소셜 미디어가 특히 젊은이들 사이에서 주된 소통 방식으로 부상하고 있다. 대량 학살이나 학교 총기 난사 사건은 점점 더 흔한 일이 되었다. 2010년에서 2019년까지는 총기 난사 사건이 194건이나 발생해 이전 10년보다 거의 3배 증가했다. 미국의 민주당과 공화당 사이의 갈등은 양극화되어 지방 정부와 미 의회의 교착상태가 자주 발생했다.

여기서 가장 중시해야 하는 논점은 이것이다. 앞서 제시한 사회적 요인들이 정신질환의 '씨앗'까지는 아니더라도 불안과 스트레스, 정신질환의 '세균'이 번성할 수 있는 배양접시가 된다는 것이다. 최근의 한 조사에 따르면 2010년에서 2019년 사이에, 그중에서도 특히 2016년에서 2019년 사이에 불안과 스트레스 수치, 정신과 방문 빈도, 정신질환의 진단 수치와 심각성이 모두 증가했다.

모두에게 혼란스러운 시대지만 일반적인 정신질환과 BPD 환자에게는 더욱 혼란스러운 시대이다. 다음에 설명한 몇몇 사회적 변화는 다른 어떤 정신질환보다 BPD의 아홉 개 기준이 되는 경계인의 사고와 감정, 행동에 영향을 미친다. BPD를 치료하는 정신과 의사의 업무도 점점 더 힘들어지고 있다. 정신과 의사도 다른 모든 사람처럼 현실 세계에서 살아가고 있다. 그렇기 때문에 환자와 똑같은 사회적 요인에 취약하고, 환자가 그러한 사회적 요인을 이해하고 헤쳐 나가도록 도와주는 동시에 자신도 그렇게 하려고 애쓰고 있다.

### 극단적 양극화와 부족주의 정치

극단적 양극화와 부족주의 정치는 투표제도보다 훨씬 큰 영향력을 발휘한다. 동성애자의 권리나 여성의 낙태권을 옹호한다는 내용으로 소셜 미디어에 올라오는 게시물은 논리적인 반박뿐만 아니라 폭행이나 심지어는 사망 위협까지 불러일으킬 수 있다. 실제로 대량 학살, 총기 난사, 세간의 이목을 끄는 증오범죄가 소셜 미디어에 게시되는 경우가 많다. 일반적으로 합법적인 기구와 법 집행 기구나 플랫폼은 소셜 미디어 사이트의 범죄 행동과 표현의 자유, 콘텐츠 창조, 비용 등을 규제하거나 감시하는 데 소홀하고 그렇게 할 능력도 없다.

한편 부족주의 정치의 근본적 좌우명은 이러하다. "우리는 언제나 옳고, 다른 사람은 언제나 틀렸고.", "우리는 모두 선하고, 다른 사람은 모두 악하다." 이러한 생각은 BPD 환자뿐만 아니라 분리라는 BPD 방어기제를 갖춘 사람의 잘못된 흑백논리에 사회적 정당성을 부여한다. 텔레비전 뉴스와 소셜 미디어가 매일, 심지어는 매시간 부족주의 정치에 대해 떠들어대는 탓에 흑백논리적 인식으로 힘들어하는 경계인이 뛰어넘어야 하는 장애물이 더욱 높아진다. 이와 마찬가지로 정신과 의사도 경계인이 세상을 회색빛으로 볼 수 있게 도와주기가 훨씬 어려워진다.


## 대량 학살, 학교 총기 난사와 세계적 대유행

지난 10년 동안 대량 학살 또는 학교 총기 난사와 그에 따른 사상자가 급증했다는 사실은 미국에 사는 사람들에게 전혀 놀라운 일이 아니다. 그보다는 총기 난사 사건 이후 정신건강에 관한 결과를 조사하는 과학적 연구가 비교적 부족하다는 사실이 더욱 놀랍다. 이러한 연구가 비록 제한되어 있기는 하지만 그 결과에 따르면 총기 난사 사건은 그에 영향을 받은 공동체 구성원과 그에 간접적으로 노출된 사람들에게 일련의 정신질환 문제를 유발할 수 있다.

기존의 조사에 따르면 총기 난사 사건 직후와 이후 젊은이들 사이에서 주요 우울장애(MDD)와 외상후 스트레스장애(PTSD), 범불안장애(GAD) 발생률이 높아졌다. 오늘날의 아이들은 학창 시절에 핵 공격에 대비해 책상 아래로 숨는 훈련을 받았던 베이비 붐 세대처럼 총기 공격에 대비해 피신하는 훈련을 받는다. BPD 증상에 취약한 사람의 경우에는 불안이나 공포와 같은 감정이 크게 증폭된다.

## 세계를 뒤흔든 코로나바이러스

이 글을 쓰고 있는 지금 전 세계를 휩쓸고 있는 코로나바이러스(코로나19)와 같은 감염병으로 수백만 명이 감염되어 사망했다. 이러한 감염병은 전 연령의 사람들에게 학교 총기 난사 참사보다 더욱 크나큰 불안을 심어주는 근원이다. 사람들은 이러한 세계적 대유행을 극복하기 위해 사회적 거리 두기를 실천했고, 전 세계의 많은 국가에서 모든 사회적 모임을 금지하는 전면적 봉쇄나 자택 대피 명령을 내렸다. 이에 정신과 전문의이자 전직 미연방 공중위생국장 비벡 머시 박사는 사회적 거리 두기의 심리적 위험 요인을 이렇게 지적했다.

"사회적 거리 두기로 경기 침체뿐만 아니라 사회적 침체가 일어난다. 고독감과 사회적 고립이 우리 사회의 크나큰 문제로 대두되어 수명이 단축되고, 심장질환과 당뇨병, 치매, 우울증, 불안증 발병 위험이 커진다."

미국 보건자원서비스청(HRSA)의 입장은 더욱 분명했다.

"고독감은 하루에 담배 15개를 피우는 것만큼 해롭다."

의심할 여지 없이 전 세계 인구의 대다수가 코로나 대유행 기간 불안과 스트레스, 고독을 경험했다. 하지만 BPD 환자에게는 고립과 고독감이 코로나바이러스 그 자체보다 더욱 멀리해야 하는 역병처럼 더욱 극심한 고통을 안겨줄 수 있다. 고립은 BPD 진단의 주요 기준이 되는 절망감, 공허감, 유기 공포, 편집증을 유발할 수 있다. 장기간에 걸친 사회적 거리 두기와 재택 명령은 이러한 효과를 일으킴과 동시에 필요성이 큰 그룹 치료와 일대일 치료에도 제약을 가한다. 또한, 동반자나 배우자가 주로 아이들과 함께 좁은 공간에 고립되면 불안정하고 격한 대인관계와 분노, 그밖에 다른 BPD 기준 요소가 악화될 수 있다. 코로나19 대유행은 극히 최근에 일어났기 때문에 장단기 고립이 성인과 아이들에게 미치는 장기적 영향력은 아직 알려지지 않았다. 하지만 향후 연구에서 BPD나 다른 정신질환 환자가 더욱 오랫동안 해로운 영향을 받을 거라는 사실이 밝혀질 가능성이 크다.

## 인터넷의 천국과 지옥

역사를 살펴보면 알 수 있듯이 기술적 혁신은 언제나 양날의 검과 같다. 제조 과정의 자동화는 생산성 증대로 이어지지만, 종종 일자리 상실이라는 결과도 초래한다. 온라인 쇼핑과 온라인 뱅킹, 주식 투자는 더할 나위 없이 편리하지만 건전하지 못한 부작용도 낳는다. 오프라인 지역 사업체의 폐업과 신원 도용, 디지털 부정부패가 그 실례다. 일자리나 평생 저축한 돈을 갑자기 잃는다면 누구나 크나큰 충격에 휩싸인다. 하지만 경계인에게 그처럼 갑작스럽고 심각한 인생 역경은 재앙과 같다.

인터넷은 수많은 영역에서 학문적 조사의 용이성과 편리성을 제공해 준다. 하지만 데이터의 신뢰성과 사실적 정확성을 보장해 주지 못한다는 단점도 있다. 소셜 미디어와 데이팅 웹사이트는 수백만 명을 즉각적으로 연결해 주지만 사이버폭력과 위험한 성관계도 동반한다.

## 반사회적 미디어

학교폭력은 학교가 존재한 세월만큼 오랫동안 존재했다. 하지만 사이버폭력은 소셜 미디어와 함께 비교적 최근에 새롭게 등장한 현상이다. 최근 조사에 따르면 사이버폭력을 경험한 청소년 비율은 연령대와 사이버폭력의 정의에 따라서 10~40퍼센트에 이른다. 흔히 사용하는 사이버폭력의 정의는 '단체나 개인이 자신을 쉽게 방어할 수 없는 피해자에게 전자 형태로 접촉해 장기간 반복적으로 가하는 의도적이고 공격적인 행동이나 행위'다.

트위터와 페이스북 같은 소셜 미디어 플랫폼이나 온라인 게임사이트, 문자 메시지를 이용하는 10대 사이에서 특히 만연하는 해로운 폭력 행위로는 소문 퍼뜨리기, 협박하기, 낯 뜨거운 사진 올리기, 성적인 평가하기, 피해자의 개인 정보 공개하기, 혹은 낙인찍기(예: 증오 발언)가 있다. 사이버폭력의 피해자는 보통 자존감이 낮고, 자살 생각이 강해 자살 시도를 자주 하며, 공포와 분노, 좌절감과 우울감 같은 부정적인 감정을 자주 느낀다.

이러한 증상을 이미 보이는 경계인이 사이버폭력에 더욱 취약하다는 결론은 도출하기 어렵지 않다. 게다가 경계인의 가학적 성향과 피학적 성향이 충돌한다는 점을 고려하면 경계인은 종종 폭력을 가하거나 당하는 역할을 맡을지도 모른다.

## 신원 도용

　개인 데이터가 안전하게 기밀로 유지된다는 확답은 반복적으로 흘러 나오지만, 대규모 데이터 유출 사건이 기업과 은행, 기관에서 발생한 다. 야후와 제이피모건 체이스, 마리오트, 타겟, 이베이, 페이스북은 5,000만 명 이상의 고객 개인 정보가 유출된 많은 기업 중 일부다. 내 적 혼란과 부정부패, 혹은 해커의 악랄한 행위를 통해 미국에서 발생 하는 신원 도용은 2005년에 비해서 2016년에 거의 3배 증가했다. 재 정 및 신용 문제를 해결하는 데 6개월 이상 소비한 피해자의 3분의 1 이상은 정신적 고통을 겪었다.

　이러한 신원 도용은 재정적 고통과 현실적 및 정신적 고통 이외에도 심리적 피해를 초래한다. 정신적으로 건강한 사람도 신원 도용을 당하 면 그 충격이 상당한데 이미 정체성이 흔들리는 BPD 환자는 포괄적 인 신원 도용을 당하면 작게는 불안증에 시달리고, 심한 경우 파멸에 이르기도 한다.

## 가볍게 즐기는 관계의 천국

　매치닷컴과 이하모니 같은 온라인 데이팅 웹사이트 회원이 30년 동 안 꾸준히 증가하면서 수천 명의 연인과 부부가 탄생했다. 지난 세월 동안 이러한 회원들 대부분은 데이팅 웹사이트의 효율적인 장점뿐만 아니라 숨겨진 위험도 간파했다. 한 가지 실례를 들자면 40세의 잘생 긴 백만장자가 실제로는 어머니의 집 지하실에 빌붙어 사는 60세의 전과자일 수도 있다는 위험이 있었다. 세월이 흐르면서 괜찮은 데이트 상대끼리 데이트하는 표준 절차도 생겨났다. 먼저 이메일을 주고받다가 전화 통화를 하고, 스타벅스 같은 공공장소에서 첫 만남을 갖는 식이었다. 간단히 말해서 대부분의 미혼 남녀는 온라인 데이트의 위험성을 인식하고 있고, 많은 기대를 걸지 않고 경계를 늦추지 않는다.

하지만 2010년대에 이러한 웹사이트가 가볍게 즐기는 관계를 찾는 목적으로 이용되면서 온라인 데이팅의 판도가 달라졌다. 가볍게 즐기는 관계, 즉 '훅업Hookup' 앱은 하룻밤을 즐기기 위한 대상을 빠르게 찾는 것이 주된 목적이다. 그 이후로는 흘러가는 대로 따라간다. 하지만 데이트 상대를 직접 만나기 전에 사전 조사를 하거나 상대를 알아보는 과정에서는 기대감이 거의 없고, 경계심은 더욱 낮다. 틴더와 그라인더(틴더의 동성애자, 양성애자, 트랜스젠더 등 성소수자 버전)는 각각 2012년과 2009년에 만들어져 전 세계에서 폭발적으로 성장했다. 이용자 대부분은 18세에서 35세였다. 틴더와 그라인더에서 가볍게 즐기는 관계는 전통적인 데이팅 사이트에 비해서 폭력 범죄와 비폭력 범죄에 연루되는 일이 훨씬 잦았다. 이러한 경향은 영국에서 처음 목격되었고, 미국에서의 여러 조사를 통해 증명되었다.

대학생을 대상으로 한 최근의 몇몇 조사 결과에 따르면 남녀 틴더 사용자의 자존감이 훨씬 낮고, 신체 불만족도가 크고, 기분 변화가 극심했다. 그렇다면 충동성과 성적 문란함, 장기적인 공허감, 불안정하고 격한 인간관계에 빠지기 쉬운 경계인에게 훅업 앱이 얼마나 유혹적이고, 잠재적으로 얼마나 위험할지 짐작이 가지 않는가? 실제로 경계인이 성적으로 친밀한 관계에 동의하면 상대를 가볍게 유혹하고, 잔인하게 갖고 놀거나 파괴적으로 착취할 수 있다.

## 초소형 '지뢰밭'

할리우드에 길들어진 사람들은 대혼란이 〈고질라〉와 〈킹콩〉, 〈쥬라기 공원〉의 달아난 벨로키랍토르, 〈죠스〉의 굶주린 거대한 상어, 혹은 〈우주 전쟁〉의 외계인 같은 거대한 괴물의 형태로 찾아온다고 믿었다. 혹은 〈트위스터〉와 〈아마겟돈〉, 〈투모로우〉에 나오는 사이클론과 허리케인, 쓰나미, 혹은 소행성과 같은 대규모 자연재해로 찾아온다고 생각했다. 아니면 〈더 로드〉, 〈닥터 스트레인저〉, 혹은 〈페일 세이프〉 같은 종말론적 영화에 등장하는 대규모 핵무기 재앙과 폭탄, 미사일의 형태를 띤다고 생각했다.

하지만 영화는 현실 세계가 아니다. 지난 20년의 세월을 보내면서 사람들은 눈에 보이지 않는 극히 작은 것도 엄청난 해를 가할 수 있다는 사실을 깨달았다. 눈에 보이지 않는 바이러스와 전자 암호, 감지할 수 없는 오염 물질, 아주 작은 두뇌 시냅스를 따라 이루어지는 해로운 의사소통 오류와 잘못된 정보 전달이 심리적으로나 신체적으로 대규모 손상을 일으킬 수 있다. 개인적 차원에서뿐만 아니라 현대 사회 전체는 구성원의 신체 및 정신건강을 위해 무엇이 필요하든 개의치 않고 눈에 보이지 않는 사회의 적에 대비하고 대응해야 한다.

제5장

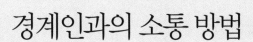

# 경계인과의 소통 방법

"좋아…… 내가 무슨 말을 해주길 바라는 거야?"
내가 웃기다고 말하면 당신은 날 모순되게 만들기 위해 슬프다고 말할 거야?
아니면 슬프다고 말해서 당신이 반대로 재밌다고 말하고 싶은 거야?
당신이 아무 때고 그런 얼토당토않은 말장난을 하는 거, 당신도 알고 있잖아!"

— 에드워드 올비의 《누가 버지니아 울프를 두려워하랴?》 중에서

# 경계인에게 휘둘리지 않는 SET-UP 대화법

BPD는 움직이는 만화경처럼 인간의 성격을 조각조각 나눠 재배열한다. 각각의 모습은 다르지만 모두가 동일 인물이다. 경계인은 카멜레온처럼 타인을 즐겁게 해줄 것이라고 생각하는 형태로 자신을 자유자재로 바꾼다.

그래서 경계인과 소통하는 일은 모두에게 힘든 일이다. 앞서 살펴본 것처럼 폭발하는 분노, 급격한 기분 변화, 의심, 충동적인 행동, 예측할 수 없는 감정폭발, 자기 파괴적인 행동, 불안정한 의사소통으로 주변을 괴롭히기 때문이다.

여기서는 경계인과 지속적이고 체계적으로 의사소통을 할 수 있는 방식을 소개하려고 한다. 바로 SET-UP 대화법이다. 이 대화법은 위기에 놓인 경계인을 위해 개발됐지만 정확하고 지속적인 의사소통이 필요한 이들에게도 유용하다.

다만, SET-UP 대화법은 공식적인 치료법은 아니다. 지속적인 행동 변화를 목적으로 하는 표준 치료 프로그램과 달리 SET-UP은 정황적인 급성 사건에 대응해 소통을 원활하게 하고 잠재적 충돌 시 상황 악화를 회피하는 데 도움을 준다. 그렇지만 비전문가가 이용하는 SET-UP의 목표는 임상의가 사용하는 공식적인 프로그램의 목적과 일치한다.

## '지지', '공감', '진실'의 3단계 대화법

상대방이 스스로 지원받거나 존중받지 못한다고 느끼거나 오해를 사고 있다고 생각하거나 실질적인 문제를 말하지 않으려고 한다면 적절한 SET 단계를 실행해 문제를 해결할 수 있다.

SET는 '지지Support', '공감Empathy', '진실Truth'의 영문 머리글자에서 따온 세 가지 의사소통 체계다(그림 2). 파괴적인 행동을 목격하거나 중요한 의사결정 과정을 비롯해 다른 위기 상황에 닥쳤을 때 경계인과의 소통은 이 세 요소를 전부 다 포함해야 한다. SET는 순식간에 건설적인 상호작용을 유지하는 주요 전략이다. UP는 '이해Understanding'와 '인내Perseverance'의 약자로 지속적인 관계 유지를 장려하는 중요한 태도와 모든 참여자가 장기적으로 달성하고 유지하려는 목표를 가리킨다.

이 대화법에서 S단계인 지지에서는 개인적인 '나'의 문제를 적용한다. 지지하는 말의 좋은 예는 다음과 같다.

"당신이 느끼는 기분에 대해 나는 정말로 걱정하고 있습니다."

말하는 사람 자신의 기분을 강조하는 것과 도움을 얻고자 하는 사람에게 개인적으로 약속하는 것이 필수다.

공감은 경계인의 혼란스러운 감정을 '당신'의 말로 인식하려는 시도다.

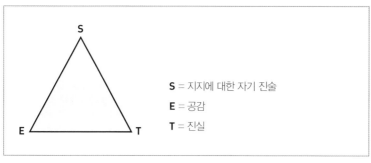

[그림 2]

S = 지지에 대한 자기 진술

E = 공감

T = 진실

"당신의 감정이 얼마나 엉망이었을지 이해합니다."

이때 공감은 분노를 도출할 수 있는 동정("당신이……해서 유감입니다")과 혼동하지 않는 것이 중요하다. 또한, 공감은 말하는 사람이 자신의 감정을 최소로 전달하면서 중립적으로 표현해야 한다. 여기서 중요한 것은 경계인의 고통스러운 경험이지 말하는 사람의 경험이 아니다. "당신이 얼마나 기분이 나쁠지 나도 알고 있다"는 식의 표현은 비웃는 대답을 유도해 아무것도 알아내지 못하고 갈등만 악화시킬 수 있다.

진실은 현실을 대변한다. 경계인이 궁극적으로 자신의 삶을 책임져야 하며 도우려는 다른 사람이 그 책임을 대신할 수 없다는 점을 강조한다.

지지와 공감이 환자의 기분을 확정 짓는 주관적인 말이라면 진실은 문제가 존재하며 실질적이고 객관적으로 이를 해결하기 위한 부분을 인식하는 행위를 의미한다. "그렇다면, 이 문제를 어떻게 할 것인가요?"가 진실 반응에서 꼭 필요한 한 가지다.

진실 표현의 또 다른 특성은 경계인의 행동에 대한 반응으로, 강제

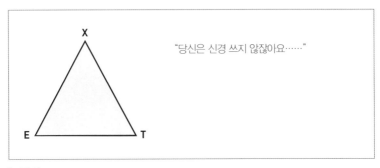

"당신은 신경 쓰지 않잖아요……"

[그림 3]

하는 화자의 감정을 사실에 기반을 둔 중립적인 방식으로 말해야 한다.

예를 들어, "상황은 이렇습니다", "이것이 결과입니다", "내가 할 수 있는 일은 이렇습니다", "당신은 어떻게 할 것인가요?"와 같이 표현해야 한다. 단, 책망하거나 가학적인 처벌을 피하는 방식으로 말해야 한다. "당신이 우리에게 이런 좋은 혼란을 가져다주었네요!", "당신이 무덤을 팠으니 직접 들어가야죠!"와 같은 표현은 안 된다.

SET 대화법에서 진실 부분은 경계인에게 가장 중요하면서도 가장 받아들이기 어려운 부분인데 환자의 세상 속에는 현실적인 결과가 배제되거나 거부되어 있기 때문이다.

경계인과의 의사소통은 이 세 가지 메시지를 모두 포함하는 형태로 시도되어야 한다. 그렇지만 세 가지 부분이 모두 언급되었더라도 경계인이 이 모두를 다 통합하지 못할 수도 있다. 한 부분이 분명하게 언급되지 않았거나 들리지 않았을 경우에는 예측 가능한 답변이 나온다.

예를 들어, 이 대화법의 지지 단계가 지나면(그림 3) 경계인은 특성상 다른 사람이 자신을 보호하지 않거나 개입시키고 싶지 않다고 원

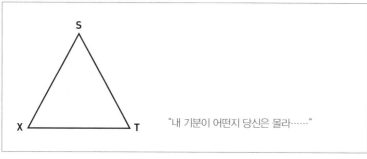

[그림 4]

망한다. 그런 다음 다른 사람은 신경 쓰지 않는 것을 내세워 더 큰 변화를 주장하거나 자신에게 해를 가해 달라고 요구하기도 한다. 그들의 핑계인 "당신이 내게 전혀 신경 쓰지 않잖아요!"는 일반적으로 지지 부분이 통합되지 않거나 소통되지 않았다는 점을 암시한다. 이때는 지지를 더욱 확고하게 반영하는 편이 좋다.

공감 부분과 소통하지 못하면(그림 4) 경계인은 자신이 겪은 일을 다른 사람이 이해하지 못한다고 느낀다("내 기분이 어떤지 당신은 몰라!"). 이럴 때 경계인은 자신이 오해했다고 말하며 의사소통을 거부하는 것이 타당하다고 주장할 것이다. 다른 사람은 고통에 감사하지 않으므로 경계인의 반응은 가치가 없을 수도 있다. 지지나 공감의 서곡은 그들에게 받아들여지지 않고 의사소통은 더 이상 진전되지 않는다. 그러므로 배려심이나 이해심이 없다고 비난받을 때는 보통 지지와 공감 발언 모두나 그중 하나를 강화해야 한다.

진실 요소가 분명하게 표현되지 않으면(그림 5) 더 위험한 상황이 발생한다. 경계인은 다른 사람의 묵인을 자신의 필요에 가장 편안한 방식

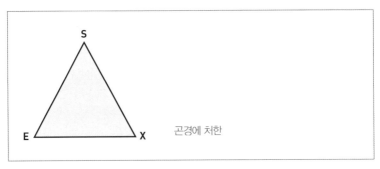

곤경에 처한

[그림 5]

으로 해석한다. 다른 사람이 정말로 자신에게 책임을 가지고 있다고 단언하거나 자신의 인식이 보편적으로 공유되고 지지받는다고 여긴다.

타인에 대한 경계인의 이 같은 오해는 결과적으로 그들의 비현실적인 기대의 무게를 지탱하지 못해 관계가 해체되는 것으로 막을 내린다. 진실을 솔직하게 말해주지 않으면 경계인은 계속해서 다른 사람에게 과도하게 엉겨 붙는다. 자신의 필요가 충족되면 경계인은 모든 것이 잘 되고 있다고 생각하거나 적어도 상황이 나아지고 있다고 느낀다. 하지만 비현실적인 기대가 좌절되면 그 관계는 분노와 실망의 맹렬한 대혼란 속으로 빠지고 만다.

SET라는 틀에 UP을 확장해 넣는 목적은 인간관계에는 이해와 인내가 필요하다는 사실을 끊임없이 상기시키는 것이다. 경계인 본인이 경계성 병리학과 증상을 이해하면 자신의 상태를 개선하려고 노력할 수 있다. 하지만 질병의 고통을 인정하는 것은 책임을 면제받으려는 것이 아니라 변화가 필요하다는 사실을 인지하는 것이다. 실망감을 느끼더라도 치료와 관계를 지속적으로 유지해야 상태가 나아진다. 정신건강 개선에 가장 크게 기여하는 요인 중 하나는 경계인 자신뿐만 아니라 의사, 가족, 친구, 연인 같은 주변 사람이 좌절감을 느끼더라도 포기하지 않는 것이다. 이들 모두가 구두 소통과 무언의 소통을 통해 그러한 감정을 유지하는 것이 유익하다.

# 경계인이 던지는 선택의 딜레마

경계인의 혼란은 종종 타인에게 모순적인 메시지로 전달된다. 대개 경계인은 말로 소통하는 것 같지만 실제로는 모순적인 행동과 메시지의 집합이다. 비록 이들이 자신의 딜레마에 대해 의식적으로 인식하지 못하고 행동하지만 이런 태도는 주변 사람들을 어떻게 해도 비난받을 수밖에 없는 절망적인 상황에 빠뜨린다.

## "나를 걱정한다면 죽게 내버려 둬"의 딜레마

글로리아는 남편 알렉스에게 자신이 쓸쓸하고 우울하다고 말했다. 그리고 자살할 계획이지만 자신을 절대 도와주어서는 안 된다고 못 박았다. 이 상황에서 알렉스는 두 가지 모순되는 메시지를 받았다.

1. 글로리아의 공공연한 메시지는 필연적으로 이렇게 말한다. "날 걱정한다면 내 소원을 들어주고 내 운명을 내가 만들 수 있는 자율성에 도전

하지 말아요. 그 선택이 심지어 죽음일지라도."

2. 이와 반대되는 메시지로 실질적으로 자신의 의도를 말한다. "날 걱정한
   다면 날 도와줘, 죽게 내버려 두지 마!"

알렉스가 글로리아의 말을 무시한다면 그녀는 그가 차갑고 무심하
다며 비난할 것이다. 또한, 그가 자살하면 안 되는 이유를 설명하려고
하면 그녀는 끝도 없이 반대 의견을 내며 그를 힘들게 하다가 결국은
자신의 고통을 진심으로 이해하지 않는다며 비난할 것이다. 알렉스가
경찰이나 의사를 부르면 그녀의 요구를 거절하는 것이 되어 '나를 믿
지 못하는 사람'이란 점을 입증하는 셈이다.

그렇다면 글로리아는 도대체 왜 이렇게 행동하는 것일까? 글로리아
가 자신의 삶을 책임질 만큼 강하지 못하기 때문에 알렉스로 하여금
이 짐을 짊어지게 만든 것이다. 그녀는 자신의 우울증을 인식하고 압
도당하고 무기력함을 느낀다. 알렉스를 이 드라마 속으로 끌어들이면
서 글로리아는 그를 자신의 각본에 따라 움직이는 꼭두각시로 만들려
고 한다. 그리고 알렉스가 자기 대신 불확실한 마무리를 해결해 주기
를 바란다. 그녀는 자살에 대한 자신의 양면적인 태도를 알렉스에게
떠넘겨 자신의 운명을 책임지게 했다.

게다가 글로리아는 선택이 지닌 부정적인 부분을 분리한 뒤 알렉스
에게로 투영해 자신은 모호함의 긍정적인 측면을 유지한다. 알렉스가
어떻게 반응하든 간에 그는 비난받을 것이다. 알렉스가 적극적으로 글
로리아의 고통에 반응하지 않는다면 그는 무심하고 무자비한 사람이
되고 그녀는 비극적으로 이해받지 못한 인물이 되는 것이다. 반대로

알렉스가 글로리아의 자살 시도를 멈추려고 하면 그는 지배적이고 둔 감한 사람이 되고 그녀는 자신을 존중하는 인물이 된다.

어느 쪽이든 글로리아는 자신을 무력하고 독선적인 순교자로 투영 해 완전한 잠재성을 박탈당한 희생자가 되는 것이다. 알렉스의 경우는 어떤 조치를 해도 큰일이고 안 해도 큰일이다.

## 지지하고 공감하되 진실을 말하라

알렉스가 딜레마에서 벗어나면서도 글로리아를 도우려면 어떻게 해야 할까? 이때 SET-UP 대화법이 도움이 된다.

알렉스의 반응은 SET 삼각형 속 세 가지 모든 요건을 다 충족해야 한다. 우선 알렉스는 지지의 표현을 해야 한다. 글로리아에 대한 자신의 헌신과 그녀를 돕겠다는 의지를 확실히 선언해야 한다.

"나는 당신이 힘들어하는 게 정말 걱정돼. 당신을 돕고 싶어. 왜냐하면 당신을 사랑하니까."

두 사람이 글로리아의 극심한 고통을 더해줄 특정한 문제 영역을 식별할 수 있다면 알렉스는 해결책을 제시하고 돕겠다는 자신의 의지를 명확히 할 수 있다.

"이 문제는 당신이 상사와 겪었던 일과 관계가 있는 것 같아. 대안을 같이 찾아보자. 다른 부서로 가게 해달라고 요청해도 되고, 아니면 그 일이 당신에게 이처럼 심한 고통을 준다면 차라리 그만두고 다른 직업을 찾아본다고 해도 나는 괜찮아."

공감의 경우 글로리아가 현재 겪고 있는 고통과 그녀가 삶을 끝내려고 하는 상황이 얼마나 심각한지 그가 이해하고 있다는 점을 그녀에게 확실하게 전달할 수 있어야 한다.

"지난 몇 달 동안 당신이 겪었던 압박감은 참기 힘든 것이 틀림없어. 이 모든 고통이 당신을 극단적으로 몰아세웠고 더는 갈 수 없는 곳까지 이르게 만든 거야."

마지막으로 진실이다. 이때 가장 중요한 부분은 글로리아의 옹호할 수 없는 '해도 큰일이고 안 해도 큰일'인 딜레마를 식별하고 이를 그녀에게 객관적이고 중립적으로 전달하는 것이다.

"당신 기분이 얼마나 안 좋은지 그리고 얼마나 죽고 싶은 심정인지 알겠어. 당신을 걱정한다면 그냥 내버려 두라는 당신의 말도 무슨 뜻인지 알아. 그렇지만 내가 당신을 걱정한다면 어떻게 가만히 앉아서 죽으려고 하는 것을 보고만 있겠어? 당신은 죽고 싶어서 자살 계획을 내게 알려주면서 날 놀라게 했지만, 적어도 마음 한구석에는 죽고 싶지 않은 생각이 있을 거야. 그리고 나는 그런 당신을 가만히 지켜볼 수가 없어. 그러니 나랑 같이 병원에 가서 우리가 이 문제를 해결할 수 있게 도와달라고 하자."

### 진실을 외면하지 말아야 하는 이유

알렉스는 상황의 즉시성에 따라 글로리아에게 얼른 정신적으로 평가를 받자고 주장하거나 그녀가 임박한 위험에 처해 있을 경우 그녀를 응급실로 데려가거나 경찰이나 119에 도움을 구해야 한다.

그렇게 되면 글로리아의 분노는 악화하고 그녀는 알렉스가 강제로 병원에 데려간 것을 원망할 것이다. 하지만 진실 진술에는 글로리아에게 알렉스의 행동 때문이 아니라 자살하겠다고 위협한 자신의 행동으로 인해 그곳에 있게 되었다고 알려주어야 한다. 경계인에게 보이는 반응에는 모든 일이 그가 자초한 것이므로 남을 탓하기보다는 자신이 책임을 져야 한다는 점을 알려주어야 할 필요가 있다.

즉각적인 분노가 지나간 뒤 이어지는 진실 진술에서는 글로리아가 스트레스를 다루는 비생산적인 방법을 언급하고 자신의 생을 더 효과적인 방식으로 다루는 법을 배워야 한다는 점도 말해야 한다.

또한, 진실은 글로리아와 알렉스의 행동이 서로와 그들의 결혼 생활에 어떤 영향을 미쳤는지도 포함해야 한다. 시간이 흐르고 그들이 스스로 혹은 치료를 통해 서로에게 반응하는 시스템을 만들게 되면 두 사람의 필요를 모두 충족시킬 수 있게 될 것이다.

이런 딜레마는 주로 자기 파괴적인 행동을 보이는 경계인을 둔 가족들에게서 보편적으로 발생한다. 범죄나 자살, 알코올중독, 거식증에 걸린 청소년은 가족에게 이와 비슷한 절망적인 상황을 안겨준다. 그들은 도움을 완강히 거부하면서 자기 파괴적인 방식으로 행동한다. 일반적으로 위기를 촉발하는 직접적인 대면이 도움의 유일한 방법으로 알려져 있다. 알코올중독자 모임과 같은 일부 집단에서는 가족, 친구, 동료가 종종 상담사와 함께 중독 행동을 보이는 환자에게 치료를 요구하는 표준화된 대응 상황을 추천한다.

거친 사랑을 보여주는 사람들은 진정한 보살핌이란 개인이 자신의 행동에 따른 결과에 직면하는 것이지 결과로부터 보호해 주는 것이 아니라고 믿는다. 예를 들어, 거친 사랑을 보여주는 부모는 약물중독인 10대 자녀를 병원에 입원시키거나 집에 가둬야 한다고 주장한다.

이런 접근법은 SET-UP 삼각형 속 진실 요인을 강조한 것이지만 지지와 공감 요소를 무시한 것이다. 따라서 이런 방식은 경계인에게는 부분적으로 변화를 가져올 수도 있겠지만, 그 이면에는 지지와 공감이 가져다주는 신뢰와 양육이 부족함을 알아야 한다. 대부분의 경우 이런 접근은 그 효과가 오래가지 못한다.

# 나의 불완전함을 인정하기

경계인은 전형적으로 우울, 불안, 좌절, 분노와 이러한 감정의 더 깊은 층에 반응한다. 경계인은 완벽주의와 흑백논리적 성향으로 인해 자신의 감정을 이해하거나 다스리기보다는 불쾌하게 여기고 없애버리려 한다. 만일 이런 불쾌한 기분을 없애지 못하면 좌절하거나 죄책감을 느낀다. 기분이 좋지 않은 것은 받아들일 수 없는 일이므로 기분이 더 안 좋아지게 된다. 이처럼 기분이 더욱 나빠지면 끝도 없이 아래로 추락하는 기분에 사로잡힌다. 악순환인 것이다.

만약 경계인이 이러한 나쁜 감정의 악순환에 빠져 있다면 원래의 감정을 직시하고 그것을 자신의 일부로 받아들이도록 도와야 한다. 이들은 자신을 질책하거나 죄책감을 느끼거나 부정하지 않고도 '나쁜' 감정을 받아들이는 법을 배워야 한다.

53세의 은행원인 닐은 생의 절반 이상을 우울증에 시달리고 있다. 닐은 어릴 때 부모님이 돌아가시고 나이 차이가 많이 나는 누나의 손에서 자랐다. 닐의 누나는 독실한 기독교 신자로 닐에게 매일 교회 예배에 참석하라고 강요하며 종종 그를 죄가 많은 범죄자라고 비난했다.

냉정하고 비판적인 누나 밑에서 자란 닐은 결혼을 해서도 아내에게 휘둘리는 소극적인 남자가 되었다. 그는 다른 사람에게 화를 내는 일은 용납되지 않으며 화나는 감정도 부인해야 한다고 믿으면서 자랐다. 닐은 성실한 성품으로 직장에서는 존경받았지만, 아내에게는 거의 애정을 받지 못했다. 아내는 닐과의 성관계를 거부했는데 이 일로 그는 좌절하고 의기소침해졌다. 닐은 처음에는 아내의 거절에 화를 냈지만 곧 죄책감을 느끼고 화를 낸 자신에게 화가 났다. 그 뒤로 닐은 우울증에 빠졌는데 이 과정은 그의 인생의 다른 부분에도 스며들었다. 부정적인 감정을 느낄 때마다 닐은 그런 감정을 없애기 위해 자신을 억눌렀다. 그러다 내면의 감정을 제어할 수 없게 된 뒤로는 자신에게 크게 실망하고 좌절했다. 그 사이에 닐의 우울증은 더 악화됐다.

닐의 친구들은 닐을 편안하게 해주려고 노력했다. 닐에게 자신들이 늘 뒤에 있으며 이야기를 나누고 싶을 때면 언제든 그래도 좋다고 격려했다. 직장에서 겪는 불편함과 아내와의 문제에도 공감했다. 그들은 닐에게 "너는 네가 기분 나쁜 것이 기분 나쁜 거야"라고 조언했다. 닐은 친구들의 조언대로 털고 일어나야 했지만 실제로는 도움이 되지 않았다. 오히려 닐은 친구들이 자신을 밑바닥까지 떨어뜨렸다는 생각에 기분이 더 나빠졌다. 그는 부정적인 감정을 억누르려고 할수록 자신의 삶이 더욱 실패한 것 같아서 우울해졌다.

## 감정을 그대로 받아들이기

닐이 이런 감정의 악순환에 맞서는 데 도움이 되는 것이 바로 SET-UP 대화법이다. 닐은 친구들에게 상당한 지지와 공감을 받았지만 그들의 진심 어린 메시지가 도움이 되지 않았다.

이럴 때는 우선 불편한 감정을 없애려고 하기보다 실질적이고 적합한 현재의 감정을 비판적이지 않은 맥락에서 알려줄 필요가 있다. '문제는 곧 나'라는 불쾌함에 빠져 자기 비난을 강화하는 대신 비난에 맞서고 변화할 수 있도록 도와주어야 한다.

우선 진실 단계에서는 닐의 소극적인 행동과 그의 삶에 등장하는 타인이나 아내의 행동에 대한 원인을 자신에게 돌리지 않아야 한다. 다시 말해 닐이 어느 정도는 자신을 다른 사람에게 학대받는 위치에 놓았다는 점을 인식할 수 있어야 한다. 물론 닐이 앞으로 이런 상황에 대한 변화를 꾀하려 노력할 수도 있지만 지금은 현재의 상황을 다룰 수 있어야 하는 것이다. 이는 닐의 분노를 파악하고 그가 화를 낼 만한 합당한 이유가 있으며 다른 대안 없이 화를 받아들여야 하고 적어도 당장은 사라지게 할 수 없다는 점을 인식하는 것이다.

비록 닐이 스스로 받아들일 수 없는 감정의 존재를 깨닫고 후회할 수도 있지만 그것을 바꿀 힘은 없다. 이런 불편한 감정을 받아들이는 것은 불완전한 인간으로서 자신을 받아들이고 통제 불가능한 요인들을 자신이 제어할 수 있다는 착각에서 벗어나는 것을 의미한다. 닐이 자신의 분노와 슬픔, 불쾌한 감정을 있는 그대로 받아들일 수 있다면 기분이 좋지 않은 상태에서 벗어날 수 있다. 그리고 인생의 다른 측면을 바꾸는 변화로 넘어갈 수 있다.

닐이 손에 쥔 성공은 대부분 열심히 노력해서 얻은 결과물이다. 열심히 공부하면 좋은 성적을 받는다. 열심히 연습하면 좋은 성과를 낸다. 하지만 인생에서 이 같은 상황은 때로 반대의 결과를 가져오기도 한다. 이를 갈며 주먹을 꽉 쥐고 잠을 자려 노력할수록 밤새 정신이 말똥말똥하게 깨어 있을 확률이 높다. 이는 편안해지려고 노력할수록 더욱 긴장되는 것과 같다.

악순환의 고리에 빠져 희망을 거의 포기했을 때 오히려 틀을 깨고 나올 수 있다. 다시 말해 포기해 버릴 때 집착과 자기 요구가 덜해지고 자신을 받아들이는 법을 배울 수 있다.

# 남 탓만 하는 사람을 대하는 법

경계인은 종종 자신을 희생자로 만든다. 앞에서 소개한 닐의 경우를 보면, 그는 자신을 다른 사람의 행동에 속수무책인 사람으로 고정시켰다.

경계인의 행동은 도발적이고 위험하지만 어떤 면에서는 학대를 초래할 수 있다. 자신을 학대하는 남자를 끊임없이 선택하는 여성은 자신이 같은 행동을 반복하고 있다는 것을 인식하지 못한다. 이러한 경계인의 분열된 관점에는 특별하고 자격을 갖춘 부분과 마조히즘적으로 학대를 받아도 당연하다고 생각하는 부분이 공존하는데, 본인은 한쪽을 인식하지 못하는 것이다. 사실 이런 자발적 희생 유형은 종종 경계성 성격장애 여부를 판단하는 데 분명한 기준이 된다.

비록 희생자가 되는 것은 매우 불쾌하지만, 한편으로는 매력적이기도 하다. 불공평한 세상이라는 요동치는 바다에서 흔들리고 있는 무력한 방랑자는 아주 매력적으로 다가온다. 아무것도 할 수 없는 방랑자와 다른 사람을 구조하고 보살펴 주고 싶어 하는 사람 사이의 조합은 두 당사자 모두의 필요를 충족시킨다.

경계인은 완전하고 전적인 보호를 약속하는 '친절한 이방인'을 찾는다. 반면, 파트너는 '이 모든 것에서 벗어나게 해줄' 누군가가 되어 강하고, 보호하고, 중요하고, 필요를 느끼고 싶어 하는 자신의 욕망을 충족시킨다.

이런 상황에서 영웅과 무력한 방랑자는 상호보완적인 관계에 있다. 영웅은 보살펴 줘야 하는 사람을 보호해 주면서 자신이 강해진다고 느끼고, 목적의식을 갖는다. 억압당한 경계인 여성은 마음이 더욱 안정되고, 책임을 회피할 수 있다. 이 두 사람은 그러한 자신의 역할에 집착한다. 경계인 여성이 점점 독립적으로 변하면 영웅은 위협을 느낀다. 또한, 영웅이 약한 모습을 드러내면 경계인 여성은 두려움에 휩싸이게 된다.

## 모든 것을 세상 탓으로 돌리는 사람

가난한 흑인 가정에서 태어난 아네트는 아버지가 가정을 버리고 떠나버려서 아주 어린 나이에 아버지를 잃었다. 그리고 다른 남성들이 가정에서 '아버지'라는 자리를 메워주었다. 마침내 어머니가 재혼을 했지만 그녀의 계부 역시 알코올중독에 빠져 흥청거렸다. 아네트가 여덟 살이 되던 해 계부는 그녀와 여동생에게 성적 학대를 일삼기 시작했다. 아네트는 재정적으로 안정을 얻게 된 것을 기뻐하는 어머니에게 차마 말을 할 수 없었다. 그래서 오로지 '어머니의 안녕을 위해' 계속 학대를 견뎌야 했다.

아네트는 열일곱 살이 되던 해, 남자 친구의 아이를 임신했고 그와 결혼했다. 그녀는 고등학교를 가까스로 졸업했고 성적이 뛰어났지만, 인생의 다른 부분은 혼란의 연속이었다. 남편은 술을 마시고 외도를 일삼았으며 그녀를 구타하기도 했다. 아네트는 '아이들의 안녕'을 위해 또 참고 견뎌냈다.

6년 뒤 세 자녀를 남기고 남편은 아네트의 곁을 떠났다. 그가 떠나자 즉시 불안한 안도감이 밀려들었다. 힘든 생활은 마침내 끝났지만 다음에 올 일이 불길하게 걱정되었다.

아네트와 아이들은 상황을 개선하기 위해 노력했지만 그녀의 미래에 대한 불안함은 여전했다. 그러다 그녀는 자신보다 대략 스물다섯 살이 많은(그가 정확한 나이를 밝히길 거부했다) 존을 만났고 그는 그녀를 보살펴 주고자 하는 마음이 있는 듯 보였다. 그는 아네트가 한 번도 가져보지 못했던 훌륭한 아버지가 되어 주었다. 그는 아네트를 격려하고 지켜 주었으며, 옷을 입는 법과 말하는 법도 알려주었다. 그 결과, 아네트는 한층 자신감을 가지게 되었고, 직업적으로도 자신이 원하던 훌륭한 일을 가질 수 있게 되었다. 아네트는 비로소 인생을 즐기기 시작했다. 몇 달 뒤 존이 집으로 들어왔다. 하지만 그는 주말에만 그녀의 집에서 지냈고 주중에는 사무실에서 잠을 잤다. 일 때문에 사무실에서 자는 것이 더 편하다는 이유에서였다. 아네트는 존이 결혼했다는 것을 느끼고 있었지만 존이 떠나버릴까봐 한 번도 묻지 않았다.

그렇게 평화로운 시간이 지나는가 싶었지만, 얼마 지나지 않아 존의 보살핌이 줄어들었다. 그렇게 떨어져 지내는 날이 길어지고 마침내 존과 이별을 하게 되었지만 아네트는 분노를 꾹 참았다. 그런데 이 분노가 종종 직장에서 폭발하면서 아네트는 여러 번 승진 기회를 놓쳤다.

상사는 그녀가 다른 사람들에 비해 학벌이 좋지 않고 동료들과 불화를 일으켜서 그렇다고 설명했지만 아네트는 받아들이지 못했다. 몹시 격분한 아네트는 인종 차별로 인해 승진에서 누락됐다고 불만을 품기 시작했다. 그녀의 불만은 점점 커져만 갔고 그로 인해 심한 우울증을 앓게 되었다. 결국 아네트는 정신과를 찾았다.

병원에서도 아네트는 인종차별에 민감하게 반응했다. 그녀가 보기에 대부분의 의사는 백인이고 다른 환자와 간호사들도 마찬가지였다. 병원은 흰색으로 꾸며졌고 음식마저 '흰 음식'이 대부분이었다. 몇 년 동안 아네트의 내면에 쌓인 분노가 이제 사회 전반의 인종차별을 향하고 있었다. 그녀는 이 세계적인 문제에만 몰두하면서 개인적인 악마를 바라보길 피했다.

아네트에게 가장 힘든 대상은 병원의 음악 치료사인 해리였다. 아네트는 해리(역시 백인)가 백인 음악만 연주한다고 불평했다. 또한, 그의 모습과 전반적인 처신에서 '백인화'가 묻어난다고 주장했다. 그녀는 자신의 모든 분노를 이 치료사에게 쏟아부었다.

## 영원한 희생자의 늪

해리는 아네트의 분노에 겁을 먹었지만 그녀를 포기하지 않았다. 그는 아네트에게 학교에서 유일한 유대인으로서 겪은 자신의 경험담을 들려줬다. 또한, 차별받는 것이 얼마나 큰 좌절감을 느끼게 하는지 알고 있다며 자신의 공감을 표현했다. 그런 다음 해리는 아네트의 삶에서 문제가 되는 실체와 대면하고 변화하려고 노력하지 않으면 인종차별에 대한 분노는 아무 소용이 없다고 지적했다. 해리는 피해자로 남으려고 하는 아네트의 태도가 그녀의 인생에서 일어난 어떤 일도 책임지지 않도록 만들었다고 설명했다.

아네트는 다른 사람에게 계속 이용당하는 자신의 역할에 용감하게 맞서기보다는 운명을 욕하는 편이 더 타당하다고 느꼈다. 정당한 분노라는 베일로 자신을 감싸고 변화를 불러올지 모르는 두려운 자아 성찰을 피해 무력한 상태로 영원히 남아 있었던 것이다.

이것이 그녀에게 자신의 안녕을 위해 변화할 수 없도록 했다. 다음음악 치료 수업에서 아네트는 치료실을 뛰쳐나가지 않았다. 그 대신그녀는 해리와 다른 환자들을 마주했다. 그러고는 다른 노래를 듣는게 어떻겠냐고 제안했다. 그 뒤로 이어진 회의에서 모두가 아네트가고른 노래를 연주하는 데 동의했다. 그것은 시민권을 지키기 위한 곡이었다.

SET-UP 대화법은 피해자의 역할 놀이에 갇혀 있는 사람들에게 희생자가 되는 것의 장점(보살핌을 받고, 나쁜 결과에 대한 비난을 받지 않고 책임을 피할 수 있음)과 단점(자율성 퇴보, 비굴한 의존성 유지, 인생의 딜레마에 빠져 연약하고 움직이지 못하는 상태를 유지함)을 알려줘 이들을 자유롭게 해줄 수 있다.

그러나 '희생자'는 SET-UP 대화법의 세 가지 단계를 모두 들어야한다. 그러지 않으면 메시지가 지닌 효과를 잃어버린다. "진실이 당신을 자유롭게 하리라"고 언급한 다음 지지와 공감이 뒤따라야 효과가있다.

## 상처받지 않는 관계란 없다

경계인이 극적으로 행동하는 것은 대부분은 자신을 끊임없이 괴롭히는 공허함을 채우기 위한 끝없는 욕망과 관련이 있다. 연인관계와 마약은 경계인들이 외로움과 싸우고 살아 있다는 느낌을 얻기 위해 활용하는 메커니즘이다.

"그냥 너무 많이 사랑해서 그래요!"

리치는 여자 친구와의 문제를 이렇게 설명했다. 그는 30세의 이혼남으로 여성들과 재앙에 가까운 정사를 벌이고 있다. 게다가 상대 여성에게 과도하게 집착하며 관심을 보이고 선물 공세를 펼친다. 리치는 그녀들을 통해 자신이 살아 있으며 완전하고 만족스러움을 느낀다. 하지만 그는 상대 여성들에게 항상 완벽한 복종을 강요한다. 이러한 방식으로 리치는 상대뿐 아니라 자신의 존재 역시 완전히 통제할 수 있다고 믿고 있었다.

그런데 만약 상대 여성이 리치의 성향과 맞지 않게 독립적으로 행동하면 그는 완전히 이성을 잃어버린다. 그리고 자신의 의도대로 움직이게 하기 위해서 상대를 회유하거나 화를 내고, 그래도 안 되면 위협도 서슴지 않았다. 그는 자신의 존재감 또는 고유성을 회복하려고 술로 눈길을 돌리기도 했다. 때론 싸움을 벌이기도 하고 자신의 감각이나 감정과 멀어질까 봐 두려울 때는 자해를 하기도 했다.

하지만 분노나 고통이 더 이상 변화를 가져다주지 못하면 리치는 자신을 '오해'해 줄 또 다른 여성을 찾아 '착한 여성의 사랑'을 갈구했다. 그러고는 다시 모든 과정을 새롭게 되풀이하는 것이다.

리치는 자신의 딜레마를 직시하는 통찰력이 부족하다. 그래서 모든 문제는 '나쁜 여자의 잘못'이라고 주장했다. 그는 지금까지 만난 여자들이 자신을 신경 쓰지도 이해해 주지도 않았다고 했다.

하지만 실상은 그녀들의 지지나 공감이 그에게 전혀 와 닿지 않았던 것이다. 왜 그녀들의 마음이 전달되지 못한 것일까? 거기엔 진실 진술이 빠져 있었기 때문이다.

SET-UP 대화법으로 리치와 같은 이들과 소통하는 방법을 살펴보자.

우선 이런 상황에서 지지 진술에는 상대를 염려하고 있다는 내용을 담아야 한다. 공감 진술에는 "너무 많이 사랑해서"라고 말하는 리치의 감정을 고스란히 받아들이고 그의 공허함을 이해하고 도울 수 있다는 메시지를 담아야 한다.

진실 진술의 경우 리치의 잘못된 연애 방식이 끝없이 반복되고 있다는 점을 지적해서 그에게 알려줘야 한다. 또한, 리치가 술이나 자해에 의존하는 것처럼 사물이나 책략으로써 여성을 이용하고 있다는 점도 반드시 언급해야 한다.

리치가 내면의 공허함을 이렇듯 계속 외부에서 채우려고 하는 한 그는 영원히 좌절하고 실망한 상태로 남을 수밖에 없다. 왜냐하면, 그가 아무리 노력해도 다른 사람을 완전히 통제하는 것은 현실적으로 불가능하기 때문이다.

예를 들어 새로운 여자 친구를 통제하려고 아무리 열심히 노력하더라도 그녀는 리치의 통제가 미치지 않는 외부 범주에서는 독립적으로 행동할 것이다. 리치의 경제 사정이 나빠지는 바람에 그의 우월적 위치가 사라져 버릴 수도 있다.

리치가 자신의 내면으로 눈을 돌리게 된다면 이야기는 달라진다. 누구나 정도의 차이는 있지만 자신의 창의적인 힘과 지적인 호기심을 제어할 수 있다. 독서, 취미, 예술, 스포츠, 운동과 같은 독립적이고 개인적인 흥미는 안정적이고 영구적인 만족의 원천이 돼 쉽게 없어지지 않는다.

# 끝없이 나를 시험하려 들 때

경계인에게는 꾸준하지 못하고 믿을 수 없는 세상에 맞추는 일이 가장 어렵다. 그들의 세상에는 유형과 예측 가능성이 결여되어 있다. 친구, 직장, 기술은 결코 의존할 수 없는 것이다. 그래서 경계인들은 인생의 여러 측면을 계속해서 시험하고 또 시험해야 마음이 놓인다. 또한 이들은 안정적인 상황이 어떻게 뒤바뀔지 모르며 믿을 만한 사람이 언제 자신을 배신할지 모른다는 두려움을 항상 느낀다. 영웅이 악당이 되고 완벽한 직장이 실존의 골칫거리가 되는 것이다.

경계인은 개인적 혹은 상황적 객관성이 지속된다는 인식을 하지 못한다. 그렇다고 현재의 영광을 즐길 수 있는 것도 아니다. 매일 세상이 믿을 수 있는 곳이라고 자신에게 입증하기 위해 새롭고 절박하게 시도하고 또 시도한다. 태양이 수천 년 동안 동쪽에서 떴다고 해서 오늘도 그럴 것이란 법은 없다. 그는 그것을 날마다 확인해야 한다.

팻은 매력적인 스물아홉 살 여성으로 두 번째 남편과 이혼 소송 중이다. 그녀는 남편이 자신을 학대했다고 주장했다. 팻의 변호사인 제이크는 그녀를 보호가 필요한 불쌍한 피해자라고 생각했다. 그래서 그녀가 괜찮은지 자주 전화하고 확인하곤 했다. 두 사람은 점심을 함께하기 시작했고 소송이 본격적으로 진행되면서 연인이 됐다.

제이크는 아내와 두 아들을 버리고 집을 나왔다. 팻은 제이크가 아직 이혼하지 않았지만 그와 동거를 시작했다. 처음에 팻은 제이크의 지적인 모습과 전문성에 매료됐다. 자신이 연약한 처지라고 느껴질 때면 유독 제이크가 '크고 강해' 보였다. 제이크의 보호를 받는 동안 팻은 유순하게 행동했다.

그런데 제이크에게 의지하기 시작하면서 팻은 적대적으로 변했다. 팻은 제이크가 또 다른 이혼 소송에 관여한다는 사실을 알고 그가 의뢰인과 또다시 부적절한 관계를 가지지 않을까, 하는 의심을 하게 되었다. 그리고 그 의심은 급기야 분노로 돌변했다. 제이크가 가끔 아이들을 보러 가는 것도 반대했는데 자신이 아닌 아이들을 선택했다며 원망하기도 했다. 팻은 제이크를 상대로 잔인한 말싸움을 주도한 뒤 집을 뛰쳐나가 '플라토닉 친구'인 남성과 종종 밤을 보냈다.

팻은 대상항상성이 부족했다. 그녀는 다른 사람과의 만남에서 한 번도 안전하다는 느낌을 받지 못했으므로 우정과 사랑의 관계를 지속적으로 시험했다. 팻의 확인하고 싶은 욕구는 만족할 줄을 몰랐다. 그녀는 수없이 많은 다른 관계를 겪으며 처음에는 보호를 갈구하다가 다시 분노에 차 요구를 하면서 그들을 시험했다. 모든 관계는 결국 그녀가 그렇게 두려워하던 '버림받음'으로 끝났는데 그러면 다음 상대를 찾아 이 과정을 반복했다.

처음에 팻이 제이크를 지적이고 확신을 주는 사람이라고 인식했을 때 그녀는 두 사람의 관계를 '이상화'시켰다. 하지만 그에게 다른 삶의 영역이 있다는 징조가 보이자 그녀는 분노와 함께 이상화했던 제이크와의 관계를 깎아내렸다. 제이크가 사무실에 있을 때 그녀는 계속해서 전화를 걸어 "당신을 잊어가고 있다"고 말하기도 했다. 그녀는 친구들에게 제이크를 완전히 다른 두 사람처럼 묘사하곤 했다. 이는 팻 자신에게도 마찬가지였다.

## 대상항상성이 없는 사람의 특징

대상항상성에 대한 SET적인 접근에는 경계인의 딜레마에 대한 인식이 필요하다. 지지 진술에는 반드시 보살핌이 지속적이고 무조건적이라는 내용이 들어가야 한다. 불행하게도 경계인은 자신이 끊임없이 승인을 얻지 않아도 된다는 점을 깨닫지 못한다. 그래서 어느 순간 자신이 잘못하면 지지가 사라질 것이라는 두려움에 사로잡혀 있다. 따라서 확신을 주려는 시도는 절대 끝나지 않고 절대 충족될 수 없다.

공감 진술에서는 지속적으로 보살펴 주려는 제이크의 시도를 팻이 아직 믿지 못한다는 것을 이해하고 있다는 점을 분명하게 알려야 한다. 제이크는 팻이 경험한 무서운 불안에 대해 인식하고 혼자 있는 것이 얼마나 두려운 일인지 알고 있다는 점을 말해야 한다.

진실 진술에서는 두 사람이 떨어져 있는 상태를 아우르는 시도가 포함돼야 한다. 제이크는 팻이 그를 힘들게 해도 언제나 그녀를 걱정하고 있다는 점을 설명해야 한다. 또한, 자신은 그녀에게 부당한 대우를 받고 싶지 않다는 의도를 분명히 밝혀야 한다. 팻의 요구에 굴복하면 결국 이런 요구를 더 많이 들어줘야 할 뿐이다. 팻을 기쁘게 하고 만족시키는 일은 불가능한 과제로, 절대 끝나지 않을 것이다. 새로운 불안이 항상 생겨나기 때문이다. 그들의 관계가 계속 이어진다면 진실부분은 아마도 두 사람 모두에게 지속적인 치료를 요구할지도 모른다.

경계인의 분노는 예상할 수조차 없고 너무나 강렬해 때론 무섭게 느껴질 정도다. 이들은 상대적으로 별로 중요하지 않은 사건에도 경고 없이 폭발하고 만다. 또한, 기존에 가치가 있다고 생각한 사람들을 한순간에 평가절하하기도 한다. 이 같은 분노는 종종 격렬한 폭력을 동반한다. 이 모든 특징이 경계인의 분노가 일반적인 분노와 전혀 다르게 만드는 것이다.

팻은 고분고분하고 의존적인 여성에서 순식간에 요구사항이 많고 고래고래 소리치는 히스테릭한 사람으로 변신한다. 가끔 그녀는 제이크에게 식사를 하자고 조용히 제안한다. 그러나 제이크가 사무실에 가봐야 한다고 거절하면 갑자기 그를 노려보면서 자신의 요구를 무시한다고 원망하며 소리를 지른다.

이럴 때 팻은 제이크의 기분은 아랑곳하지 않고 그의 남성성을 공격할 뿐 아니라 남편과 아버지로서 실패한 일, 이혼 변호사라는 부도덕성까지 온갖 약점을 무자비하게 지적한다. 때론 자신과의 관계를 미국 변호사협회에 보고하겠다고 위협하기도 했다. 제이크가 팻을 진정시키려고 조용히 자리를 뜨면 그녀는 더욱 화를 냈다. 하지만 그가 돌아왔을 때 팻은 마치 아무 일도 없었던 것처럼 행동했다.

## '희생자' 논리에 말려들지 말라

SET-UP 대화법에서 가장 먼저 생각해야 하는 부분은 안전 문제이다. 또한, 경계인의 변덕성은 반드시 고려해야 한다. 앞의 시나리오에 따르면 제이크의 지지와 공감 진술이 제일 먼저 나와야 하지만 팻이 그것을 진정성이 없다고 거부할지도 모른다. 이런 경우 제이크는 자신이 그녀를 걱정하고 있으며 무엇 때문에 화가 났는지 이해하고 있다고 말을 이어가도록 해야 한다. 그리고 곧장 진실 진술로 넘어가서 두 사람 중 어느 쪽도 서로에게 물리적으로 해를 가하지 않을 것이라고 말한다. 그리고 그녀에게 물리적 거리를 유지하기 위해 물러서라고 단호하게 말해야 한다.

그는 팻과 침착하게 소통하고 싶다는 자신의 바람을 알려야 한다. 그녀가 이를 용납하지 않더라도 상황이 진정될 때까지 자리를 뜨는 자신의 의도를 말하고 다시 논의를 재개할 수 있어야 한다. 팻의 도발에도 불구하고 제이크는 반드시 물리적인 충돌을 피해야 한다. 비록 팻이 무의식적으로 제이크에게 물리적으로 진압되기를 원한다고 할지라도 이런 요구는 과거의 건강하지 못한 경험에서 비롯된 것이므로 나중에 제이크를 비난하는 용도로 활용될 뿐이다.

화를 내면서 대면하는 상태에서 진실을 전달하면 특정한 충돌이 아닌 내재된 역동성을 곧장 공략할 수 있어서 훨씬 유용하다. 팻과 점심 먹는 일이 사무실에 들어가는 것보다 더 중요한지를 두고 벌이는 논쟁은 비생산적이다. 그렇지만 제이크는 싸우고자 하는 팻의 분명한 필요와 그녀가 압도당하고 상처 입길 바라는 소망에 대해 언급해야 한다. 또한, 팻의 행동이 거절당하려는 필요에 따른 것이라는 점도 파악해야 한다. 그녀는 거절당하는 게 두려워서 "서둘러 어서 끝내버리자"라고 말하는 것일 수 있다. 진실 진술에서는 이런 행동이 제이크를 떠나버리게 한다는 점을 알려야 한다. 또한 그것이 정말로 팻이 원하는 것인지도 물어봐야 한다.

## 때론 단호하게 선을 그어라

모든 진실 메시지는 반드시 사실만 담겨 있어야 한다. 경계인은 이미 불확실한 세상 속에서 살고 있으므로 부적절한 행동을 계속하게 만드는 소극적인 허락보다 강제하지 않은 행동의 결과가 미치는 위협이 더 큰 문제다.

예를 들어 1987년 글렌 클로즈가 출연한 영화 〈위험한 정사〉에서 여자 주인공인 알렉스 포레스트는 경계인의 교과서적 여러 특성을 극단적으로 보여줬다.

알렉스는 평범한 기혼 남성 댄 갤러거와 하룻밤 불륜에 빠졌다. 그러나 댄이 아내 곁을 떠나지 않을 게 분명한데도 그녀는 그를 포기하지 않았다. 영화의 말미에 댄과 그의 가족 그리고 알렉스는 거의 파국을 맞았다. 알렉스는 집요하게 댄을 조종하려 했다. 댄은 그녀와의 관계가 하룻밤의 정사일 뿐이므로 확실하게 정리할 수 있다고 믿었다. 그러나 댄은 경계인에게는 강렬한 관계가 끝난 뒤에 친구로 남는 것이 불가능하다는 점을 알지 못했다 이도 저도 아닌 관계가 경계인에게는 참을 수 없는 것이라는 점도 말이다.

경계인은 애매모호한 관계를 견디지 못하기 때문에 분명한 의도로 예측 가능한 행동을 보여야 한다. 부모가 청소년 자녀에게 특정한 행동에 대한 특권을 폐지하겠다고 위협한 다음 이를 그대로 이행하지 않으면 오히려 문제가 더 악화된다는 점을 기억하자. 경계인은 종종 위협과 극적인 행동이 자신이 추구하는 것을 얻는 유일한 방법이라는 점을 상황 속에서 보여준다. 경계인은 거절 역시 이런 식으로 받아들인다. 자신이 매력 있고 똑똑하고 부자이거나 자신의 요구를 충분히 표현했다면 궁극적으로 원하는 것을 얻었을 거라고 자책한다. 그들의 분노한 행동에 보상을 할수록 그들은 이런 시도를 더 많이 할 것이다.

# 은둔형 외톨이를 대하는 법

홉킨스 부부는 스물아홉 살 아들 케빈을 도우려다가 좌절에 빠졌다. 케빈은 집 근처 기숙사에서 살았던 대학교 시절을 제외하고 언제나 집에서 지냈다. 학교 성적도 좋았고 선생님과 직장 상사의 호감을 사는데도 케빈은 언제나 친구를 별로 사귀지 못한 채 외롭게 지냈다. 게다가 가족 모임을 피해 다녔고, 스트레스를 받으면 격한 분노를 폭발시켰다. 홉킨스 부부는 아들의 기분을 상하게 할까 봐 조심스럽게 행동했다.

케빈은 새로 취직한 직장을 그만두고 난 후로 대부분 시간을 집에서 텔레비전을 보거나 비디오게임을 하며 보냈다. 의사의 도움을 받아보거나 직장을 구해보라는 권유나, 그것도 싫으면 공부를 더 해서 학위를 따 보라는 부모의 간청도 무시했다. 케빈은 식사를 따로 준비해 자기 방에서 먹었고, 부모님과의 접촉을 피했다. 홉킨스 부부는 가끔 아들이 혼자 고함치는 소리를 들었지만 끼어들기가 두려웠다.

홉킨스 부부는 아들에게 간청하고 아들을 다그치고 위협해 봤지만 아무 소용이 없었다. 부모가 텔레비전을 없애려고 하자 케빈은 공격적인 행동을 취했고, 텔레비전을 없애면 달리 할 게 없으니 자살하겠다고 위협했다. 자기 방이 엉망진창인데도 집안일을 도와주려고 하지 않았다. 가끔은 외출하자는 친구의 전화를 받았다. 그때는 부모님께 저녁에 쓸 돈을 달라고 했고, 홉킨스 부부는 흔쾌히 돈을 주면서 밖으로 나가라고 부추겼다. 케빈은 오후까지 잠을 잤고, 외출하면 밤늦게까지 돌아오지 않았다. 술병이 쌓이기 시작했다.

부모는 케빈을 더욱 심하게 닦달했다. 아버지는 케빈을 집 밖으로 쫓아내겠다고 했지만 어머니는 아들이 혼자 힘으로 살아가지 못할까 봐 두려웠다. 그때 홉킨스 가족에게 또 다른 불행이 연이어 들이닥쳤다. 어머니가 유방암 진단을 받았고, 아버지의 사업이 재정적 문제에 휘말렸다. 홉킨스 부부는 점점 더 많은 스트레스를 받아 서로에게서 차츰 멀어졌다. 홉킨스 씨는 계속 화를 냈지만 그와 동시에 당분간은 아들의 생활방식을 받아들이는 게 훨씬 쉽다는 사실을 말없이 인정했다. 그렇지만 홉킨스 부부의 걱정은 사라지지 않았다. '우리가 떠나고 나면 아들은 어떻게 될까?'

어느 늦은 오후, 케빈이 아스피린 한 줌을 삼켰다고 어머니에게 털어놓았다. 홉킨스 부인이 구급차를 부르겠다고 했지만 케빈은 싫다고 했다. 하지만 병원에는 가겠다고 조용히 말했다. 며칠 후, 항우울제를 복용하고 퇴원할 때 케빈은 정신과 의사를 찾아가 치료를 받겠다고 약속했다.

이후 몇 달 동안 상황이 나아졌다. 케빈은 좋아하는 보조교사 일자리를 얻었다. 집안일도 도왔고, 부모님과 저녁 식사도 같이했다. 친구들과도 더욱 많은 시간을 보냈다. 하지만 얼마 후, 케빈과 그의 가족은 예전 상태로 돌아갔다. 케빈은 약을 꾸준히 먹지 않았고, 치료도 빼먹기 시작했다. 또다시 전보다 더욱 많은 시간을 자기 방에 갇혀 지냈다.

## 상황을 직시하고 적극적으로 대처하라

케빈의 의사는 가족 모두에게 치료를 받아보라고 했다. 홉킨스 부부는 케빈이 의사와의 첫 번째 약속을 지키지 않자 실망했지만 놀라지는 않았다. 두 사람은 케빈에 관한 문제로 다투기도 했지만 의사와 함께 다음과 같은 몇 가지 사실을 도출했다.

- 부모와의 관계를 방해하는 상황이었다.
- 집안 환경이 견딜 수 없는 상태였다.
- 기간이 길어질수록 케빈의 문제는 더욱 많아진다.
- 현재의 평정이 깨지면 충동적이고 자기 파괴적인 행동을 비롯해 대격변이 일어날 위험이 있다(이러한 위험은 시간이 지남에 따라 점점 더 커진다).
- 홉킨스 부부는 한계가 어디인지, 무슨 요구를 해야 하는지를 결정했다.
- 홉킨스 부부는 아들이 한계에 도전하고 제시된 결과를 안고 계속 나아갈 준비가 됐기를 바랐다.

홉킨스 부부는 의사와 상담하면서 처음에는 기대에 크게 못 미치는 결과가 나왔지만 두 사람 모두 지지할 수 있는 합의점을 찾을 수 있었다. 네 사람이 모두 한자리에 모였을 때 케빈에게 서면 계약서를 제시했다. 홉킨스 부부가 두 달 동안 케빈에게 바라는 바를 요약해서 적어 놓은 계약서였다. 그 계약서에 따르면 케빈은 매주 집에서 몇 가지 구체적인 과제를 수행하고 현재의 일을 계속하거나 다른 일자리를 찾아야 했다. 그것도 아니면 교육 프로그램에 등록해야 했다. 케빈이 그와 같은 구체적인 약속을 지키지 못하면 집을 떠나야 했다. 홉킨스 부부는 케빈을 일시적으로 돌봐줄 몇몇 지인과 피난처를 알려주었다. 명시된 기간에는 재정적 지원도 아끼지 않을 예정이었다.

홉킨스 부부는 상담하는 동안 케빈을 무척 사랑하고 케빈이 나아지도록 돕고 싶다고 했다. 또한, 케빈이 현재 일자리를 지키고 있어서 자랑스럽다고 칭찬했다(지지). 홉킨스 부부는 케빈이 얼마나 불행한지 인정하고, 현재 상황에 만족하지 못할 만하다고 이해했다(공감). 그리고는 세 사람 모두의 건강을 걱정했고, 현재 상황이 계속되면 견딜 수 없다고 분명하게 말했다. 또한, 자신들이 이러한 문제를 직시하지 않으면 케빈이 불만을 가질 것 같다고 걱정했다. 마지막으로 과거에도 케빈에게 이와 비슷한 이야기를 했지만 케빈이 들어주지 않았다고 했다. 케빈이 자신들의 요구를 따르지 않을 수도 있다는 사실을 숙지하고, 케빈이 집을 떠나도록 도와줄 준비를 했다(진실). 홉킨스 부부는 케빈이 BPD 진단을 받고 지난 몇 달 동안 건강 회복과 미래 설계에 헌신했다는 사실을 인정했다. 이는 소통의 UP에 해당히는 과정이었다.

케빈은 부모님이 차분하게 제시하는 제안에 분노하면서도 계약서에

서명했다. 이후 초반에는 계약서에 명시된 요구사항을 이행했지만 두 달째 들어서는 자기 직장에 불만을 드러내며 결근하고 집에 머물기 시작했다. 사전에 부드러운 경고를 받고, 약속한 날짜가 됐을 때는 집을 나가라는 소리를 들었다. 그러자 처음에는 케빈의 마음속에서 불신('농담이죠?')이 솟구쳤고, 이어서 간청('제게 이럴 수는 없어요!')으로 변하더니 나중에는 분노('좋아요. 그 바보 같은 계약서대로 해보자고요! 나도 여기서 나가는 게 낫겠어요!')가 일었다.

이후 몇 달 동안 케빈은 친구 집과 사촌 집, 이모 집을 전전했다. 한번은 이모에게 차라리 죽는 게 낫겠다고 넌지시 말했다. 그러자 이모는 케빈을 응급실로 데려갔다. 그곳에서 케빈은 자살 생각이 없다고 부인했고, 그냥 화가 나서 자신의 현재 상황이 혐오스러웠다고 솔직하게 말했다. 부모님과의 관계도 점차 좋아졌다. 케빈은 가르치는 일자리를 다시 얻고 나서 자기 인생을 크게 바꾸고 싶다고 결심하고는 집에 돌아가겠다고 했다. 그로부터 1년이 지나지 않아 케빈은 직장에서 만난 룸메이트와 함께 살면서 혼자 힘으로 생계를 유지해 나갔다.

# 카멜레온처럼 자신을 바꾸는 사람을 대하는 법

경계인은 아이들 장난감인 플레이도우처럼 여러 형태로 자신을 바꿀 수 있다. 플레이도우는 밀가루와 물, 소금, 붕사, 광유로 만들어졌지만 경계인의 정체성은 불안정과 공포, 두려움으로 이루어졌다. 이처럼 카멜레온 같은 경계인의 특성으로 인해 경계인은 타인에 대해 매우 민감하게 반응하고 다른 사람이 원하는 모습이 되고 싶다고 느낀다.

바리케이드 양쪽의 시위 집단으로 숨어 들어가 양쪽 진영 모두의 편에서 주장을 펼칠 수도 있다. 하지만 타인의 도움 없이 자기 스스로 독립적인 태도를 취하지는 못한다. 달리의 초현실주의 그림이 정신질환을 뜻한다면 경계인은 트롱프뢰유와 같다. 트롱프뢰유는 눈을 속인다는 뜻으로, 실물과 구분하기 어려울 정도로 세밀하게 묘사한 그림이다. 그러므로 트롱프뢰유와 같은 경계인의 경우에도 실제 사람과 가짜를 구분하기 어렵다. 우디 앨런의 유명한 영화 캐릭터 젤리그처럼 경계인은 언제든지 타인이 바라는 모습으로 변할 수 있다. 하지만 이 과정에서 진짜 자신이 누구이지 정체성을 잃어버릴 수도 있다.

## 경계인의 유일한 생존 전략을 침범하지 마라

마틴은 매주 교회에서 크리스티에게서 눈을 뗄 수가 없었다. 신학대학교 학생인 마틴은 공부와 예배 도우미 일에 매진했다. 매주 일요일 예배에 참석하는 크리스티는 통로 쪽 뒷자리에 조용히 앉아 있다가 마지막 기도가 끝나면 바로 떠났다. 마침내 어느 날, 마틴은 뒤쪽에 다른 신도들과 앉아 있다가 계단을 급히 내려가는 크리스티를 따라갔다.

마틴은 크리스티에게 예배가 어땠냐고 물었고, 크리스티는 시선을 내린 채 목사님의 설교가 무척 좋았다고 부드럽게 말했다. 마틴은 일요일 예배가 끝나면 으레 크리스티를 따라갔고, 마침내 용기를 내서 브런치를 같이하자고 했다. 서로 이야기를 더욱 많이 나누면서 수줍음 많은 크리스티도 점점 더 마음을 열었다. 크리스티는 마틴에게 투자회사에서 비서로 일하며 고양이와 함께 살고, 영화를 좋아한다고 말했다.

마틴은 크리스티가 자신을 좋아한다고 생각하고 토요일 밤에 만나자고 했는데 크리스티가 거절했다. 크리스티는 주말에는 대부분 바쁘다고 말했다. 금요일과 토요일에 직장 상사가 많은 외국 사업 거래처를 상대하기 때문이라고 했다. 결국 마틴이 포기하려던 순간, 크리스티가 목요일에 개봉하는 영화를 보러 가자고 했다. 그 후로 두 사람은 목요일마다, 가끔은 화요일에 데이트를 했다. 일요일 아침에는 브런치를 같이했다. 몇 달이 흐르자 마틴은 사랑에 빠졌다. 마틴의 눈에 비친 크리스티는 매력적이고 얌전하고 부드럽게 말하는 영리한 여자였다. 목사를 목표로 매진하는 마틴에게는 완벽한 동반자였다.

그런데 어느 날 한순간에 모든 것이 달라졌다. 마틴이 이웃집 독신자 파티에 참석했을 때였다. 경찰 제복 차림의 여자 두 명이 들어오더니 몸을 가린 듯 만 듯한 속옷만 남긴 채 옷을 벗어 던졌다. 두 여자는 독신자를 체포하러 왔다면서 남자 무릎에 앉아 헤비메탈 음악에 맞춰서 관능적으로 몸을 움직였다. 마틴은 보고도 믿을 수가 없었다. 두 여자 중 한 명이 크리스티처럼 보였기 때문이다. 머리카락이 길고 화장이 훨씬 짙었지만 크리스티가 분명했다. 크리스티가 마틴을 힐끗 쳐다보더니 깜짝 놀라서 눈이 휘둥그레졌다. 하지만 곧이어 무심한 눈빛으로 변했다. 두 여자는 30분 동안 유혹적인 춤을 추고 다른 남자들과 이야기를 나누더니 갑자기 떠날 시간이라고 했다. 그러고는 경찰 제복과 음향 소품을 챙겨 들고 떠났다.

이후 마틴과 크리스티는 교회에서 서로를 피했다. 남몰래 크리스티를 훔쳐본 마틴은 자신이 사랑했던 여자가 그리워서 고통스러웠다. 하지만 독신자 파티에서 본 뻔뻔하기 짝이 없던 크리스티의 모습이 머릿속에 떠올랐다. 그 끔찍한 모습은 그의 머릿속에 둥지를 틀고 들끓는 열정과 싸웠다. 하지만 여러 달이 지난 후, 마틴은 크리스티의 각각 다른 두 가지 모습을 받아들이기로 마음먹었다.

예배 후 크리스티가 계단을 내려갈 때 마틴은 마침내 크리스티를 멈춰 세우고 말을 걸었다. 마틴은 자신이 그녀를 얼마나 좋아하는지, 독신자 파티에서 그녀를 보고 얼마나 당황했는지 모른다고 울먹이며 말했다. 크리스티는 마틴을 다시 만나기로 했다. 시간이 지나면서 지신의 감정을 마틴과 나누었고, 자신의 힘겨운 투쟁과 과거의 문제도 다 이야기했다. 마틴은 크리스티와 크리스티의 발달장애 동생이 돌아가

신 부모님 대신 양육권을 가져간 삼촌에게 성폭행을 당했다는 사실을 알았다. 크리스티는 자신과 현재 요양원에 있는 동생을 부양하려고 애쓰고 있었다.

크리스티는 자신의 의무를 다하려고 각각 다른 인격을 창조해 냈다고 했다. 투자회사에서는 적극적이고 단호한 여자가 될 수 있었고, 독신자 파티에서 부업을 할 때는 유혹적이고 관능적인 여자로 변할 수 있었다. 하지만 그와 동시에 종교적이고 영적인 교감도 깊이 느꼈다.

"난 나의 그 모든 일부를 각각 따로 관리해야 해요. 그래서 주말에는 당신을 만날 수 없었어요. 다른 일을 하니까요. 당신이 아는 크리스티와는 다른 크리스티를 버릴 수가 없어요."

마틴은 크리스티와 관계를 이어 나가고 싶었다. 그래서 크리스티를 소중하게 여기고 크리스티와 함께 있고 싶다는 지지 발언을 했다. 크리스티가 어린 시절에 얼마나 힘들었는지, 성공해서 동생을 돌보기 위해 얼마나 안간힘을 썼는지 알겠다고 말하며 공감을 표현했다. 진짜 크리스티는 자신이 예전에 알았던 배려심 많고 세심한 여자라고 확신한다는 진실 발언도 했다. 마틴은 크리스티가 주말에 하는 일이 안전한지 걱정스럽다고 했다. 그 일 때문에 크리스티의 품위가 떨어지는 것 같았다. 마틴은 그 일 말고 남에게 부끄럽지 않은 다른 일을 찾아 생계를 유지할 수 있다고 말했다. 그리고 마침내 크리스티가 그 일을 계속한다면 그녀와 함께할 수 없다고 말했다. 크리스티는 처음에 화를 내고 반항했다. 마틴이 자신을 통제하려고 하는 것 같다고 화를 냈다.

"내가 어떤 사람이 되기를 바라는 거죠? 모두가 원하는 사람이 되려고 애쓰는 건 이제 지긋지긋해요! 나한테 최우선 순위는 나 자신과 동생을 돌보는 거예요. 나는 내가 해야 하는 일을 할 거예요. 난 나라고 요!"

마틴은 크리스티가 자신의 공감 발언을 듣지 않았다고 생각하고는 크리스티의 스트레스 요인을 얼마나 잘 이해하고 있는지를 말로 표현했다. 그러고는 브런치를 함께 하면서 좀 더 이야기를 나누자고 했다. 카페에서 크리스티는 자신의 주말 일이 '통제력을 거머쥔 것 같은 유일한 순간이자 언제나처럼 남에게 조종당하는 게 아니라 내가 남을 조종하는 순간'이라고 고백했다. 얼마 후 크리스티는 자신이 덫에 걸린 것 같다고 했다.

"이렇게 된 내가 마음에 들지는 않아요. 하지만 이게 내가 살아가는 방식이에요. 당신은 좋은 사람이에요, 마틴. 당신은 자신이 원하는 게 무엇인지 알고, 그걸 가질 자격이 있다고 생각해요. 상황이 달랐다면 얼마나 좋을까요? 하지만 난 당신이 함께하고 싶어 하는 그런 여자가 아니에요. 나는 내가 누구인지 몰라요. 하지만 당신이 원하는 여자가 아니란 걸 알죠. 그런 여자가 될 수 있을지도 모르겠어요."

크리스티는 이렇게 말하고는 일어나서 마틴의 인생에서 걸어 나가 자신의 인생으로 돌아갔다. 경계인의 대응 방법은 종종 유일한 생존 전략이다.

# 편집증과 해리 증상을 겪는 사람을 대하는 법

BPD를 정의하는 아홉 가지 기준 중에서 가장 눈에 띄지 않는 것은 스트레스와 관련된 일시적인 편집증 사고나 해리 증상이다. 많은 사람이 미미하게 그러한 경험을 한다.

아주 짧은 순간에 길 건너편에서 낄낄거리는 낯선 사람이 자신을 비웃는 것 같다고 느낄 수 있다. 혹은 직장에서 집까지 익숙한 길을 운전해가다가 일종의 해리 경험을 하기도 한다. 생각에 빠져서 집 앞 진입로에 도착했을 때 어떻게 집에 도착했는지 기억나지 않거나 집까지 왔던 경로를 전혀 의식하지 못하는 것이다.

경계인의 경우에는 이러한 경험이 더욱 강렬하고, 찰나의 순간이나 짧은 순간이 아니라 그보다 훨씬 길게 지속된다. 그렇다고 하루나 이틀 이상 지속되지는 않는다. 회복은 놀랄 정도로 빠르게 일어난다. 경계인의 주변 사람들은 갑작스러움에 놀라고 위협적으로 느끼게 된다. 또한, 그 상황을 의심하거나 비현실적으로 받아들이기도 한다. 이러한 증상이 심할 때는 전문가의 도움을 받아야 한다.

## 관심과 관찰은 누군가를 구하는 힘이 되기도 한다

마니와 로빈은 아주 빠르게 친해졌다. 이 두 여자는 거의 동시에 법률 회사의 준법률가로 고용되었다. 둘 다 20대 후반이었다. 근사한 남자친구도 있었다. 둘의 성격은 보완적이었다. 로빈은 다소 내향적이었고, 마니는 활력이 넘치고 웃음이 많은 외향적인 성격이었다. 로빈의 임대차 계약이 종료되자 마니는 로빈에게 함께 살자고 했다. 남는 방이 많았고, 로빈과 함께 출근할 수도 있기 때문이었다.

두 사람이 함께 살기 시작하면서 로빈은 마니의 다른 모습을 더욱 많이 볼 수 있었다. 마니는 가끔 뚱하니 짜증을 잘 냈다. 특히 일이 엄청 바쁠 때는 더더욱 그러했다. 마니의 남자친구 가빈은 그래도 개의치 않는 것 같았다. 하지만 로빈은 저녁에 마니가 휴대전화로 가빈에게 고함치는 소리를 종종 들었다. 물론 마니도 기분이 좀 우울해질 수 있었다. 하지만 로빈은 마니가 신경쇠약으로 두 번이나 입원한 적이 있고, 간간이 정신과 의사를 만난다는 사실을 알고 깜짝 놀랐다. 마니는 정신과 의사의 전화번호를 냉장고 옆에 붙여 두었다고 말했다. "내 배터리를 충전해 주는 사람이지. 내가 그 사람을 그만 괴롭히면 아마 내가 그리워질걸." 마니가 웃으며 말했다.

마니가 회사에서 가장 큰 사건을 맡아 변호사들과 일하기 시작했을 때 로빈은 걱정스러웠다. 마니가 점점 더 늦게까지 사무실에서 일했고, 밤늦게 택시를 타고 집에 와서도 일을 했다. 잠은 겨우 몇 시간만 자고 다시 사무실로 일하러 갔다. 가빈과 전화로 한 번 더 싸우고 나서는 방에서 울다가 나와 가빈과 헤어졌다고 했다. 로빈이 위로해 주려고 하자 마빈은 멀찍이 떨어졌다. "다 필요 없어. 나는 할 일이 많아." 마니는 이렇게 투덜거리고는 책상으로 향했다. 이후 며칠 동안 어느 순간에는 우울한 기분에 젖어 있는가 싶더니 또 어느 순간에는 맹렬하게 일하며 오락가락했다.

며칠 밤이 지난 후, 로빈은 집에 갔다가 문간에 서서 멍하니 허공을 응시하고 있는 마니를 발견했다. "너 괜찮아?" 로빈이 물었다.

"그 사람이 날 망가뜨리려고 해!" 마니가 대답했다.

마니는 가빈이 모든 사람에게 진짜 마니가 사악하고 역겹고 파괴적인 인간이라고 말하고 다닌다고 했다. "내가 진짜 같지 않아. 가빈은 내가 가짜라고 모두에게 말하고 다녀. 모두가 가짜야. 그래도 넌 신경 쓰지 않겠지. 아무도 신경 쓰지 않아." 마니가 흐느꼈다.

로빈은 충격을 받았고 두려웠다. 멍한 표정으로 방안을 돌아다니는 마니를 지켜봤다. 마니는 로빈에게 고개를 끄덕여 정신과 의사에게 연락해도 좋다고 허락했다. 의사의 회답 전화를 기다리는 동안 로빈이 지지를 표명했다. "난 네 친구야. 난 너한테 신경이 쓰여. 널 돕고 싶어." 로빈이 초조한 목소리로 말했다.

몇 분 후 의사의 전화가 걸려 왔다. 안심한 로빈이 전화를 받아 무슨 일인지 설명하고는 스피커폰으로 마니에게 연결해 주었다. "연락해줘서 고마워요. 걱정 많이 했어요." 의사가 지지를 표명했다. "저번에 회사 일과 남자친구와의 이별 때문에 스트레스를 많이 받는다고 했잖아요. 그 모든 일을 겪고 스트레스에 시달렸으니 궁지에 몰린 것 같을 거예요." 의사가 공감을 표현했다.

"하지만 다 끝났어요. 이젠 너무 늦었어요. 모두가 거짓말만 해요. 날 망가뜨리려고 해요. 내 말 믿나요?" 마니가 흐느끼면서 말했다.

의사는 진실로 응답했다. "당연히 믿죠. 당신이 끔찍한 고통을 겪고 있어서 도움이 필요하다고 생각해요." 의사는 로빈에게 마니를 병원에 데려와 입원시키라고 했다.

마니는 이틀간 입원한 후에 집으로 돌아왔다. 로빈은 마니가 그렇게 짧은 시간 내에 완전히 회복된 것 같아서 깜짝 놀랐다. "잠시 조율할 시간이 필요했던 것뿐이야. 약을 좀 바꿔 먹고 잠 좀 자고 식사를 좀 했더니 괜찮아졌어. 내가 잠시 정신이 나가는 바람에 네가 놀랐다는 거 알아. 미안해. 넌 좋은 친구야, 로빈." 마니는 의사를 정기적으로 만나 치료받기로 했고, 스트레스를 줄이려고 업무를 조정했다고 했다. "스트레스가 너무 심해져서 도움이 필요한 시기를 포착하는 법을 배우고 있어."

SET-UP은 본래 경계인을 위해 고안된 원칙이지만 다른 사람들에게도 유용하게 사용할 수 있다. 소통이 막혔을 때 SET-UP은 개개인이 성공적으로 전달되지 않는 메시지에 집중할 수 있게 도와준다. 지지나 존경을 받지 못하거나 오해를 받는다고 느끼는 사람, 혹은 현실적인 문제를 해결하려고 하지 않는 사람도 SET-UP의 도움을 받을 수 있다.

오늘날처럼 복잡한 세상에서는 사랑과 이성을 포함하는 명확한 소통 원칙이 경계성 혼란이라는 시련을 극복하는 필수 요소가 된다. 생산적인 관계에는 이해와 인내가 필요하다. 소통의 근본적 역할과 배우자의 욕구를 이해하면 SET 원칙이 확고해진다. 인내는 장기적 변화를 끌어내는 필수 요소다. 많은 경계인에게는 이웃과 친구, 혹은 의사처럼 변함없이 곁을 지켜주는 사람이 회복에 중요한 필수 요소가 될 수 있다. 이런 사람은 (잦은 도발에 맞서서) 일관성과 수용 이외에는 별다른 도움을 주지 못할지도 모르지만, 사랑하는 경계인의 혼란스러운 세상에 불변성을 제공해 줄 수 있다.

제6장

# 경계인을 이해하고 돕는 법

"그렇지만 그이는 한 인간이야.

그리고 무언가 무서운 일이 그에게 일어나고 있어.

그러니 관심을 기울여 주어야 해.

늙은 개처럼 무덤 속으로 굴러떨어지는 일이 있어서는 안 돼.

이런 사람에게도 관심이 필요하다고."

— 아서 밀러의 《세일즈맨의 죽음》 중에서

# 관계 속에서 BPD 인식하기

아무도 레이를 어떻게 해야 할지 확신할 수 없었다. 그는 병원을 들락거렸고 몇 년 동안 많은 의사들을 거쳤지만 한 번도 진득하게 치료를 받은 적이 없었다. 일도 마찬가지였다. 그의 아내 데니즈는 치과에서 일하고 쉬는 날에는 레이의 가슴 통증, 두통, 요통, 우울증과 같은 불평을 무시한 채 친구들을 만나며 시간을 보냈다.

레이는 부유한 가정의 응석받이 외동아들로 자랐다. 그가 아홉 살 때 삼촌이 자살을 했다. 그는 삼촌을 잘 알지 못했지만 부모님이 자살로 큰 충격을 받았다는 것을 알 수 있었다. 그 사건 이후 부모님은 그를 더 감싸고 돌았고 몸이 아프다고 할 때면 학교에 가지 말고 집에서 쉬도록 했다. 열두 살 때 레이는 우울하다고 말했고 정신과 병원을 다니기 시작했다.

그저 그런 학생으로 그는 대학에 가서 데니즈를 만났다. 그녀는 레이에게 흥미를 보인 유일한 여성이었고 짧은 교제 끝에 두 사람은 결혼했다. 둘 다 대학을 그만두고 충실하게 일을 다녔지만 그들의 가정은 레이의 부모에게 의존했고 그의 치료도 계속되었다.

두 사람은 자주 이사를 다녔다. 데니스가 한 직업 혹은 도시에 싫증이 나면 그들은 다른 곳으로 갔다. 그녀는 금세 새로운 일을 찾고 친구를 사귀었지만 레이는 적응하는 데 큰 어려움을 겪고 몇 달 동안 일을 그만둔 상태로 머물렀다.

두 사람 모두 술을 많이 마시기 시작하면서 싸움이 심해졌다. 아내와 다투면 레이는 간혹 집을 나와 본가로 들어갔고 가족이 다시 논쟁을 벌일 때까지 그곳에 머물다가 데니스가 있는 집으로 돌아갔다.

레이의 아내와 부모는 그의 변덕스러운 기분과 치료에 대한 여러 가지 불평에 지쳤다고 자주 말했지만 그런 소리를 들을 때마다 그는 자살할 것이라고 위협했고 부모는 곧 공포에 빠졌다. 그리고는 레이에게 새로운 의사가 필요하다고 말하고는 그를 데리고 전국을 돌아다니며 다양한 전문가와 상담을 했다. 그들은 몇몇 일류 기관에 입원을 준비했지만 얼마 못 가 레이가 직접 병원을 나오겠다고 해 부모는 그가 돌아올 수 있도록 비행깃값 부쳐주었다. 부모는 레이를 더 이상 재정적으로 지원하지 않겠다고 수도 없이 맹세했지만 결코 그 말을 입 밖으로 꺼낼 수가 없었다.

친구와 직장은 만족하지 못하는 만남의 그저 그런 흐릿함 속으로 들어가 버렸다. 새로운 사람이나 일이 어떤 방식으로 그를 실망시키면 레이는 관두었다. 부모는 손을 꽉 움켜쥐었고 데니스는 그를 무시했다. 레이는 계속해서 통제 불능으로 행동했고 아무도 그를 막을 수 없었다. 그 자신도 말이다.

## 어느 날 갑자기, 감정의 화산이 폭발했다면

경계인은 자신의 내면에 화산 같은 격동을 담고 있지만 겉으로는 잘 드러내지 않는다. 다른 정신적인 문제들을 겪는 사람들과 달리 경계인은 과도하게 병적인 모습을 보이지 않고 사회생활이나 직장에서도 자신의 역할을 잘 수행하곤 한다. 그러나 경계인이 보이는 전형적인 특징 중 한 가지는 누구보다 '정상적'으로 보이던 사람이 갑작스럽게 화를 내거나 심하게 의심하거나 자살로 이어지는 우울증을 드러내는 것이다.

경계인의 갑작스러운 폭발은 이들과 가까운 사람들에게는 몹시 어리둥절한 일이다. 특정한 증상을 별안간 폭발적으로 나타내기 때문에 상대는 쉽게 상황을 오해하고 이것이 별개의 질병 또는 문제라고 여길 뿐 경계성 성격장애라고 생각하지 못한다. 예를 들어 손목을 그어서 자살하려고 했던 사람은 우울증으로 진단받고 항우울제와 함께 간단한 정신치료를 받는다. 환자가 우울증을 겪고 있다면 이 요법은 그의 상태를 개선할 수 있고 환자도 상대적으로 빠르게 완치된다.

그렇지만 갑작스러운 자살 충동이 BPD 때문이라면 자해는 우발적으로 그러나 지속적으로 이어질 것이다. 우울증 치료로는 결코 나아지지 않는다. 이들이 우울증과 BPD를 함께 겪고 있다고 해도(보편적인 조합이다) 이 접근 방식은 질병의 부분적인 치료만 가능할 뿐 추가적인 문제가 뒤따를 것이다.

경계인의 특성을 제대로 인식하지 않으면 치료가 진행되는 중에도 자살이나 다른 파괴적인 행동이 계속 나타나 본인은 물론 담당 의사, 그를 걱정하는 가족과 친구를 혼란과 좌절에 빠지게 한다.

## 경계인의 위장술

23세의 패션모델 에비는 알코올의존증으로 화학요법 치료를 받았다. 그녀는 이 프로그램에 적극적으로 참여했지만, 금주가 계속될수록 충동적으로 폭식하게 됐다. 그래서 식이장애 병동에 입원해 다시 치료를 받은 뒤 완치됐다.

몇 주 뒤 에비는 사무실이나 상점에 갈 때, 심지어 운전하는 와중에도 심한 공황발작을 겪었고 결국 집 밖으로 한 걸음도 나가지 못했다. 게다가 공포증상뿐 아니라 우울증도 점점 심해졌다. 에비는 공포증을 치료하려고 다시 상담을 받았다. 에비의 증상이 BPD의 대표적인 유형이라는 것을 알아차린 심리 컨설턴트는 그녀에게 BPD를 전문적으로 다루는 병동에 입원하도록 권했다. 기존 치료가 전적으로 알코올의존증과 식이장애에만 집중했다면 이번 치료는 그녀의 삶 전체를 되돌아보고 문제점을 찾게 했다.

에비는 부모와의 애증 어린 관계가 문제라는 것을 알았다. 에비의 부모는 그녀가 독립적으로 살아가려는 시도를 방해해 왔다. 그녀의 다양한 질병은 실제로는 양심의 가책을 느끼지 않고 부모의 요구에서 벗어나려고 했던 수단이었던 셈이다. 다시 말해 에비는 폭식, 음주, 불안감으로 자신의 에너지를 모두 잠식해 부모와의 갈등을 잊어버리려고 한 것이다.

게다가 에비의 '아픈' 역할은 이 관계가 지속되도록 하는 의무에서 벗어날 핑곗거리가 돼줬다. 또한, 역설적으로 질병은 그녀가 부모에게 애착을 유지할 수 있도록 해줬다. 부모는 심각한 부부 문제를 겪고 있었기 때문에(어머니는 알코올의존증이고 아버지는 만성적인 우울증에 시달렸다) 그녀가 그들의 병적 역할을 모방하면서 가까이 있을 수 있었던 것이다.

잠깐의 입원 후 에비는 통원 치료를 받았다. 그녀의 기분은 한층 나아졌고 불안감과 공포도 사라졌다. 술에도 손대지 않고 과식도 하지 않았다.

에비의 사례는 매우 강렬하고 주된 행동이 실제로 내재한 BPD의 증상을 드러내거나 위장하는 법을 보여준다. 불안정한 관계, 충동성 변덕, 강렬한 분노, 자살 협박, 정체성 혼란, 공허함, 버려지지 않으려는 필사의 노력 등은 불완전한 진단 또는 오진으로 이어질 소지가 있다.

## 감정 다스리기

BPD는 질병이지 시선을 끌기 위한 의도적인 행동이 아니라는 점을 꼭 기억하자. 경계인은 부츠도 없고 혼자 신게 도와주는 부츠 손잡이도 없다. 이들에게 달라지라고 화를 내거나 회유하거나 간청하는 것은 부질없는 짓이다. 타인의 도움이나 동기가 없다면 행동을 쉽게 바꿀 수 없다.

그렇다고 이들이 절대 변화하지 않을 것이고 자신의 행동에 책임 질 필요가 없다고 생각해서는 안 된다. 오히려 그 반대여야 한다. 경계인은 누군가 변명해 주거나 옹호해 주는 일 없이 자신이 한 행동에 대해 결과를 받아들여야 한다. 물론 처음에는 결과를 바꿀 힘이 없겠지만 말이다. 이런 방식에서 BPD는 다른 장애와 다를 바 없다.

휠체어에 갇힌 사람은 동정심을 불러일으킨다. 하지만 그는 여전히 자신이 가고 싶은 장소에 휠체어로 접근할 수 있는지 찾고 자신을 그

곳으로 데려다 줄 수 있도록 휠체어 상태를 유지할 책임이 있다.

경계인의 극단적인 행동은 "아무짝에도 쓸모없는 게으른 놈, 얼른 정신 차리지 못해"라고 냉철하게 반응하거나 "불쌍한 것, 이러면 안 돼. 내가 돌봐줄게"라고 회유하면서 머리를 쓰다듬어 주는 두 가지 반응 양상을 부른다. 하지만 이런 반응은 모두 경계인의 행동을 치료하는 데 도움이 안 된다.

경계인과 소통하는 사람은 그들이 가치 있는 사람이라는 믿음을 심어주면서 다른 한편으로는 그에 따른 기대를 확인하는 아슬아슬한 줄타기를 해야 한다. 그리고 과하지 않을 정도로 지지하는 반응을 보여야 한다.

애정을 비롯해 포옹이나 손을 잡는 신체적 접촉은 경계인이 가치 있는 사람이라고 느낄 수 있게 해주지만 이 점을 과하게 이용하면 신뢰가 망가지기도 한다. 배려가 과도한 보호로 이어지면 이들은 더 이상 자신의 행동에 책임지려 하지 않는다. 지지와 공감, 신뢰가 섬세한 균형을 이루는 것이 이상적인 접근법이다.

대부분의 상황에서 SET-UP 대화법 중 하나인 진실에 집중하는 것이 효과적인 방법이 될 수 있다. 그렇지만 이들이 자살하겠다고 위협을 한다면 정신과 의사나 자살 방지 시설에 연락할 시기가 된 것이다. 자살 위협이 자신의 요구를 관철하기 위해 친구나 연인을 조종하는 '감정적 협박'이 돼서는 안 되기 때문이다. 경계인의 위협에 대해서는 진지하고 즉각적이며 예측 가능한 실질적 반응을 보여줘야 한다. 그로 인해 경계인에게 그렇게 행동하면 전문가의 도움을 받게 된다는 사실을 분명하게 알려줘야 한다.

마흔한 살의 독신 남성 잭은 대학에 복학하기 위해 시간제로 일을 했다. 홀어머니가 재정적으로 그를 꾸준히 도와주었고 그가 직장, 학업 혹은 연애에 실패할 때면 아들의 무능함을 다시금 인식시키며 목표를 이루지 못했으니 집으로 돌아와서 같이 살자고 말했다. 치료를 통해 잭은 무능한 상태로 남아서 그에 따른 혜택을 받고 싶어 하는 자신의 소망을 이해했고 아들이 계속 의존하게 하는 어머니의 역할과 통제 욕구에 대해서도 알게 되었다.

사이코드라마 속 배우를 통해 변화가 이루어졌다. 잭의 어머니는 아들의 의존성을 SET-UP 대화법으로 응답할 수 있었고 자신의 보살핌(지지), 이해(공감), 현실 인식(진실)을 표현했다. 이것은 잭이 자신의 행동에 책임을 지는 데 필요한 것이었다. 그의 어머니가 태도를 바꿀 의지가 없다면 잭은 자신의 문제 속에서 어머니의 역할을 인식하고 어머니와 거리를 두어야 한다. 잭이나 잭의 어머니는 더욱 건전한 상호작용이 가능한 관계 속에서 변화를 끌어낼 수 있다.

# 경계인의 마음을 다루는 법

**분노 다루기**

경계인의 예측할 수 없는 행동이 일상화하면 주변 사람들은 불예측성에 익숙해진다. 가장 흔한 사례가 폭발적으로 화를 내는 것인데 이런 증상은 아무런 전조 현상 없이 갑작스럽게 튀어나온다.

이때 가까운 친구나 연인 또는 동료는 '이에는 이, 눈에는 눈'으로 대응하려는 유혹을 떨쳐내야만 한다. 경계인이 목소리를 높이고 화를 크게 낼수록 상대방은 더 차분하고 이성적으로 해동해야 한다. 그렇지 않으면 분위기는 점점 더 험악해져서 통제할 수 없는 상황에 이르고 만다.

그리고 만약 신체적 폭력 피해에 대한 가능성이 조금이라도 느껴진다면 곧바로 그 자리를 떠나야 한다. 경계인의 분노는 이성적으로 설명이 불가능하고 논쟁이나 토론이 통하지 않는다. 그 자리에서 논리적으로 잘잘못을 따지려 하는 행동은 경계인의 분노에 기름을 붓는 격으로, 상황을 악화시킬 뿐이다. 이럴 때는 우선 냉각기를 두는 것이 좋다. 추가적인 토론은 상황이 안정된 후에 진행하면 된다.

## 급격한 기분 변화 다루기

급격한 기분 변화는 경계인과 주변 사람 모두를 난처하게 만든다. 어릴 적부터 메레디스는 자신의 갑작스러운 기분 변화에 대해 잘 알고 있었다. 그녀는 이유 없이 엄청난 흥분과 기쁨을 표출했고 그러다 아무런 경고도 없이 갑자기 절망의 깊은 수렁으로 떨어졌다. 그때마다 부모는 그녀의 기분을 온전히 맞춰 주었고, 한 번도 그러한 행동이 잘 못되었다고 지적하거나 제지한 적이 없었다. 학교에서 친구들은 그녀의 예측할 수 없는 성향에 질려 친구로 다가왔다가 떠나기도 했다. 일부는 그녀를 심한 우울증이라고 했고 무뚝뚝한 성격을 놀리기도 했다.

메레디스의 남편 벤은 그녀의 친절함과 유머감각에 끌렸다고 말했다. 하지만 메레디스는 쾌활하고 유쾌한 상태이다가도 갑자기 자살 충동을 느낄 정도로 기분이 급격하게 바뀌었다. 이와 비슷하게 벤에 대한 그녀의 반응도 행복한 공동체에서 우울한 고립으로 변했다. 그녀의 기분은 완전히 예측 불가능이었기에 벤은 퇴근하고 집에 가면 아내가 어떤 기분일지 늘 불안했다. 그는 집에 들어갈 때 막대기에 모자를 씌워 문으로 먼저 밀어 넣어서 그녀가 그것을 포옹하는지 아니면 무시하는지, 또는 고함을 치는지 확인해야 할 것 같은 마음으로 집에 들어갔다.

벤은 경계인의 전형적인 '이럴 수도 없고 저럴 수도 없는' 시나리오에 갇혀 있었다. 아내의 우울증에 반응하면 더 큰 화를 부를 것이고 무시하자니 걱정하지 않는 것처럼 보일 것이었다.

제6장 • 경계인을 이해하고 돕는 법

다양한 치료에도 호전되지 않는 감정의 변화는 메레디스에게도 마찬가지로 고통스러운 일이다. 그녀의 과제는 자신의 이런 기분 변화를 인식하고 그것에 대해 책임지는 법을 배우는 것이었다. 우울한 상태일 때 곧장 이를 인식하고 주변 사람에게 자신의 기분이 가라앉았으며 온 힘을 다해 노력하고 있다고 알리는 법을 배워야 한다. 메레디스는 일상생활에서 항상 겸손함을 유지하도록 노력해야 하며 자신의 요구 사항을 무조건적으로 관철시키려는 마음을 다스려야 한다.

메레디스의 주요 목표는 행동과 태도를 안정적으로 유지해 자신과 타인을 향한 일관되고 지속적인 관계를 구축하는 것이다.

## 충동 다루기

경계인의 충동적인 행동은 가족, 연인, 친구들을 대단히 힘들게 한다. 특히 이들이 자해 위협이나 자해를 할 때 더욱 그렇다. 경계인의 삶에서 상대적으로 안정적인 시기에 충동성이 발현할 경우(자주 그렇다)엔 불안은 극대화할 수밖에 없다. 안정적인 시기에 충동적인 행동이 나타나는 이유는, 경계인은 생활이 안정되고 위기가 없는 상태에서 오히려 불편함을 느끼기 때문이다.

래리는 결혼 생활이 정말로 지루했다. 결혼한 지 20년이 넘은 그와 아내 필리스는 거의 대화를 하지 않는다. 래리가 대기업에서 힘들게 일하는 동안 아내는 아들을 돌봤다. 래리의 인생은 감옥에 갇혀있는 듯한 일상과 충동적인 행동으로 구성돼 있었다. 래리는 옷을 정확하게 정리하느라 입는 데만 몇 시간이 걸렸다. 옷장 문은 특정한 방식으로 열어야 하고 화장실 개수대는 깔끔하게 청소해야 하며 비누와 욕실용품은 특정한 방식으로 배열해야 했다. 잠을 잘 때도 자신만의 틀에 짜인 행동을 하지 않으면 잘 수 없었다.

이처럼 꽉 짜인 엄격한 일정 속에서도 래리는 충동적으로 술을 마시거나 싸움을 하고 아무 말 없이 온종일 어디론가 훌쩍 떠나기도 했다. 그는 두 차례 충동적으로 '어떤 기분인지 궁금해서' 심장약을 과다 복용한 적도 있었다. 그리고 가끔이기는 하지만 사소한 문제로 아내에게 주먹을 휘두르기도 했다.

그는 무미건조한 상태로 몇 달씩 지내다가도 절제를 잘한다고 칭찬받으면 거의 자신을 학대하는 수준으로 술을 마셨다. 그의 아내와 친구들이 간청하고 위협도 해봤지만 아무 소용이 없었다.

다행히 SET-UP 대화법은 필리스가 래리의 충동성을 다루는 데 도움이 됐다. 필리스는 애원하고 위협하는 대신 래리에 대한 자신의 배려(지지)를 강조하고 그가 자신의 삶에 점점 더 불만족스러워하고 있다는 사실을 알려줬다(공감). 진실 부분은 그녀의 현 상황에 대한 불행함을 이야기하고 치료에 들어가는 것과 같이 꼭 필요한 조치를 설명하면서 충족됐다.

또한 과거의 경험을 바탕으로 미래의 충동적인 행동을 예측하면 도움이 된다. 예를 들어 시간이 좀 지난 뒤 필리스는 래리에게 중립적이고 사실적인 방식으로 예전에 일이 순조로웠을 때 그가 스트레스가 쌓여 갑자기 폭음하게 됐다는 점을 상기시키는 것이다. 이렇듯 과거의 패턴을 지적해 주면 경계인이 스스로 충동의 시작을 미리 살필 수 있게 된다.

그런데 이때는 반드시 지지 진술이 동반돼야 한다. 그래야만 '거봐 당신 또 그러잖아'라는 비판으로 해석되지 않는다. 이런 방식으로 경계인은 스스로 혼란스럽고 예측할 수 없다고 인식한 행동이 실제로는 이해받고 제어할 수 있다는 점을 배우게 된다. 그렇지만 이들이 비난받고 있다고 느껴도 파괴적인 유형을 되풀이하지 않도록 동기를 부여하면 '단지 보여주기 위해서!'라는 반응을 막을 수 있다.

## 거짓 고통에 속지 않기

경계인의 감정 롤러코스터에 휘말리면 주변 사람들도 죄책감, 두려움, 분노와 같은 다양한 감정을 경험하게 된다.

자해할 때 경계인은 자신의 행동에 대한 책임을 남에게 떠넘기는데, 주변 사람, 특히 경계인과 친밀한 관계의 사람일수록 그 책임 전가를 기꺼이 받아들이는 경향이 있다.

죄책감은 진실을 대면하지 못하도록 막는 강력한 억제제다. 이 비슷하게 신체적 손상에 대한 두려움(경계인과 상대방 혹은 당신) 역시 상호소통을 주도하는 강력한 제제가 된다. 분노는 자주 발생하는 보편적인 반응으로 조종당한다고 느끼거나 단순히 특정한 행동을 싫어하거나 이해하고 싶지 않은 것이다.

로이스의 어머니는 로이스를 자주 불러 심각한 두통이나 외로움, 인생의 전반적인 역겨움에 대한 불만을 토로했다. 그녀는 아버지를 일찍 여의고 형제자매와도 소원해졌기에 로이스만이 보살핌을 주는 유일한 자식이자 착한 딸이었다.

로이스는 어머니가 홀로 고통스러워하는 모습을 보면서 죄책감을 느꼈다. 하지만 어머니가 점점 더 무력해지고 자신을 돌볼 의지가 없어지는 것을 보자 화가 나기 시작했다. 로이스는 어머니가 자신을 이용해 의존성을 키운다는 것을 깨닫기 시작했다. 그렇지만 로이스가 자신의 분노를 알리자 어머니는 눈물을 보이며 더욱 무력해졌고 그녀 역시 더 큰 죄책감을 느꼈다. 매번 이 같은 주기가 반복됐다. 마침내 로이스가 이 연결고리에서 자신을 끊어냈을 때 그녀의 어머니는 오히려 더 건강하게 홀로 설 수 있었다.

# 경계인의 특별한 육아

대부분의 경계인은 어린 시절을 성격적 특징으로 설명한다. 종종 한쪽 부모가 없거나 주로 부재한 상황인데 그들은 대개 시간이 많이 필요한 외부의 흥미, 취미, 직업적 필요 혹은 알코올이나 약물중독에 빠져 있다.

부모가 같은 집에서 산다고 해도 관계가 좋지 않은 경우가 많다. 자녀 양육에 대한 상호의 동의가 결핍된 경우가 대부분이며 결과적으로 한쪽, 주로 어머니가 부모의 중요한 역할을 떠맡는다.

이런 부모는 자녀 앞에서 화합하고 협동적인 모습을 거의 보여주지 못한다. 그런 환경에서 자란 아이에게 세상은 모순과 오류투성이다. 아이가 체계를 필요로 할 때 모순을 느끼게 되고 단호함이 필요할 때 모호함을 얻게 된다. 따라서 미래의 경계인은 정체성의 핵심인 일관성을 발달시킬 기회가 극히 드물다.

경계인의 어머니는 노골적으로 그리고 항상 아프지만 그녀의 병은 종종 상당히 모호하다. 심지어 자녀에 대한 완전한 헌신으로 인해 다른 사람들로부터 '완벽한 어머니상'으로 인식되기도 한다. 그렇지만 자세히 살펴보면 자녀의 삶에 과도하게 개입하고 상호 의존을 강제하여 자녀가 성장하며 자연스럽게 부모와 분리되는 것을 방해한다는 것을 알 수 있다.

별거나 이혼 후에도 일관된 수준의 자녀 양육을 유지하기란 매우 어렵다. 특히 경계성 성격장애가 있는 부모에게 일관성 유지는 더욱 어려운 일이다. 그들은 의식적 혹은 무의식적으로 자녀를 배우자와의 전쟁에 이용하기 때문이다. 부모는 배우자와 싸움할 때 신중하게 생각하여 갈등을 최소화할 수 있도록 노력해야 한다. 부모가 서로 자신을 변호하거나 상대를 비난하는 행동은 자녀에게 큰 혼란만 안겨줄 뿐이다. 가장 좋은 방법은 자녀에 대한 서로의 헌신을 인정하고 아이에게 최선인 것에 집중하는 것이다. 대개 공통 분야가 찾아지면 충돌을 최소화한다.

## 부모의 별거

영유아기 부모의 별거는 경계인의 이력에서 어렵지 않게 찾을 수 있다. 표면적으로 별거는 중요하지 않게 보일 수도 있지만 자녀에게는 큰 영향을 미친다.

예를 들어, 태어난 지 얼마 안 된 아이를 두고 어머니가 회사 일로 일주일 정도 출장을 다녀왔다고 하자. 출장에서 돌아온 어머니는 더이상 자녀의 즉각적 반응대상이 아니다. 아이의 눈에 어머니는 사라졌고 지금 어린 자녀를 돌봐주고 있는 다른 누군가로 대체되어 있기 때문이다. 건강한 환경에서 자란 건강한 아이라면 이런 트라우마가 쉽게 극복되지만 경계성 환경에서 자란 아이에게는 일종의 손실이자 버림으로 인식된다. 길어지는 질병, 잦은 출장, 이혼, 부모의 죽음과 같은 자극 역시 중요한 시기 부모의 사랑을 받지 못함으로써 아이의 심리적 성장에 지대한 영향을 미친다.

## 아동학대의 트라우마

심각한 신체적, 성적 학대는 경계인의 성장 배경에서 공통적으로 발견되는 트라우마다. 어린아이는 학대를 당했을 때 언제나 자신을 탓하게 되는데 의식적이든 무의식적이든 그것이 가장 좋은 대안이기 때문이다. 아이가 어른을 탓하면 그는 자신을 돌봐줄 수 없는 무능력자에게 의존하는 것에 대한 두려움에 빠진다. 아무도 탓하지 않으면 고통은 무작위로 나타나게 되고 이를 통제할 수 없다는 생각에 더 두려워진다. 자신을 탓하면 학대를 이해하기 더 쉬워지고 따라서 통제도 할 수 있다. 자신이 학대의 원인을 제공했다고 생각해 그 상태를 끝낼 방법을 찾거나 포기하고 자신을 '나쁜 사람'으로 받아들인다.

경계인은 어릴 때 '나는 나쁜 사람이다'라고 배워서 자신에게 또는 주변에서 일어나는 나쁜 일의 원인이 자기 때문이라고 생각한다. 그는 처벌을 기대하기 시작하고 처벌을 받을 때만 안심할 수도 있다. 나중에는 꾸짖음을 받으면 안정감을 느끼게 되고 이와 유사한 기분을 느끼기 위해 가끔 자해를 활용하기도 한다. 그리고 학대를 일종의 사랑이라고 여기고 자녀에게도 학대를 되풀이하게 된다. 어른이 되어서도 어린 시절의 혼란스러운 세상 속에 갇혀 사랑과 증오, 선과 악만이 존재하는 이분법적 사상에 갇혀 살게 된다.

학대는 신체적 폭력이나 일탈적인 성생활보다는 미묘한 형태를 취한다. 감정학대는 언어폭력, 비난, 모욕, 냉혹한 침묵으로, 이 역시 파괴적이다.

스테파니는 결코 아버지를 기쁘게 할 수 없었다. 어릴 때 아버지는 그녀를 '뚱보'라고 불렀다. 또, 아버지를 기쁘게 해주려고 스포츠를 즐기며 어설프게 남자아이 흉내를 내는 그녀를 비웃었다. 100점이 아니면 '멍청하다'는 소리를 들었고 주방을 치우다 접시를 깨트려도 마찬가지였다. 아버지는 졸업 파티에 스테파니가 입은 끈 없는 드레스가 괴상하다고 했고 아무짝에도 쓸모없는 사람이라고 질책했다.

어른이 되어 스테파니는 항상 자기 확신이 없었고 기분 좋은 칭찬을 믿지 않았다. 절대 기쁘게 할 수 없는 사람을 기쁘게 하려고 부질없이 노력했다. 그러다 스테파니는 배려심 많고 자신을 지지해 주는 테드를 만났다. 그렇지만 그녀는 매번 테드의 마음을 시험하고 그의 헌신에 의구심을 제기했다. 스테파니는 아무도 자신을 가치 있는 사람으로 인정해 주지 않을 것이라 확신하며 테드와의 관계를 망치려고 했다.

테드는 스테파니의 성장배경을 이해하려 노력했고, 신뢰가 쌓이기 위해서는 오랜 시간이 필요하다는 것을 알고 있었다. 모두가 기꺼이 기다리는 것은 아니다. 하지만 테드는 기다렸고, 덕분에 두 사람은 오랫동안 서로를 지지해 주는 관계로 발전할 수 있었다.

# 생애 주기별 BPD

영국과 미국 공동 연구에 따르면 12세까지 나타나는 주요한 BPD 증상은 18세에 성인기로 진입하는 기능을 손상시킨다. 몇몇 소아과 의사들은 아동의 초기 행동으로 아동이 성인이 되어서 BPD 환자가 될지 안 될지를 알 수 있다고 주장한다. 하지만 BPD는 대개 청소년기와 초기 성인기에 처음으로 드러난다.

## 청소년기의 BPD

청소년기에 겪는 여러 어려움과 BPD 증상은 매우 유사하다. 일반적인 청소년과 BPD를 앓고 있는 청소년 모두 부모로부터의 분리에 어려움을 겪고 집단 속 정체성을 추구하며 혼자 있는 것을 싫어한다. 또한 기분 변화가 극적이고 충동적인 경향이 있다. 청소년이 쉽게 주의가 산만해지는 것은 경계인의 목표 설정과 이를 지켜나가기 위한 노력이 어려운 것과 유사하다. 청소년의 독특한 옷차림과 식습관, 음악적 취향은 일반적으로 두드러진 정체성을 만들고 특정 또래 집단에 속하고자 하는 시도로 경계인의 그것과 비슷하다.

일반적인 청소년은 우울한 음악을 듣고, 비관적인 시를 쓰고 자살한 유명인을 미화한다. 또, 괴상한 비명을 지르고 절규하고 위협한다. 그러나 그들은 자신의 손목을 긋거나 하루에도 몇 번씩 폭식과 구토를 반복하거나 약물에 중독되거나 어머니를 공격하지 않는다. 이런 극단적인 행동은 BPD의 발달을 예측할 수 있게 한다.

일부 부모들은 청소년의 문제(약물 과용 등)의 심각성을 단순히 흥미를 끌려고 하는 행동으로 치부해 버리기 일쑤다. 물론 어린아이가 시선을 끌기 위해 극적인 방법을 활용하기도 하지만, 자살 시도나 자해가 정상은 아니다. 이들은 BPD의 초기 증상이거나 다른 정신 장애일 가능성이 있으므로 전문가에게 진료를 받아보아야 한다.

경계성 성격장애 청소년은 평생 성행위를 통한 감염 질병이나 의료적 문제를 겪을 확률이 훨씬 높다. 그래서 술, 담배, 마약에 중독된다.

부모, 교사, 친구와 같은 주위 사람들은 평범한 청소년이 경계를 넘어 경계인의 행동을 보였을 때 청소년 자신보다 더 일찍 이 점을 알아차릴 것이다. 지속적인 약물중독, 일련의 격동적인 관계, 거식증적인 단식은 더 큰 문제가 있다는 것을 알려주는 중요한 지표가 된다. 청소년의 개별 증상보다는 전반적인 행동 양식을 잘 살피는 데 중점을 두어야 한다. 이 점은 자살할 가능성이 있을 때 특히 중요하다.

자살은 청소년 사망원인 중 가장 큰 비중을 차지하며 어린 시절에 우울증, 약물중독, 충동적이거나 폭력적인 행동을 겪었거나 적절한 양육을 받지 못한 경우에 더 위험하다. 이 모든 증상이 BPD의 주요 특징이다. 자해 협박은 항상 진지하게 다뤄야 한다. '관심을 끌기 위한 자해' 또는 '진짜 자해' 모두 비극적인 결과를 초래할 수 있다. 간혹 이 두 행동을 구분하려는 부모가 있는데 이는 매우 위험한 태도이다. 두 가지 행동 모두 병적으로 심각한 행동이며 입원 치료가 필요하다는 것을 알아야 한다.

부모의 이혼은 BPD를 앓고 있는 청소년에게 매우 큰 영향을 미친다. 그러므로 이혼한 당사자는 서로 간에 앙금이 남아 있더라도 자녀 문제에 있어서는 협력해야 한다. 부모와 그 외 후견인들이 모두 협력해서 아이의 부모에 대한 부정적인 인식을 수정하도록 노력해야 한다.

## 초기 성인기의 BPD

20대 BPD 환자는 성인이 되는 새로운 어려움에 직면한다. 직장 생활과 인간관계에서 무엇에 한평생을 바칠지 고민하고, 어떤 사람이 되고 싶은지 고심한다. 이제는 부모의 감독과 교육 기관의 감독에서 벗어나 자주적 자유의 세계에 들어섰다. 인간의 두뇌는 20대 중반까지 계속 성장하기 때문에 인생의 방향을 정하는 결정을 내릴 때 청소년기와 마찬가지로 충동성과 변덕, 불안에 사로잡히게 된다.

## 성인 BPD

BPD 진단을 받은 사람은 대부분 치료 여부와 상관없이 시간이 지남에 따라 상태가 나아지며, 많은 사람이 완전히 회복된다. 완치가 되지 않았지만 잘 기능하는 성인 BPD 환자는 여전히 직업적으로 성공하고 전통적인 가족 구성원으로서의 역할을 하며 친구와 자신을 지지하는 핵심 그룹을 보유하고 있다. 그들은 자신과 타인으로 인해 반복적인 좌절감을 겪지만 대체로 자신만의 세상 속에서 만족하며 살아간다.

그러나 제대로 기능하지 못하는 경계인은 직장과 인간관계를 유지하는 데 어려움을 겪으며 가족이나 지원 체계가 없을 수도 있다. 그들은 외롭게 살며 더 분리된 자신만의 블랙홀에 빠져 있을지도 모른다.

대부분의 경계인에게서 나타나는 특징은 예측할 수 없다는 점과 변덕스러운 행동이다. 이는 외롭고 고립된 사람에게서 더 분명하게 드러나지만, 안정적이고 만족스러운 가정이 있는 사람에게서도 나타날 수 있다. 성공한 사업가나 전문직을 가지고 있는 사람들도 가까이 있는 이들은 조금 이상하다는 느낌을 받기도 한다. 정상적이지 않은 불균형의 기운이 느껴지는 것이다.

많은 경계인은 나이가 들면서 그 증상이 상당 부분 가라앉는다. 극적이고 강렬한 충동성, 급격한 기분 변화, 자해는 줄어든다. 이 패턴은 경계인과 함께 살거나 일하는 사람의 주관적 또는 객관적인 평가의 반영일 수 있다. 경계인의 친구나 연인은 오랜 시간 동안 그의 변덕스러운 행동에 익숙해져 있고 더 이상 난폭함을 이해하거나 반응하지 않는다.

경계인이 규칙적인 생활방식에 적응해서 원하는 것을 얻기 위해 과도한 음주, 자살 위협과 같은 극적인 행동을 주기적으로 할 필요가 없어졌기 때문일 수도 있다. 혹은 나이가 들면서 경계인의 에너지나 기력이 줄어들어 경계인의 빠르게 변하는 삶의 방식을 유지할 수 없는 것일 수도 있다. 그것도 아니면 나이가 들면서 자연스럽게 치유되는 과정일 수도 있다.

241

어떤 경우에서든 대부분의 경계인은 치료의 유무와 관계없이 시간이 흐르면서 나아진다. 실제로 대부분은 더 이상 아홉 가지 경계성 성격장애 판단 기준 중 다섯 가지를 충족하지 못하므로 치료된 상태로 볼 수 있다. 대단히 파괴적인 이 질병에 대한 오랜 예후는 아주 희망적이다.

따라서 경계인과 인생을 함께하는 사람은 시간이 흐르면서 그의 행동을 좀 더 용인할 수 있게 된다. 또한 경계인의 행동에 대한 예측 가능성이 높아지면서 다루기가 수월해진다. 그 결과 경계인도 건강한 방식으로 사랑하고 사랑받는 법을 배울 수 있게 된다.

## 노년의 BPD 부모

BPD 증상인 급격한 기분 변화, 분노, 두려움, 부적절한 대인관계가 노년기로 이어질 경우, 경계인 부모와의 적절한 소통을 유지하는 것은 자식에게 매우 힘든 일이다. 이러한 상황에서도 자녀는 경계인 부모와의 좋은 관계를 유지하길 원한다. 결국 부모이고 자식이기 때문이다.

경계인 부모는 자신이 필요로 하는 것이 충족되지 않았을 때 타인에게 죄책감을 느끼게 만들고 그로 인해 사람들과의 관계가 단절되게 된다. 이러한 일이 반복되다 보면 결국 경계인 부모의 유일한 사회적 연결고리는 자녀뿐이다.

그런 상황에서 자녀는 자신이 제공할 수 있는 지원이 무엇인지 고민하여 지원할 수 있도록 노력해야 한다. 단, 일정한 한계점을 설정하여 그것을 유지하도록 해야 한다. 자녀의 생활이 무너지면 경계인 부모의 생활도 함께 무너지기 때문이다. 만약 부모가 자녀의 제안을 따르지

앉더라도 계속해서 다른 활동이나 접촉을 권장하고 유도할 수 있도록 환경을 조성할 필요가 있다.

　로이스의 어머니는 자주 로이스에게 전화를 걸어 심한 두통, 외로움, 그리고 삶에 대한 전반적인 혐오감을 털어놓았다. 아버지는 이미 오래전에 돌아가셨고, 형제자매들은 가족과의 관계를 끊고 있어서 착한 딸인 로이스만이 유일하게 어머니와 연락을 하는 가족 구성원이었다.

　로이스는 어머니가 외로워하고 고통을 겪을 때 죄책감을 느꼈다. 로이스는 어머니에 대한 애정과 그녀가 유발하는 죄책감에도 불구하고, 어머니가 점점 더 무력해지고 자기 자신을 돌보기를 싫어하는 것을 보면서 화가 나기 시작했다. 로이스는 날로 심해지는 어머니의 의존성으로 인해 자신이 이용당하고 있다는 것을 깨달았다.

　하지만 로이스가 분노를 표현하면 어머니는 눈물을 흘리며 더욱 무력해지고, 로이스의 죄책감은 커져만 가는 악순환이 반복되었다. 이 악순환을 개선하기 위해서는 로이스가 자신의 조건에 맞게 일관된 거리와 연락을 유지해야만, 어머니 역시 자립하여 좀 더 건강한 삶을 살아갈 수 있다.

# 경계인과 건전한 관계 맺기

## 경계인과 일하기

직장에서 경계인은 대부분 특이하거나 괴상한 사람으로 인식된다. 그들은 스스로 고립되는 성향이 있어 개인적인 접촉을 피하고 괴이한 분위기를 풍기며 다른 사람과 거리를 둔다. 일부는 상습적으로 신체적 질병이나 사적인 문제를 불평하고 가끔 편집증이나 분노 증상을 보인다. 하지만 여전히 일부는 직장에서 완벽하게 정상인의 모습을 보인다. 다만, 직장 밖에서는 동료들과 어울리는 것을 어색하거나 불편하게 생각한다.

미국에서는 많은 고용주가 근로자 지원 프로그램, 사내 상담, 알코올과 약물중독 문제를 도와주는 위탁 부서 등을 운영한다. 현재 근로자 지원 프로그램은 법적, 재정적 어려움과 더불어 감정적 문제를 겪고 있는 근로자들을 돕는 데 중점을 두고 있다.

이들 상담사는 알코올이나 약물중독 혹은 우울증이나 정신병과 같은 주요 정신질환의 특징을 식별하는 능력을 갖추고 있지만, 그보다 한층 복잡한 BPD의 증상에 대해서는 아직 친숙하지 못하다. 비록 근로자들의 상관, 동료, 상담가, 심지어 본인이 일부 기능장애나 이상한 행동을 인식하기도 하지만 환자는 그 행동이 더 보편적으로 인식된 질환과 분명하게 결합되지 않는다는 이유로 치료에 대한 권유를 받지 못한다.

직원을 고용할 예정이 있는 고용주라면 잦은 이직 경력이 있는 구직자에게 경계성 성격장애를 의심해 볼 수 있다. 잦은 이직에 대해 구직자는 주로 '개인적 갈등'을 이유로 들 것이다(사실 이는 정확한 설명이기도 하다). 그 밖의 사유로는 새로운 상관, 새 컴퓨터 시스템, 업무 역할의 변화와 같이 고도로 체계화된(거의 단조로운) 일상에 지장을 주는 변화가 원인이 된다.

경계인은 아주 창의적이고 헌신적인 경우도 있어서 가장 가치 있는 직원이 될 수도 있다. 더 높은 위치에 있을 때 이들은 타인에게 다양한 자극을 주어 영감을 얻는 데 도움이 된다. 대부분의 경계인은 기대치가 분명하게 정해져 있는 체계적인 환경에서 가장 잘 기능한다.

동료들은 그가 세상을 흑백논리로 바라보는 경향이 있으며 잘 정의된 체계가 필요하다는 점을 인식하면 큰 어려움 없이 지낼 수 있다. 그와 농담을 주고받거나 좋은 의도에서 놀리는 행위는 대부분 경계인의 오해를 살 수 있으므로 삼가야 한다. 경계인이 다른 이들의 농담 대상이 되었을 때는 중재하는 것이 좋다. 훌륭한 업무 능력을 자주 칭찬해 주고 실수를 질책하지 않고 더 잘할 수 있는 법을 알려주면 경계인이 회사에서 능력을 발휘하는 데 도움이 된다.

이와 마찬가지로 경계인이 높은 위치에 있을 때 부하직원들은 그의 흑백논리를 인식하고 다루는 법을 배우는 것이 중요하다. 직원들은 상처를 크게 받지 않으면서 그의 변덕을 예상하고 받아들이는 법을 배워야 한다. 경계인은 일관성을 유지하기 힘들기 때문에 논리적인 토론을 하려고 해서는 안 된다. 그리고 조직 내에서 합당한 피드백과 평가를 해줄 사람이 있으면 경계인에게 많은 도움이 된다.

## 경계인과 놀기

경계인과 노는 것은 대개 예측할 수 없고 가끔은 아주 당혹스럽다. 여흥을 즐기기가 매우 힘들고 심하게 관여하기 때문에 편안해야 할 오락이 오히려 불편해진다. 그는 당신의 새로운 복식 테니스 파트너로 처음에는 좋은 사람 같지만 시합이 시작되면 점차 좌절하고 분노를 보인다. 당신이 지속적으로 그에게 "이건 그냥 시합일 뿐이야"라고 말해도 그는 화를 내고 자신을 탓하며 라켓을 집어던지고 시합을 포기하겠다고 악을 쓸 것이다. 그는 당신 아들이 다니는 어린이 야구단의 코치일 수도 있다. 아이들과 잘 지내지만, 갑자기 심판에게 폭력적으로 굴거나 만루를 실패한 자신의 아들에게 화를 내며 모욕을 줄 수도 있다.

비록 이런 사례가 실제로는 경계성 성격장애가 아닌 일부 사람들의 경계성 특징을 설명할 수도 있지만 이런 행동이 아주 극단적이거나 지속적인 패턴을 보인다면 진짜 경계성 성격장애의 징조일 수 있다.

경계인의 집중력은 즐기고 휴식하는 능력을 방해한다. 유머는 그를 좌절하게 하거나 화나게 한다. 실질적으로 경계인을 웃게 만들기란 불가능하다. 경계인과 계속 테니스를 치기로 했다면 SET-UP 원칙을 신중하게 활용하라. 원만한 관계를 유지하는 데 도움이 될 것이다.

## 자신의 감정 이해하기

롤러코스터를 타는 것처럼 감정이 급변하는 경계인과 어울리기로 마음먹었다면, 특히 죄의식과 두려움, 분노와 같은 다양한 감정을 경험할 각오를 해야 한다. 자기 파괴적인 사람은 무기력해 보이고, 자기 행동에 대한 책임을 언제나 기꺼이 받아주는 사람에게 떠넘기는 것처럼 보일지도 모른다. 죄의식은 솔직한 대면을 억제하는 강력한 요인이다. 이와 비슷하게 두려움은 자신이나 타인에게 신체적 해를 가하지 못하게 억제하는 요인이다. 따라서 상호작용을 강력하게 억제할 수도 있다. 분노는 조정당하고 있는 것 같거나 단순하게 특정 행동을 좋아하지 않거나 이해하지 못할 때 흔히 나오는 반응이다.

이해와 인내는 모든 관계를 유지하는 중요한 요소다. 특히 경계인과의 헌신적 관계를 다루는 데 중요한 역할을 수행한다. SET 소통법과 다른 소통 기법을 이용하면 격변을 헤쳐 나갈 수 있다. 이와 동시에 자신의 감정을 지속적으로 평가해야 한다. 배려심으로 좌절감을 적정하게 조절하고, 시간이라는 약물을 복용하면 건전한 관계를 유지할 수 있다.

# 개별적 BPD 증상에 대처하기

이 책의 2장에서 BPD를 정의하는 아홉 가지 기준을 조사했다. 하지만 경계성 성격장애라는 질환에는 다양한 측면이 있다. 공식적으로 BPD 진단을 받으려면 아홉 가지 기준 가운데 다섯 가지의 기준에 부합해야 한다. 이러한 기준을 순차적으로 조합하면 256개의 각기 다른 증상이 나오고, BPD 유형도 256개에 이른다. 극심한 분노와 변덕스러운 기분 변화, 자기 파괴적인 충동성을 보이는 경계인은 유기 공포와 공허감, 불안정한 자아상을 지닌 경계인과 완전히 다르다. SET-UP 대화법은 경계인과 일반적으로 소통하는 유용한 방법이 된다. 하지만 특정한 경계성 발현에 대처하는 단 하나의 효과적인 전략을 공식적으로 도출하는 것은 불가능에 가깝다. 특정한 BPD 증상을 다루는 기법은 다음과 같다.

## 유기 공포에 대처하기(기준 1)

사람을 밀어내는 경계인의 분노는 고립되어 유기될지도 모른다는 경계인의 두려움과 일맥상통한다. 혼자가 될지도 모른다는 두려움은 손상된 관계와 혼란에 빠진 정체성, 공허감과 같은 다른 BPD 증상에 영향을 미친다. 경계인은 사랑하는 사람에게 버림받지 않기 위해서 지속적인 확증을 요구하고 자신의 결핍을 드러낼지도 모른다.

### 애착 물건(혹은 이행 대상)을 사용한다

좋아하는 동물 인형을 갖고 여행을 다니곤 했던 다이애나 왕세자비처럼 애착 물건은 헤어질 때 매우 유용하다. 사진이나 옷은 가끔 혼자라서 외롭다고 느끼는 경계인에게 위로와 안정감을 준다. 경계인에게 노래를 부르라고 하거나 당신의 스웨터를 하루 동안 입고 있으라고 줘서 위안을 안겨줄 수도 있다.

### 미리 준비시킨다

경계인은 미래, 특히 배우자의 사업상 여행처럼 원치 않는 미래의 사건을 의식에서 밀어내 버린다. 경계인이 꺼리는 상황을 이야기하지 않으려고 해서는 안 된다. 그보다는 일정한 간격을 두고 사업상 여행 이야기를 꺼내고, 긍정적인 소식까지 더해주는 것이 좋다. 예컨대 이렇게 말한다. "내가 사업상 여행을 떠나기 전에 클럽에 함께 가자."

경계인의 곁에 있어주지 못할 때는 친구들과의 만남을 주선해 주고, 클럽 모임이나 운동 수업 등을 잡아주어 경계인에게 위로가 되는 대안을 마련해 준다.

### 균형 잡힌 체계적 한계를 정한다

결핍에 시달리는 경계인의 요구를 모두 들어주지는 못하지만, 일관되게 유지할 수 있는 접촉 수준을 확실하게 정해줘야 한다. 예컨대 이런 식이다. "아빠, 실망스럽겠지만 매일 밤 찾아뵐 수는 없어요. 대신 목요일 저녁마다 갈 테니 같이 식사해요."

## 관계 불안정성에 대처하기(기준 2)

경계인은 세상을 흑백논리로 보기 때문에 원만한 관계를 맺기 어렵다. 사소한 말 한마디에도 천사로 인지하던 사람을 악마로 취급한다. 이처럼 세상과 타인을 바라보는 잘못된 관점은 내가 누구인지 모르겠다는 불안정한 감정의 반영이다.

### 영웅이나 희생양이 되지 않는다

'천사'로 대우받는다면 그러한 긍정적인 이상화를 군말 없이 받아들인다. "난 그렇게 훌륭한 사람이 아니야"라며 겸손하게 반박해 봤자 경계인에게 좌절감만 심어줄 뿐이다. 또 다른 한편으로 구세주의 임무를 떠들어대거나 악당 역할을 받아들여서도 안 된다.

린지는 연애 초기 넬슨이 훌륭하고 이해심 많은 사람이라며 칭찬을 늘어놓았다. 그런 칭찬에 우쭐해진 넬슨은 린지의 고통을 모두 덜어주고 보호해 주겠다고 약속했다. 넬슨은 린지의 재정 상태부터 헤어스타일과 옷차림까지 관리해 주었다. 그러나 이와 같은 우상화가 지속되자 린지는 조정당하고 있다고 생각해 넬슨에게 화가 났다. 이미 통제광으로 변해버린 넬슨은 혼란에 빠졌다.

## 책임은 지더라도 부당한 비방에는 이의를 제기한다

경계인 배우자의 갑작스러운 태도 변화를 이해하려고 애쓴다. 그 사람이 화가 났다는 사실과 왜 화가 났는지 인정한다. 하지만 사실이 아니라면 그 사람의 악마화 발언을 자발적으로 인정해서는 안 된다. 반복적인 공격을 참다가 이렇게 말할 수도 있다. "내가 당신을 데리러 공항에 가지 않아서 화가 난 건 나도 알아. 하지만 예전에 여러 번 당신을 데리러 갔잖아. 이번에는 직장에서 빠져나올 수가 없었어." 무조건 방어적으로 굴지 않아도 된다. 더 자세하게 설명해 봤자 화만 부추길 위험이 있다. 가끔은 "미안해"라고 말하고는 그냥 넘기는 게 최선이다.

### 미리 준비시킨다

일어날 가능성이 있는 대립 상황에 대비할 수 있도록 해주는 것이 좋다. 경계인 배우자가 어떻게 반응할지 예측해 보고 그에 대응하는 방법을 연습해 보면 감정을 더욱 쉽게 조절 가능하다. 잠재적인 상호작용을 예상해 보면 SET 반응과 다른 기법을 손쉽게 사용할 수 있다.

## 정체성 혼란에 대처하기(기준 3)

"내가 누군지 진짜 모르겠다"는 경계인이 흔히 하는 말이다. 신뢰할 수 있는 일관적인 정체성 형성은 경계인에게 무척 어려운 일이다. 경계인은 종종 다른 사람과 상호작용할 때 자신이 거짓 행동을 하는 것 같다고 느낀다. 예컨대 카멜레온처럼 언제든 상황에 맞춰 자신을 바꿀 수 있다고 생각한다. 하지만 밤에 혼자 있을 때는 자신이 누구인지 혼란스러워한다. 목적과 관심을 유지하기 어려워 진다. 어쩌면 공허감에 사로잡혀 직장과 교육적 목표, 인간관계에 헌신하지 못할지도 모른다. 정체성 공허를 메우고 싶어서 사고하고 느끼고 행동하는 법을 규정하는 독단적 문화에 지배받는 광신 집단에 집착할 수도 있다.

### 승산 없는 딜레마를 설명한다

어떤 경우에는 자신이 누구인지, 무엇을 원하는지를 좀처럼 확신하지 못해서 끊임없이 좌절감과 적대감에 사로잡힐 수도 있다. 이런 경우에는 자신이 무슨 말이나 행동을 하는지는 중요하지 않다. 뭔가를 해도 망하고, 하지 않아도 망한다. 이처럼 승산이 없는 역경을 헤쳐나가 승리할 수는 없다.

이러한 상황의 역학은 SET를 도구로 삼아 설명하면 큰 도움이 된다. "내가 오늘 남자들과 외출하겠다고 해서 화가 난 거 알아. 하지만 내가 집에 있겠다고 했는데도 자기한테 '죄책감을 심어준다'고 화를 냈잖아. 자기가 내 인생에서 매우 중요한 부분을 차지하고 있는 사람이라는 거 알지?(지지) 자기가 최근에 아버지와 많은 일을 겪었다는 거 알아.(공감) 자기는 내가 뭘 어떻게 하든 짜증을 낼 거야. 그래서 그냥 집에 있으려고. 자기 생각이 어떻든 죄책감과는 상관없이 내린 결정이야.(진실) 자기가 나한테 중요한 사람이라서, 자기가 힘들어할까 봐 그렇게 하기로 했어.(지지, 공감)"

### 방향을 전환한다

승산 없는 영역에 들어설 것 같으면 먼저 배우자의 입장을 알아본다. "난 잘 모르겠는데 자기 생각은 어때?"

### 역반응을 이용한다

스물두 살의 노라는 대학교를 세 번 중퇴했다. 한 학기를 잘 보냈다 싶었는데 얼마 지나지 않아 의욕이 꺾여서 수업을 빼먹기 시작했고, 낙제 점수를 받았다. 그때마다 부모님은 재등록하라고 노라에게 압박을 가했다. 이번에 노라의 아버지는 일부러 다른 방법을 취했다. "너한테는 대학교가 맞지 않는 것 같구나. 괜찮은 직장을 찾아 일하면 네가 더 행복해질지도 몰라." 노라의 아버지가 이렇게 말하자 노라는 처음에 기분이 상하고 화가 났다. 자기가 대학교에 다닐 만큼 영리하다는 사실을 잘 알고 있었고, 교육을 좀 더 받지 않으면 만족스러운 직장을 구하지 못한다는 사실도 알고 있었다. 노라의 아버지가 한 말은 '내가 어떤지 보여주겠다'는 노라의 마음 한쪽을 자극했다. 몇 주 후 노라는 학교로 돌아가 학자금 대출을 신청하겠다고 아버지에게 도전적으로 말했다. 그뿐만 아니라 이번에는 학교를 끝까지 마치고 졸업하겠다고 했다. 이것이 바로 노라의 아버지가 바랐던 반응이었다.

### 한 팀이 되어 활동한다

경계인 배우자와 스포츠 단체나 교회 활동, 자선 활동, 혹은 지역 공동체 프로젝트와 같은 집단 활동을 함께한다. 이러한 활동은 사회적 상호작용을 개선해 주고, 정체성을 정의해 주는 관심사를 자극한다.

### 긍정적이고 일관적인 태도로 곁에 있어 준다

불안정한 정체성은 일관적이지 못한 삶에서 비롯된다. 경계인은 과거의 경험 때문에 배우자의 약속을 의심한다. 부정적인 특성을 무시하지 않고 긍정적인 속성을 강조할 수 있는 믿음직한 원천이 되어주는 게 경계인 배우자에게는 매우 중요하다.

## 자기 파괴적인 충동성에 대처하기(기준 4)

BPD는 부분적이나마 자멸적인 충동성으로 정의할 수 있는 유일한 진단이다. 충동적인 행동은 특히 자기 파괴적일 경우에 경계인의 친구와 가족에게 극심한 좌절감을 안겨준다. 충동성은 비교적 안정적인 시기에 터져 나오면 더욱 크나큰 불안감을 조성한다. 실제로 자멸적인 행동은 인생이 안정적으로 정착됐기 때문에 나타날 수도 있다. 위기가 없는 상황에서는 불안감을 느낀다.

래리는 안정적이고 지루한 결혼 생활을 하고 있었다. 아내 필리스와 20년 넘게 결혼 생활을 했지만 서로 간의 교류는 별로 없었다. 필리스는 아들을 키웠고, 래리는 회사에서 열심히 일했다. 래리의 인생은 스스로 가둔 감옥처럼 일상적인 일과와 강박적인 행동으로 가득했다. 래리는 옷을 차려입을 때도 순서대로 정리하느라 몇 시간이 걸렸다. 밤에는 잠자기 전에 통제권을 유지하려고 일상적인 의식을 치렀다. 옷장 문도 특정한 방식으로 열어야 하고, 비누와 화장품도 특정한 형태로 정리해야 했다.

래리는 이렇게 꽉 짜인 일과를 보내면서 충동적으로 술을 마시고 시비를 걸거나 예고도 없이 갑자기 동네를 떠났다가 하루 내내 돌아오지 않았다. 가끔은 기분이 어떤지 알고 싶다고 심장약을 충동적으로 과다 복용했다. 보통은 엄숙하고 조용한 태도로 필리스의 분노를 다 받아주지만 가끔은 필리스 때문에 떠나고 싶어진다고 비난했고, 사소한 일로 시비를 걸었다. 래리는 몇 달 동안 술을 끊었다가 절제를 잘한다고 칭찬받자마자 무섭게 술을 퍼마셨다. 아내와 친구들이 술을 그만 마시라고 간청하고 위협해도 아무 소용이 없었다.

### 예측한다

금주 기간이 끝난 후, 래리에게 일이 잘 풀리면 그동안 쌓아 놓았던 압박감을 터트려 폭주하는 그의 습관을 상기시켜 줘보자. 친한 친구나 가족이 과거의 행동 패턴을 지적해 주면 래리는 파괴적인 충동성이 일어나는 초기의 감정 상태를 더욱 잘 인식하게 될 것이다. 여기에다 지지 발언까지 더해지면 지지 발언을 '또 시작이네'와 같은 적대적인 비난으로 해석할 여지도 없어진다. 덕분에 래리는 예측 불가능하고 혼란스럽다고 생각했던 자기 행동을 예측하고 이해하고 통제할 수 있다는 사실을 깨닫는다. 또한, 비난받는 것 같을 때도 자기 행동을 예측하면 역으로 행동해서 '두고봐!' 하는 식의 파괴적인 행동 패턴을 반복하지 않을 수 있다.

경계인에게 가망성 있는 행동 결과를 보여주면 가끔은 그 결과가 완화된다. 테리는 열다섯 살 딸이 화가 나서 허락받지 않은 남자친구와 달아나겠다고 협박했을 때 덤덤한 어조로 이렇게 말했다. "얘야, 아빠는 네가 그러지 않았으면 좋겠어. 네가 그랬다가는 너랑 조단을 찾아달라고 경찰에 신고할 거거든. 그럼 조단은 또 체포될 거야. 이번에 잡히면 훨씬 더 오래 잡혀 있을 거고. 아빠는 그 모든 일을 겪기보다는 너랑 이야기를 좀 더 해보고 싶구나."

### 일상적인 일과를 계획한다

상처 입기 쉬운 시기에는 건강에 좋은 활동을 함께 하면 좋다. 예를 들자면 요가, 교육이나 종교 강좌, 알코올중독자 모임 등이 있다.

### 분노와 자기혐오에 집중한다

사랑하는 경계인에게 폭음하러 나가지 말라고 간청해 봤자 아무 소용이 없다. 그보다는 왜 그렇게 화가 났는지, 왜 자멸적인 방식으로 그에 대처하는지 물어보는 게 훨씬 더 효과적이다. 행동보다 대화를 유도하면 더 나은 결과가 나온다.

래리는 치료를 받으면서 예측 불가능해 보이는 행동이 타인에 대한 분노 대부분이 자신에 대한 분노에서 비롯된다는 것을 깨달았다. 그리고 좌절감이 밀려올 때 아내를 학대하거나 술을 마시기 시작한다는 사실을 알게 되었다. 이러한 충동적 행동은 죄의식과 자기 처벌을 부르고, 결과적으로 자신의 죄를 갚는 데 도움이 된다. 래리가 자신을 좀 더 가치 있게 평가하고, 자신의 이상과 믿음을 존중하면서 파괴적인 활동이 감소했다.

## 자살 행동과 자해 행동에 대처하기(기준 5)

자살 위협과 자살 시도는 언제나 심각하게 받아들여 전문의의 요청을 구해야 하는 문제다. 경계인의 자살 위험률은 10퍼센트에 달하고, 이는 일반인의 자살 비율보다 거의 1,000배 가까이 높은 수치다. 많은 BPD 증상은 나이가 들면서 약해지지만 자살 위험은 한평생 사라지지 않는다. 나이가 들면서 자살 위험이 증가한다는 연구 결과도 있다. 과거의 자해 이력은 가장 강력한 자살 위험 요인이다.

경계인 남녀의 자살 시도 비율은 비슷하지만, 여성보다는 남성이 자살에 성공해서 해를 입을 확률이 몇 배 더 크다. 과거의 자살 시도 이력이 있는 노인 자살 환자는 BPD와 관련된 특성을 드러낼 확률이 높다. 처음으로 자살을 시도한 노인 환자의 경우에 성격 병리가 드러날 가망은 적어지지만, 강박성과 자기 환경 통제 욕구는 증가했다. 이러한 특성들은 초창기에는 조정 가능하지만 후반기에는 우울증과 통제력 상실이 결합해서 무기력을 낳고, 자살 생각을 강화한다.

비자살적 자해(NSSI)는 칼로 살을 긋는 자상과 화상, 머리 흔들기와 같은 자해 행동을 일컫는다. 경계인은 이러한 행동을 통해 긴장을 해소하고, 자신을 벌하고, 해리 증상을 극복하고, 통제력을 찾거나 위험한 흥분 욕구를 만끽한다. 경계인의 가족과 친구는 그러한 자해 행동을 직시하기가 매우 어렵다. 임신 중에는 자해 환상이 산후 우울증 증가 및 산모와 갓난아기의 관계 악화와 맞물려 나타난다. 비자살적 자해는 보통 청소년기에 시작되고, 그 비율은 전 세계적으로 18퍼센트에 이른다. 이러한 증상은 BPD를 정의하는 기준이지만 비자살적 자해를 별도의 장애로 취급해야 한다고 주장하는 사람들도 있다. DSM-V의 '추가 연구 조건'에서는 비자살적 자해 진단에 필요한 별도의 특정한 진단기준을 제시한다.

### 도움을 청한다

자살 위협이나 행동은 언제나 심각하게 받아들여야 한다. 응급 서비스, 핫라인 지원, 또는 다른 지원군에게 연락한다.

### 안전한 환경을 조성한다

해로운 물건을 없애거나 최소화한다. 더 이상 복용하지 않거나 처방 받지 않은 약은 버린다. 쓸데없이 너무 날카로운 도구는 제거한다. 총 과 다른 무기를 치우거나 안전한 곳에 따로 보관해 둔다.

### 자해에 대한 생각을 분산시키거나 대체할 만한 대안적 행동을 찾아본다

격한 운동이나 다른 신체 활동을 한다. 점토 놀이, 또는 피아노나 다른 악기 두드리기는 긴장을 풀어준다. 온수욕이나 얼음물 목욕도 도움이 된다. 가끔은 얼음덩어리를 잡기만 해도 크게 해롭지 않은 선에서 원하는 통증을 느끼기도 한다. 많은 경계인의 목적은 피를 보는 것이다. 그러므로 빨간색 매직펜으로 (거북함을 유발하기 위해) 신체 일부를 색칠해서 눈을 속이는 방법도 있다.

## 기분 불안정에 대처하기(기준 6)

경계인은 주변 사람과 사물에 아주 예민하게 반응한다. 정서적 변화는 보통 환경에 민감하고, 감정이 오락가락한다. 특히 부정적인 반응은 격해질 수 있다. 기능성 자기공명영상(fMRI) 연구에서는 두뇌가 부정적 자극에 어떻게 반응하는지 살펴보았다. 그 결과, 경계인의 민감성이 증가했다. 정상인들은 똑같이 반복되는 고통스러운 자극에 익숙해질 가능성이 훨씬 컸다. 반면 경계인은 감정적으로 더욱 민감해졌고, 두뇌가 지속적인 스트레스 반응을 보였다. 경계인뿐만 아니라 주변 사람들 모두가 갑작스러운 기분 변화에 당혹해 한다.

메레디스는 어렸을 때부터 언제나 자신의 기분을 잘 인식했다. 일이 잘 풀리면 흥분과 기쁨이 최고로 치솟아 올랐지만 어느 순간 예고도 없이 절망의 언저리까지 추락했다. 메레디스의 부모는 그녀의 기분을 맞춰주려고 까치발로 조심스럽게 돌아다녔고, 절대 메레디스의 화를 자극하지 않았다. 학교에서는 친구들이 메레디스를 예측 불가능하다고 생각했다. 몇몇은 그녀를 '조울증'이라고 부르며 퉁명스러운 기질을 고쳐주려고 했다.

메레디스의 남편 벤은 그녀의 친절함과 유머감각에 끌렸다. 하지만 메레디스는 감정의 기복이 커서 유쾌하게 지내다가도 갑자기 자살 생각을 했다. 벤과의 상호작용도 유쾌한 관계와 우울한 고립 사이를 오갔다. 메레디스의 기분은 전혀 예측할 수 없었다. 벤은 하루가 끝나고 집에 갔다가 어떤 메레디스를 마주할지 전혀 몰랐다. 가끔은 모자를 막대기에 붙여서 문틈으로 넣어 모자가 무시당할지, 총에 맞아 날아갈지, 아니면 무사할지 알아봐야 할 것 같았다.

메레디스는 다양한 약물도 아무런 효과가 없어서 급격한 기분 변화에 괴로웠다. 하지만 치료에서는 그러한 기분 변화와 그 원인을 인정하고, 기분 변화에 대한 책임을 지고, 그에 적응하는 법을 배우려고 했다. 우울한 상태에서는 그러한 자신의 감정을 파악하고, 주변 사람들에게 자신의 기분이 나쁘지만 최대한 바꾸려고 애쓰겠다고 말하는 법을 배웠다. 자신의 상황을 편하게 설명할 수 없는 사람과 함께 있을 때는 저자세를 취하고, 몇몇 요구사항을 다루지 않으려고 적극적으로 회피했다. 메레디스의 주요 목적은 자신과 타인에 대한 일관성, 즉 일관적이고 믿을 만한 태도와 행동을 구축하는 것이었다.

벤은 '무언가를 해도 망하고 하지 않아도 망하는' 전형적인 경계성

제6장 • 경계인을 이해하고 돕는 법

상황에 갇혀 있었다. 메레디스의 급격한 기분 변화를 직시하면 침체와 분노를 더욱 자극하게 되고, 무시하면 관심 부족으로 비난받게 된다. 이처럼 탈출의 희망이 없어 보이는 진창에서 벤은 의사의 다음과 같은 유용한 조언을 받아들였다.

### 생산적으로 연기한다

대부분의 사람은 현재를 사는 것이 바람직한 삶의 원칙이라고 생각한다. 그런데 경계인의 인식과 감정은 철저하게 지금 이 순간에 존재하고, 어떤 맥락이나 비교 대상도 없이 그때그때 달라질 수 있다. 과거에 일어났거나 미래에 일어날 일은 무엇이든 현재 이 순간에 느끼는 감정에 영향을 미치지 못한다.

메레디스는 요구가 많고, 짜증을 잘 내고, 지금 당장 답변을 요구할지도 모른다. 설령 그러한 답변이 머지않아 취소되고 폄하되더라도 말이다. 어떤 경우에는 요구를 이행하기보다는 회피하는 게 유용할 수 있다. 바람직한 답변을 예로 들자면 이렇다.

"네가 이 일을 걱정하는 거 잘 알아. 하지만 내 일정을 먼저 확인하게 해줘.", "이 일을 빨리 처리하고 싶어 하는 거 잘 알아. 하지만 몇몇 문제를 재조정할 수 있는지 알아봐야 해.", "난 지금 몇 가지 문제에 사로잡혔어. 너한테 돌아가게 해줘."

### 일관성을 확립한다

경계인은 흔히 자기 인생을 복잡하게 만드는 일관적이지 못한 태도를 인지하지 못한다. 이때는 모순적인 태도를 자세히 밝혀주고 일관적인 관점을 가지는 게 좋다.

"우리가 마침내 테니스 수업 특별 강사를 채용했을 때 당신은 무척 흥분했어. 하지만 어떤 날은 무척 열정적이었고, 또 어떤 날에는 그 강사가 너무 싫어서 수업을 듣고 싶지 않다고 했지. 난 아무래도 괜찮아. 하지만 그 문제에 대해 이야기를 나눠보고 수업을 계속할지 말지 결정해야 해."

## 만성 공허감에 대처하기(기준 7)

경계인에게 공허감은 극히 고통스러운 감정이다. 경계인은 목적의식이나 가치가 부족하다. 줄 게 아무것도 없고, 사랑이나 관심을 받을 가치도 없다고 생각한다. BPD의 다른 많은 진단기준처럼 고립된 공허감은 흐릿해진 자아감(기준 3)과 급격한 기분 변화(기준 6), 유기 공포(기준 1)와 같은 다른 증상과 관련이 있다. 경계인이 극히 소모적인 공허감에 사로잡히면 은둔하려고 한다. 여기서는 단절과 고립을 피하는 것이 중요한 목적이다.

### 신체 활동을 장려한다

경계인을 집 밖으로 끌어낸다. 함께 걷고 달리거나 운동 수업을 듣는다. 신체 활동과 야외 활동은 블랙홀로 끌려 들어가는 경계인을 구출해낼 수 있다.

### 새로운 관심사를 장려한다

취미는 공허감을 채워줄 수 있는 지적인 자극이 된다.

### 사회적 참여를 장려한다

지역 공동체 단체와 교회 집단, 자원봉사자 조직, 혹은 사교 클럽에 참여하거나 수업을 들으면 고립을 피하는 데 도움이 된다.

## 분노에 대처하기(기준 8)

분노 폭발은 예고도 없이 발생하고, 상황에도 어울리지 않는다. 이러한 분노 폭발은 쉽게 예측하기가 힘들다. 사랑하는 경계인의 좌절감이 점점 깊어진다는 사실을 알아차리지 못할 수도 있다. 무섭게 달려오는 기차의 경적을 듣지 못하거나 불빛을 보지 못할지도 모른다. 차분하던 사람이 사소한 말이나 사건에 발끈해서 화를 내기도 한다. 이처럼 갑작스러운 감정 폭발은 당사자뿐만 아니라 상대에게도 충격이된다. 차분하게 마음을 가라앉히고 분노에 찬 말을 주고받지 않는 게 어렵다. 누군가가 자신의 감정을 건드리는 버튼을 누르게 놔둔다면 그 사람은 자기 역할을 부인하고 이렇게 말할지도 모른다. "난 화나지 않았어. 화난 사람은 너야!", "널 증오해!"라고 소리치는 경계인의 일부를 견뎌내는 게 인간관계에서 가장 힘든 일이 될 수 있다.

### 사태가 진정될 때까지 기다린다

바로 반응하지 않고 장황한 비난이 끝날 때까지 기다린다. 그러고는 조용한 침묵이 시끄러운 감정 폭발과 극명한 대조를 이룰 때까지 좀 더 기다린다.

## 단계적으로 약화한다

경계인이 점점 더 시끄럽게 떠들면 그와 대조적으로 목소리를 낮춘다. 경계인의 신체적 움직임이 점점 더 격해지면 그와 대조적으로 신체적 표현을 최대한 억제한다.

## 재집중한다

분노의 원천을 무시하면 상황이 더욱 나빠진다. 하지만 그와 관련된 영역으로 관심을 돌리면 사태를 진정시킬 수 있다.

앨리슨은 마이클에게 고함을 치고 있었다. 마이클이 점점 더 일을 많이 하면서 자신과 아이와 함께 많은 시간을 보내지 못해 화가 났기 때문이었다. 아이는 시끄러운 소리에 깨서 울고 있었다. 마이클은 앨리슨이 화를 다 쏟아낼 때까지 기다렸다가 부드러운 목소리로 SET 발언을 하고, 업무 일정을 조정하겠다고 말했다. 그리고는 앨리슨의 헌신적인 어머니 역할과 건전하고 아늑한 가정환경을 유지하려는 앨리슨의 바람에 온 신경을 쏟아부었다. 이런 식으로 부부 갈등에서 앨리슨의 어머니 역할로 관심을 돌렸다.

## 공정하게 싸운다

사적이거나 민감한 부분을 건드려 보복하지 않는다. "아빠처럼 날 때리려고?" 좌절된 분노를 질환이나 호르몬 문제로 취급하지 않는다. "오늘 약 먹었어?", "지금 생리 중이야?"

### 안전을 확보한다

신체적 폭력이 발생할 위험이 있다 싶으면 자리를 뜬다. 미성년자의 안전을 확보하고, 관련이 없는 사람들을 안전한 곳으로 피신시킨다. 경계인의 분노는 종종 타당한 이유가 없기 때문에 토론과 논쟁이 필요 없다. 토론과 논쟁은 오히려 상황을 악화시킬 수 있다. 그보다는 의견 차이와 불화를 인정해서 갈등을 가라앉히려고 애써야 한다. 분위기가 가라앉고 난 후 이야기하는 게 좋다.

## 편집증이나 해리 증상에 대처하기(기준 9)

경계인의 현실 왜곡은 정신분열증과 같은 다른 정신질환과 대조적으로 분노 폭발이나 급격한 기분 변화처럼 스트레스 상황에서 갑자기 나타난다. 경계인은 대체로 혼란스러워 보인다. 그들은 현실과 분리된 느낌에 사로잡혀 다른 사람들이 진짜가 아니라고 생각한다. 그리고 편집증적 두려움을 표현한다. 하지만 경계인은 타인에게 위험한 존재가 전혀 아니다.

### 안전하고 아늑한 환경을 유지한다

잘 아는 믿을 만한 사람들을 배치해 차분하고 친숙한 환경을 유지한다. 잠재적 무기를 멀리 치우고, 위협을 느낄 때 바로 나갈 수 있는 출구와 가까운 자리를 잡아 준다.

### 목소리를 낮춘다

나지막하게 달래는 목소리로 위협적이지 않은 상호작용을 유지해나

간다. 스트레스를 많이 받는 사건 때문에 증상이 발현되는 경우가 잦다. 그러므로 위로가 도움이 된다.

### 직접적인 반박을 피한다

논쟁이나 설득으로 상대를 바꾸려고 하지 않는다. 다만, 상대가 인지하는 것을 인정하고 받아들일 수는 있다.

### 도움을 청한다

상황이 차분하게 가라앉았다 하더라도 추후에 정신과 의사에게 치료를 받을 수 있도록 약속을 잡아준다.


## 금지어 알아두기

경계인은 말에 아주 민감하게 반응한다. 지금까지는 SET와 다른 접근법을 소개하면서 무슨 말을 해야 하는지를 강조해서 설명했다. 하지만 상황을 악화시키는 말이나 행동을 알아두는 것도 매우 중요하다.

### 비판적인 말과 말투를 피한다

경계인은 "어리석게 굴지 마!", "미쳤구나." 같은 일상적인 말에도 비판적인 말에만 집중해서 "넌 내가 미쳤다고 생각하는구나!"라고 반응할 수 있다.

### 비하하는 표현이나 모순적인 표현을 피한다

경계인의 인식에 이의를 제기하면 상황이 나빠질 수 있다. "그렇게 된 게 아냐.", "넌 과잉반응하고 있어"와 같은 말은 공감 표현을 약화하고 갈등을 심화시킨다.

### 자신의 책임을 부인하지 않는다

자기가 한 말의 뜻을 바꾸려고 하는 듯한 "넌 내 말을 오해하고 있어!", "그냥 농담한 거야!", "농담도 못 해?"와 같은 말은 상대에게 비난을 전가하는 것처럼 들려서 방어적 태도를 자극할 수 있다. 그러므로 자기 행동에 책임을 져야 한다.

### 거짓말하지 않는다

부드럽게 진실을 말하고 거짓말을 하지 않는다. 불일치와 거짓말은 경계인에게서 자주 나타나는 특징이다. 거짓이 드러나면 신뢰와 신용을 쌓아야 하는 필요성이 약해진다.

### 결국엔 놓아준다. 계속 같은 문제를 물고 늘어지지 않는다

경계인은 끊임없이 징징거리는 아이처럼 끈질기게 이의를 제기하는 특징이 있다. 자신이 같은 말을 반복하고 있다면 거기서 벗어나 나아가려고 애쓴다. "네가 아직 만족하지 못한 거 알아. 하지만 이 문제는 여러 차례 이야기했잖아. 이제 그만하고 넘어가자. 다른 문제를 도와주면 좋겠어."

### 농담을 신중하게 사용한다

대체로 농담을 피하는 게 가장 좋다. 경계인은 민감해서 가벼운 농담을 자신을 경시하거나 모욕하는 말로 받아들이곤 한다. 엉뚱한 생각도 주고받는 장기적인 관계에서만 농담이 통한다. 농담을 받아들이면 한발 물러서서 폭넓은 관점을 가질 수 있다. "이번 이혼 건에서 네아내가 하는 터무니 없는 짓을 보면 진짜 답답해. 루시가 발광할 때는 끔찍한 코미디를 보는 것 같다니까. 그렇게 속이 상하는 상황이 아니라면 진짜 웃길 거야!"

지금까지 BPD의 정의와 원인을 살펴봤다. 개인적 상호작용을 발전시킬 수 있는 SET와 다른 전략들도 소개했다. 이제부터는 BPD의 방식을 더욱 깊이 파고들어서 전문적인 치료 방식과 이용 가능한 치료 모델을 살펴보겠다.

제7장

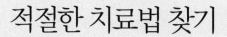

# 적절한 치료법 찾기

"그에게 1년 더 시간을 줄 거야, 그리고 나서 루르드로 갈 거야."

— 우디 앨런이 〈애니 홀〉에서 자신의 정신과 의사에 대해 한 말

# 나의 상담기

유명한 정신과 전문의인 스미스 박사가 자신의 조카 문제로 나에게 전화를 했다. 조카는 우울증이라 훌륭한 의사가 필요했다. 그래서 나를 추천했다고 박사는 말했다.

박사의 조카와 약속을 잡는 것은 어려운 일이었다. 그녀는 내 시간에 맞춰 일정을 조절할 수 없어서 내가 이리저리 일정을 바꾸어 그녀에게 맞췄다. 나에 대한 스미스 박사의 믿음이 의심받지 않도록 잘 협조하고 똑똑한 사람처럼 보여야 한다는 압박이 느껴졌다. 막 치료센터를 개원한 터라 내 직업적 재능에 대해 어느 정도 확인이 필요했다. 그렇지만 이런 감정은 안 좋은 징조라는 것을 알고 있었다. 나는 불안해하고 있었던 것이다.

외동딸인 줄리는 성공했지만 항상 바쁜 부모에게 크게 의존했다. 그녀는 혼자 있는 것을 견디지 못하고 끊임없이 이성을 사귀었다. 남자가 헤어지자고 하면 다른 상대를 찾을 때까지 몹시 우울한 상태에 빠졌다. 당시 줄리는 연애 상대를 물색 중이었다. 가장 최근에 만난 남자가 그녀를 떠났고 그를 대신할 사람이 아직 없었다.

줄리의 치료가 내게 일상이 되는 데는 그리 오랜 시간이 걸리지 않았다. 상담이 거의 끝나가려고 하면 그녀는 언제나 중요한 문제를 꺼내 시간을 끌었다. 다음 상담 때까지 자주 전화가 오고 통화 시간도 길어졌다.

6주 동안 우리는 일주일에 한 번씩 만났지만 곧 서로 동의하에 주당 2회로 늘렸다. 줄리는 주로 자신의 고독과 대인관계의 어려움, 분노조절장애에 대해 이야기했다. 그러나 진료실에서 보는 줄리의 모습 속에서 그런 그녀의 모습을 상상하기는 어려웠다.

줄리는 상담을 진행하는 동안에도 불면증과 식욕 감퇴로 살이 빠지고 있었다. 상태도 점점 나빠져 자살이 우려되었기에 항우울제를 처방해야 했다. 석 달간 치료했지만 결국 나는 집중 치료를 위해 입원을 권고했고 그녀는 어쩔 수 없이 받아들였다.

## "당신만이 구원할 수 있어요"

처음 줄리의 분노를 목격한 것은 그녀가 입원하기로 결심하고 수속하던 날이었다. 아버지에게 입원에 대해 설명할 때 느꼈던 두려움을 이야기하던 그녀가 가볍게 흐느꼈다. 그러다 갑자기 얼굴이 굳어지더니 이렇게 말했다.

"그년이 뭐라고 했는지 알아요?"

내가 미처 알아차리기도 전에 줄리는 자신을 병실로 안내해 준 간호사 아이린에 대해 말하고 있었다. 줄리는 크게 화를 내면서 간호사가 혈압계를 팔에 끼울 때 자신에게 무신경했으며 점심은 접시 위에 마구 뒤섞여 있었다고 설명했다. 그녀의 아름다운 얼굴은 분노와 공포로 일그러져 있었다. 나는 줄리가 테이블을 주먹으로 내리치는 통에 깜짝 놀랐다.

얼마 안 가서 줄리는 여러 가지 요구와 비난으로 병원을 발칵 뒤집어놓았다. 몇몇 간호사와 환자들은 그녀를 진정시키고 달래려 했지만, 다른 몇몇은 그녀가 짜증을 내고 단체 활동에서 빠지자 화를 냈다.

"선생님의 환자가 오늘 아침에 어땠는지 아세요?"

내가 병동에 들어서자 한 간호사가 말했다. 간호사가 '선생님의 환자'라고 강조한 것은 내가 줄리의 행동에 책임져야 하며, 그녀를 제지하지 않은 데 대해 다른 의료진의 질책을 받아도 마땅하다는 의미가 담겨 있었다.

"선생님은 그녀를 너무 감싸고 있어요. 그녀가 선생님을 조종하고 있다고요. 현실을 직면하게 해줘야 해요."

그 말에 나는 줄리의 입장을 담아 곧장 이렇게 대답했다. "그녀는 보호와 보살핌이 필요합니다. 다시 양육될 필요가 있어요. 신뢰를 배워야 해요."

처음 며칠 동안 줄리는 간호사와 다른 환자, 다른 의사들에 대해 불평했다. 그녀는 자신이 본 다른 의사들보다 내가 훨씬 더 통찰력이 뛰어나고 지식이 많으며 자신을 잘 이해하고 배려해준다고도 말했다.

사흘 뒤 줄리는 퇴원하겠다고 요구하기 시작했다. 간호사들은 그녀의 요구를 의심스럽게 여겼다. 그들은 그녀를 잘 알지 못했다. 줄리도 그들에게 자신에 대해 이야기하지 않았다. 그녀는 단체 치료 수업 때

273

도 입을 열지 않았고 오직 주치의인 나에게만 이야기했다. 결국 나는 자살에 대한 생각이 사라졌으니 다시 일상으로 돌아가게 해달라는 줄리의 요구를 들어줄 수밖에 없었다.

퇴원 다음 날 줄리는 술에 취해 손목을 긋고 응급실로 실려 왔다. 나는 어쩔 수 없이 그녀를 다시 입원시켰다. 비록 간호사들이 직접적으로 "그것 보세요"라고 말하진 않았지만 그들의 얼굴엔 분명히 득의양양한 기색이 보였다. 이틀 뒤 줄리는 다시 퇴원을 요구했다. 내가 거절하자 그녀는 폭발했다.

"선생님은 절 믿는 줄 알았어요. 그런데 결국 권력만 생각하는군요. 당신은 그저 군림하기 좋아하는 사람일 뿐이에요!"

줄리의 말이 옳을지도 몰랐다. 아마도 나는 매우 고압적이고 불안한 사람일지도 모른다. 아니면 그녀가 사려 깊고 믿을 만한 사람으로 인정받고 싶다는 내 약점을 공격한 걸까? 내 죄책감과 거친 면모를 부추긴 걸까? 그녀가 피해자일까 아니면 내가 피해자일까? 줄리가 말을 이었다.

"선생님은 다르다고 생각했어요. 정말로 특별하고 절 배려해 준다고 생각했어요."

문제는 나도 그렇다고 생각한 데 있었다.


## 의사를 조종하려는 환자

주말이 되자 보험회사에서 거의 매일 전화해 줄리를 계속 입원시킬 것인지 물었다. 간호일지에는 '그녀가 더는 자해를 하지 않을 테니 퇴원하게 해달라고 매번 부탁한다'라고 적혀 있었다. 우리는 그녀를 퇴원시키기로 합의했다. 그 대신 줄리는 일일 병원 프로그램에 참여하기로 했다. 오전에 병원에 와서 오후에 집으로 돌아가는 단체 일정이었다. 외래 치료 이틀째 그녀는 술에 취해 부스스한 모습으로 뒤늦게 나타났다. 그러고는 눈물을 흘리며 바에서 만난 낯선 남자와 보낸 하룻밤을 이야기했다. 상황은 점점 분명해지고 있었다. 그녀는 제한과 통제, 체계를 요구하면서 그것이 의존성이라는 사실을 인식하지 못했다. 그래서 필요한 통제를 얻으려고 과도하게 행동한 다음 그에 대한 자신의 욕망을 부정하고 화를 냈다.

나는 그것을 볼 수 있었지만 줄리는 그러지 못했다. 나는 그녀가 보길 기대하는 마음을 조금씩 줄여나갔다. 치료 시간마다 내 실수를 떠올렸고 그녀가 나아지거나 사라지길 바라는 나 자신을 발견했다. 그리고 줄리가 자신에게는 오래전 룸메이트의 의사가 훨씬 더 잘 맞을 것 같다고 말했을 때 나는 그것을 그녀 스스로 벗어나려는 희망 그리고 실제와 마주하겠다는 의지로 해석했다. 이 시점에서의 변화는 그녀에게 역효과가 날 수도 있다는 점을 알았지만 내 안녕을 위해 그녀가 의사를 바꾸기를 짐짓 바랐다. 줄리는 여전히 자살을 이야기하고 나는 죄책감 속에서 그녀가 그렇게 해주면 좋겠다고 상상하기도 했다. 그녀의 변화가 날 변화시켰다. 거친 남성에서 사디스트로 말이다.

## 현실의 '나'를 받아들일 수 있는가

그런데 외래 치료 세 번째 주기가 시작되는 동안 다른 환자 하나가 주말에 집에서 목을 매는 사건이 발생했다. 줄리는 겁에 질려 분노를 쏟아내며 악을 썼다.

"왜 선생님과 간호사들은 그가 자살할 걸 몰랐나요? 어떻게 그냥 내 버려둘 수 있었죠? 왜 그를 보호해 주지 않았어요?"

줄리는 엄청난 충격을 받았다. 누가 그녀를 보호해 줄 것인가? 그녀의 고통을 사라지게 해줄 사람은 누구인가? 나는 마침내 그 사람이 줄리 자신이어야 한다는 것을 깨달았다. 그녀 속에는 오직 그녀만이 살고 있었다. 누구도 그녀를 완전히 이해하고 보호해 줄 수 없었다. 나는 그 점을 이해했고 얼마 뒤 줄리도 그럴 수 있었다.

줄리는 자신의 감정에서 벗어나려고 아무리 힘들게 노력해도 자신으로부터 벗어날 수 없다는 점을 깨달았다. 자신을 나쁜 사람이라고 생각했던 것에서 벗어나고 싶어 했지만, 그녀는 자신의 결점을 포함해 모든 것을 받아들이는 법을 배워야 했다. 궁극적으로 그녀는 그냥 자신의 모습도 괜찮다는 것을 알게 됐다.

의료진을 향했던 줄리의 분노는 점차 자신에게 기회를 주지 않은 자살한 환자에게로 옮겨갔다. 죽음 역시 그의 책임이라는 사실을 알게 됐을 때 그녀는 자기 자신을 돌아보기 시작했다. 그리고 자신을 정말로 걱정하는 사람들은 부모님이 그랬던 것처럼 그녀가 원하는 대로 하게 내버려 두지 않는다는 것을 알았다. 보살핌이란 한계를 정한다는 것이고 가끔은 그녀가 원하지 않는 소리를 듣게 한다는 것을 뜻했다. 그리고 그런 보살핌이 자신에 대한 책임을 떠올리게 해줬다.

얼마 뒤 줄리와 나를 포함해 모든 의료진이 합심해 줄리의 치료에 매달렸다. 나는 호감 가고 현명하며 항상 정확한 사람이 되려고 엄청나게 노력하는 일을 그만뒀다. 줄리의 치료에 꾸준히 책임감 있게 참여하는 것이 더 중요했다.

몇 주 뒤 줄리는 병원 외래 프로그램을 마치고 방문 치료로 돌아갔다. 그녀는 여전히 두렵고 외로웠지만 이제 자해할 필요가 없었다. 다행히도 줄리는 자신을 스스로 살피면서도 두려움과 외로움에서 살아남을 수 있다는 사실을 깨달았다.

  얼마 뒤 줄리는 정말로 자신을 아껴주는 새로운 남자를 만났다. 나는 줄리가 배운 것과 똑같은 무언가를 배웠다. 바로 불쾌한 감정이 더 큰 관점에서 내가 누구인지 알려준다는 것과 나의 일부를 받아들이는 게 환자를 더 잘 이해하는 데 도움이 된다는 것이다.

# 어떻게 치료할 것인가

의사들은 BPD 치료 과정에서 받는 스트레스 때문에 종종 자신의 업무 역량과 인내력에 심한 제약을 받곤 한다. 치료 과정은 격렬하고 좌절감을 주며 예측할 수도 없다. 치료 기간은 마치 달팽이가 기어가듯 더디게 흐르고 진정한 변화를 얻기까지 몇 년이 걸릴 수도 있다. 많은 경계인이 첫 몇 달을 견디지 못하고 치료를 중단한다.

이처럼 치료가 어려운 까닭은 경계인이 이 과정을 다른 사람과의 관계와 동일한 방식으로 대하기 때문이다. 경계인은 의사를 자상하고 친절한 사람으로 보다가도 어느 순간 자신을 속이려 하거나 위협적인 사람으로 여긴다.

## 쉽지 않은 치료의 여정

경계인은 치료를 받을 때 요구 사항이 상당히 많다. 의사에게 의존적이면서도 그들을 교묘하게 조종하려고 한다. 치료 시간이 아닐 때도 쉴 새 없이 전화하거나 갑자기 사무실에 나타나서는 곧장 만나주지 않으면 자해하겠다며 위협하는 경우도 있다. 분노에 차서 의사와 치료 과정을 비난하는 것도 흔한 일이다. 경계인은 의사의 민감한 부분을 잘 인지하고 있어서 결국 의사가 화를 내고 좌절하거나 회의가 들고 무력해질 때까지 못살게 굴기도 한다.

BPD의 발생 원인은 매우 다양하고 극단적인 행동이 동반하므로 치료 방식도 그만큼 다양할 수밖에 없다. 미국 정신의학협회의 'BPD 환자를 치료하는 실질적인 지침서'에 따르면 'BPD 환자의 치료는 정신 요법이며 여기에 증상에 맞는 약물요법을 보충한다'고 나와 있다. 정신요법은 개인과 단체, 가족 치료로 진행할 수 있으며 병원 안팎에서 진행이 가능하다. 치료 접근 방법은 개인과 단체를 혼합하는 방식 등으로 할 수 있다. 일부 치료 방식은 좀 더 정신역학적이다. 이 말은 곧 과거의 경험과 무의식 속 감정을 현재의 행동과 연관해 살피는 방식이다.

다른 접근법은 좀 더 인지적이고 직접적이라 무의식적인 동기를 살피기보다는 현재의 행동 변화에 더 큰 목적을 둔다. 일부 치료는 시간 제약이 있지만 대부분은 그렇지 않다.

일반적으로 피하는 치료법도 있다. 강력한 행동 개조법은 좀처럼 사용하지 않는다. 체계가 잡히지 않은 환경에서 소파에 누워 자유 연상을 하는 고전적인 정신분석 방식은 원시적인 방어에 압도당한 경계인에게 엄청난 충격을 줄 수 있다. 최면은 친숙하지 않은 가수면假睡眠 상태를 만들어 공포나 심하면 정신이상을 유발할 수도 있으므로 치료 기법으로는 피하는 편이다.

## 목표는 변화다

모든 치료 접근법에는 공통된 목표가 있다. 환자가 혼란이나 위험을 줄이고 더 즐거운 세상을 경험할 수 있도록 효과적으로 돕는 것이다. 이 프로세스에는 현재 환자의 행동에서 나타나는 비생산성을 본인이 인식하도록 하는 일도 포함된다. 이 부분은 그리 어렵지 않다. 문제는 과거를 반영하고 새로운 방식으로 인생의 스트레스를 다룰 수 있도록 하는 것이다.

치료에서 가장 중요한 부분은 환자와 의사의 관계다. 소통은 신뢰, 대상항상성, 정서적 친밀성의 토대를 구축한다. 의사는 반드시 믿음직한 모습이어야 하고 일관성 있는 자아를 반영하는 거울이 돼야 한다. 이런 관계를 구축하기 시작하면 경계인은 다른 사람에게도 적절한 기대와 믿음을 넓히는 법을 배운다.

의사의 주요 목표는 환자가 차츰 (자신한테서) 벗어나도록 해주는 것이다. 환자를 통제하는 게 아니라 집중하는 문제로 시선을 돌릴 수 있게 해야 한다. 의사는 항해사처럼 흥미로운 지점을 가리키고 폭풍우를 만나지 않도록 항로를 조정하는 일을 돕지만 선장의 자리를 굳건히 지키는 것은 환자 몫이다. 간혹 가족과 사랑하는 사람들도 이 여정에 동참한다. 이들의 주된 목표는 환자를 방치하는 게 아니라 가정으로 돌아가 관계를 개선하는 것이다.

몇몇 사람들은 정신과나 정신요법을 두려워한다. 이들은 이 과정을 사람 마음을 조종하는 최면술사의 교묘한 '마인드컨트롤'이나 무력하고 의존적인 환자를 개조해 마치 로봇처럼 바꿔버리는 것이라고 여긴다.

정신요법의 목표는 환자가 개인성을 되찾고 더 큰 자유와 존엄성을 획득하게 돕는 것이다. 불행하게도 몇몇 사람들이 자신의 의지와 상관 없이 최면을 당할 수 있다고 잘못 알고 있는 것처럼 다른 한쪽에서는 자신의 의지와 관계없이 치료돼 회복할 수 있다고 믿는다. 영화 속에 서 정신과 의사는 갈팡질팡하는 멍청이로 환자보다 치료가 더 시급한 사람이거나 영리하지만 비도덕적인 범죄자의 모습으로 그려지곤 한 다. 이런 비이성적인 두려움이 사람들에게 스스로 만든 감옥에서 탈출 해 자신을 받아들일 기회를 빼앗고 있다.

## 치료의 기간은 얼마나 걸리나

과거에 정신분석은 치료를 빈번하게 몇 년 동안 요구했다. 그러다 보니 대부분의 사람은 정신요법을 길고 진이 빠지는 여정인 데다 비용 도 많이 든다고 여긴다. 정신분석에서 치료 장비에 약물치료와 특별 치료요법이 더해진 것은 실용적이고 합리적인 치료 방식이 필요하기 때문이다. 부러진 뼈는 치료하고 감염되지 않도록 처치하면 되지만 마 음속에 남은 상처는 더 오랜 치료가 필요하다.

흔히 치료가 빨리 끝나면 깊이가 없다고 의심한다. 반대로 몇 년씩 길어지면 의사가 의존적이고 힘없는 환자를 볼모로 잡고 돈을 벌려 한 다고 의심한다.

그렇다면 치료 기간은 어느 정도가 적합할까? 해답은 치료 목적에 따라 달라진다. 우울증이나 심각한 불안, 분노 표출 등 특정한 목표 증상을 없애려고 한다면 몇 주나 몇 달처럼 상당히 짧은 시간에도 가 능하다. 목표가 좀 더 완전한 재구성이라면 기간은 더 길어진다. 시간 이 흐르면 일반적으로 BPD는 치유된다. 이 말은 환자가 정확한 정의에 따라 DSM-IV의 아홉 가지 기준 중 다섯 가지에 더 이상 해당하지 않는다는 뜻이다. 그렇지만 장애와 같은 증상을 지속적으로 겪는 경우엔 치료를 계속 해야 한다. BPD 치료는 늘 중단되게 마련이다. 환자는 대개 여러 차례 치료를 받으면서 다른 의사와 다양한 기법을 경험한다. 치료를 중단하는 것도 아이디어를 견고히 하거나 새로운 통찰을 실험해 보거나 살면서 하지 못했던 것들을 해보고 성장하며 성숙해질 시간을 얻을 수 있어 유용하다. 재정적 제약이나 엄청난 삶의 변화 때문에, 아니면 그저 집중 치료에서 한숨 돌리고 싶어서 치료를 중단하기도 한다. 몇 년 동안의 치료가 기능적으로 실질적인 변화를 얻는 데 꼭 필요할 수도 있다. 변화가 천천히 찾아오면 더 많은 치료가 필요한지, 아니면 이것이 최선인지 판단하기에 어려울 수 있다. 의사는 경계인이 건전하지 못한 행동과 대면하는 일을 피하는 경향 그리고 의사와 다른 사람에게 의존하려는 경향을 모두 고려해야 한다.

일부 경계인에게는 치료가 결코 공식적으로 끝나지 않을 수도 있다. 그들은 신뢰하는 의사와 이어지는 간헐적인 접촉에서 혜택을 얻고 있을지도 모른다. 이런 만남은 더 큰 독립심을 얻는 길에 들르는 '충전용 정류소' 구실을 해 환자가 인생을 운영하는 데 전적으로 남에게만 의존하지 않도록 도와준다.

# 정신요법의 작용 방식

BPD를 치료하는 데는 다양한 치료 접근법이 있다. 이 방식들은 개인, 집단 가족 단위로 이뤄진다. 대부분은 두 개의 주요 방향에 근간을 두고 생겨났다. 바로 정신분석과 인지행동치료다.

정신분석은 과거와 현재를 살펴서 생산적인 미래를 구축할 수 있는 패턴을 발견하는 용도로 활용된다. 이 치료 형태는 한층 집중적이고 일주일에 여러 차례 진행되며 치료 기간도 길다. 반드시 체계가 잡히고 형태가 일정하며 목표가 분명해야 효과적으로 치료할 수 있다. 그러나 필요에 맞춰 수정할 수 있는 유동성도 요구된다.

인지행동치료는 현재의 잘못된 사고 프로세스와 반복적인 행동을 바꾸는 데 목적을 둔다. 이 치료 방식은 과거 경험에 대한 비중이 덜하다. 현재의 문제에 더 집중해서 치료하며 시간제한이 있는 경우가 많다.

일부 치료 프로그램은 두 가지 방향을 혼합해서 이뤄지기도 한다.

어떤 체계를 활용하든 간에 환자가 자신의 경험을 살필 수 있도록 이끌고, 새로운 행동을 경험할 수 있는 시금석을 제시해야 한다. 궁극적으로 환자는 인생에서 자신의 선택을 받아들이기 시작하고 자신의 통제 범위를 넘어선 힘에 따라 움직이는 무기력한 꼭두각시라는 자기 이미지에 변화를 주게 된다. 이들 프로세스는 의사와 환자의 관계에 많은 상호작용을 가져온다. 어떤 치료를 하건 모두 '전이transference'와 '역전이countertransference' 감정이 발달하게 된다.

## 전이

전이란 환자가 과거에 중요하게 여겼던 사람에게서 경험한 감정이나 태도를 의사에게 비현실적으로 투영하는 것을 말한다. 예를 들어 환자가 의사에게 크게 화가 났다면 의사의 소통 방식 때문이 아니라 과거 자신을 몹시 화나게 했던 어머니에 대한 감정을 의사에게서 느꼈기 때문이다. 또는 이상적이고 전지전능하며 보호자의 이미지를 지닌 의사와 사랑에 빠진 듯한 기분을 느끼는 것이다. 전이는 그 자체로는 부정적이거나 긍정적이지 않지만 항상 과거의 감정을 현재 대상에게 왜곡해서 투영시킨다는 데 문제가 있다.

경계인의 전이는 그의 삶 속 다른 측면과 마찬가지로 일관성이 상당히 떨어진다. 이들은 의사가 자신을 보살펴 주고 유능하며 정직한 사람이라고 생각하다가 이내 기만적이고 속임수에 능하며 냉정한 인물이라고 여긴다. 이런 왜곡은 의사와의 협력을 어렵게 한다.

치료 초기 단계에서 경계인은 의사와 가까워지기를 갈망하면서도 두려움을 느낀다. 그들은 보살핌을 받고 싶어 하지만 압도당하고 통제

받는 것을 두려워한다. 그래서 의사가 자신을 보살펴 주도록 유도한 다음 인생을 통제하려고 한다고 느껴지면 이를 거부한다.

하지만 의사가 변함없고 일관적으로 환자의 비난을 견디면 대상항상 성이 발달한다. 환자에게 의사가 자신을 버리지 않을 거라는 믿음이 생기기 시작하는 것이다. 이 같은 신뢰의 상륙 거점에서부터 경계인은 새로운 관계를 만들어 나가고 믿을 수 있는 만남을 쌓아가기 시작한다.

그렇지만 처음에는 이런 새로운 우정을 이어가기 어려운데 경계인의 과거 인식 속에는 새로운 협력이 곧 배반의 형태라는 암시가 들어 있기 때문이다. 그래서 자신이 사회적 만남의 범위를 확장해 가면 동료나 친구, 의사가 질투하고 분노할까 봐 두려워한다.

경계인은 발전해 나가면서 더 편안하고 믿을 만한 의존성에 정착한다. 그렇지만 치료의 마지막을 준비하며 항상 관계 속에서 다시 혼란을 느낀다. 과거의 기능방식에 대해 크게 슬퍼하며 앞으로 발전해 나가야 하는 필요에 분개한다. 즉 호수에서 수영하다가 이미 절반을 넘게 건너와 되돌아가는 것보다 끝까지 가서 쉬는 편이 낫다는 점을 알게 된 사람과 같은 기분을 느낀다.

이 시점에서 경계인은 의사가 아니라 자기 자신이 변화에 영향을 받고 있다는 점을 반드시 인식하고 의존성에서 벗어나려 노력해야 한다.

아기 코끼리 덤보가 '마법의 깃털'에 의지해 날 수 있다고 생각했다가 결국 나는 것이 자기 능력임을 알아차렸듯이 경계인도 반드시 독립적으로 행동하는 것이 자기 능력임을 인식하고 받아들여야 한다.

경계인의 상태가 좋아질수록 전이의 강도는 약해진다. 의사를 향해 혹은 무언가를 얻기 위해 보이는 분노, 충동적인 행동 기분 변화의 심각성이 차츰 줄어든다. 공황상태에 빠진 의존성은 점차 약해지고 그 자리를 자신감이 대체하며 화를 분출하는 횟수도 줄어들고 자기 삶의 주인이 되고자 하는 더 큰 결정을 하게 된다. 참지 못하고 변덕을 부리던 일도 사라진다.

## 역전이

역전이는 의사가 환자에게 감정적으로 반응하는 것을 말하며, 현실적인 상황을 고려하기보다는 의사의 과거 경험과 필요에 따라 생긴다. 예를 들어 의사가 환자의 보호자가 되고 싶어 하고 자신에 대한 연민으로 현실을 마주하지 못하며 환자를 실제보다 더 도움이 필요하고 무력한 사람으로 인식하는 것이다.

경계인은 종종 상대방에 대해 매우 잘 지각하는데 여기에는 의사도 포함된다. 이처럼 민감한 감각 덕분에 종종 의사의 해결되지 못한 감정을 일깨우는 경우가 있다. 제대로 인식하고 애정을 주고 제어하고자 하는 의사의 필요가 이따금 부적절한 행동을 하게 한다. 그래서 환자를 과도하게 보호하거나 의존하도록 할 수 있다. 혹은 지나치게 통제하면서 환자에게 자신의 명령을 따르도록 요구하기도 한다.

의사 자신의 문제를 불평하면서 환자가 자신을 보호하게 만들 수도 있다. 재정적인 이득이나 단순한 자극을 위해 환자 정보를 빼내기도 한다. 심지어 환자에게 친밀함을 가르치기 위해서라며 성관계를 맺기도 한다. 의사는 이 모든 과정이 아주 상태가 심각한 환자를 위해 꼭 필요하다고 합리화하지만 사실은 자신의 욕구를 충족시키는 데 지나지 않는다. 이처럼 역전이 감정은 신망받는 의사 또는 의사와 환자 사이의 비윤리적인 행위 중 대표적인 사례다.

경계인은 의사에게 분노, 좌절감, 자기 의심, 절망감 등을 안겨주기도 한다. 이러한 감정 고문을 당하는 의사는 환자를 증오하게 되는 역전이를 경험하게 되고, 그를 치료가 불가능한 사람으로 간주하게 된다.

경계인의 치료는 극심한 짜증을 유발할 수 있으므로 '경계성'이라는 말이 의사들에게 가끔은 부정확하게 사용되기도 한다. 그래서 심하게 짜증을 내거나 치료에 잘 반응하지 않는 환자에게 이 비판적인 용어를 갖다 붙이기도 한다. 이런 사례로 보면 '경계성'은 환자에 대한 과학적인 진단이라기보다는 역전이로 말미암아 좌절한 의사의 마음을 반영한 것으로 봐야 타당하다.

# 환자와 의사의 궁합

이 책에서 설명하는 경계인의 생산적인 접근 방식이나 치료 기법이 모든 사례에 공통으로 효과가 있다고는 볼 수 없다. 하지만 지속적인 개선에 꼭 필요하다고 보이는 요인은 환자와 의사가 긍정적으로 상호 존중하는 것이다.

한 명 혹은 다수의 경계인을 성공적으로 치료한 의사라고 해서 다른 치료에서도 당연히 성공하리라는 보장은 없다. 성공의 주된 결정 요인은 참여자들이 공유하는 긍정적이고 낙관적인 감정, 즉 환자와 의사의 궁합이다.

궁합이 좋다는 말을 정확하게 정의하긴 어렵지만 환자와 의사가 모두 치료에서 예상되는 힘든 점을 인내할 능력이 있고 치료가 진행되는 동안 흔들리지 않고 협력 관계를 유지하는 것을 말한다.

## 의사의 역할

BPD 치료는 개인, 단체, 가족 심리치료, 약물치료, 입원 등 여러 치료법의 조합을 따를 수 있다. 그 과정에서 의사의 역할은 치료법의 다양성만큼 다채로워진다. 의사는 직접적 혹은 간접적이 될 수 있다. 여러 치료 방법을 동시에 촉구하고 제안하거나 몇 가지 변화를 주도해 환자가 치료 과정에 상당한 부담을 느끼게 하기도 한다. 특정한 의사나 치료 방법보다 더 중요한 것은 환자와 의사 모두 편안한 감정과 신뢰를 느끼는 것이다. 양쪽 다 상대방한테서 헌신과 책임, 진정한 파트너십을 인식해야 한다.

서로 편안한 감정을 얻기 위해 환자와 의사는 공통 목적을 이해하고 공유해야 한다. 두 사람 모두 방식에 동의하고 화합할 수 있는 양식을 만들어야 한다. 가장 중요한 것은 의사가 경계인을 치료하는 동안 이 점을 인식해야 한다는 점이다.

의사는 환자의 과거 병력에 모순된 진단이나 다양한 입원 경력, 많은 약물치료가 있다면 자신이 BPD 환자를 다루고 있다는 점을 인식해야 한다. 그 환자는 예전의 치료에서 쫓겨난 것으로 기록돼 있으며 잦은 응급실 출입으로 지역 응급실에서 환영받지 못하고 의료진에게 별칭('약물 과용 에디' 등)을 얻었을 수도 있다. 경험이 많은 의사는 환자에 대한 자신의 역전이 가능성을 믿는다. 경계인은 타인에게서 상당히 강력한 감정적 반응을 끌어내며 여기에는 의사도 포함된다. 평가 초기 단계에서 의사는 환자를 보호하고 구해주고 싶거나 환자에게 책임을 느끼거나 환자에 대한 커다란 분노와 같은 강력한 감정을 경험한다. 따라서 자신의 이런 반응이 경계인에게 엄청난 반응을 불러일으킬 수 있다는 점을 인식해야 한다. 의사는 환자의 감정을 인지하고 조절해 주고, 그러한 감정을 치료에 이용해서 환자를 보다 잘 이해해야 한다.

## 의사 선택하기

다양한 스타일의 의사들은 경계인에게 모두 잘 들어맞을 수 있다. 하지만 특별한 전문성을 취득했거나 BPD에 흥미를 보이는 의사, 일 반적으로 경계인을 잘 다루는 의사라고 해서 모든 환자를 성공적으로 진료한다는 보장은 없다.

환자는 다양한 정신건강 전문가 가운데 자신을 치료할 사람을 선택 할 수 있다. 의학 수련을 거치고 정신요법에도 다년간 경험이 있는 정 신과 전문의(의사로서 이들은 동시에 발생하는 질병, 처방, 입원을 다룰 수 있 는 유일한 전문가이기도 하다) 외에도 숙련된 전문가인 심리학자, 사회복 지사, 상담사, 정신과 임상 간호사 역시 정신요법으로 경계인을 다룰 수 있는 전문성을 갖췄다.

일반적으로 BPD를 잘 다루는 의사는 환자의 치료 가망성을 쉽게 인 식할 수 있는 특정한 자질이 있다. BPD 치료 경험이 있고 환자가 대 상항상성을 발달시키도록 인내하고 받아줄 수 있는 것이다. 또한, 치 료를 왜곡하려는 경계인의 행위에 적응하려면 융통성이 있고 혁신적 이어야 한다. 유머감각이나 적어도 분별력이 있어서 환자에게 적합한 모델을 제시하고 치료 과정에서 발생하는 엄청난 과제로부터 자신을 보호할 수 있어야 한다.

처음 면담을 하면서 의사가 환자를 진단하는 것처럼 환자도 의사와 효과적으로 함께할 수 있는지 평가해야 한다.

첫째, 환자는 의사의 성격이나 방식이 자신에게 편안한지 평가해야 한다. 솔직하게 터놓고 이야기할 수 있는가? 지나치게 소심하거나 몰아붙이거나 나약하거나 꾀어내려고 하지는 않는가?

둘째, 의사의 평가와 목표가 환자의 것과 일치하는지 살펴봐야 한다.

치료에는 두 사람이 같은 관점을 갖고 같은 언어를 공유하는 협동성이 필요하다. 치료를 통해 얻고자 하는 것은 무엇인가? 목표를 성취했는지 어떻게 알 수 있는가? 대략 얼마의 시간이 소요되는가?

셋째, 의사가 권장한 방식을 환자가 받아들일 수 있는지도 평가해야 한다. 그러려면 선호하는 정신치료 방식에 대한 동의가 필요하고 자주 만나야 한다. 의사와 환자가 개인적으로 혹은 다른 사람과 함께 만날 수 있는가? 주마다 개인 치료를 하고 배우자와 함께하는 치료를 병행하는 혼합 접근 방식인가? 치료가 탐색적이거나 지원적인가? 약물치료나 입원이 필요한가? 그다음 어떤 약물을 처방하고 어떤 병원에 입원하게 되는가?

이런 초기 평가를 내리려면 적어도 한 번 이상의 면담이 필요하다. 환자와 의사 모두 상대방의 능력과 함께할 의지를 평가해야 한다. 그리고 이런 평가 과정은 일종의 무과실 교환으로 인식해야 한다. 즉 관계를 구축하지 못한 책임을 의사나 환자에게 돌릴 수 없다는 뜻이다.

따라서 치료와 관련된 협력이 가능한지만 결정한다. 만약 환자가 끊임없이 정신과 의사들을 찾아다니지만 면담을 통해 그들 모두와 함께하기를 거부한다면 정말 치료할 마음이 있는지 의심해 봐야 한다. 아마도 환자는 자신을 보살펴 주거나 자신이 쉽게 조종할 수 있는 의사를 찾는 것일지도 모른다. 아니면 치료를 피하는 것이거나 결함 있는 의사를 골라 오히려 더 나빠지려고 애쓰는 것일 수도 있다.

## 다른 의사의 의견 얻기

치료가 진행되면 중간에 멈추고 다시 시작하거나 시간이 흐르면서 치료 형태를 바꾸는 일이 흔하다. 경계인은 점차 나아지면서 치료에 변화를 줘야 하므로 조정을 피할 수 없다.

그렇지만 가끔 힘든 문제를 다룰 때는 치료에 진전이 있는지를 구분하기 어렵다. 또한 끝나지 않은 문제를 인식하는 고통스러운 일에 대한 두려움과 의존성도 분리하기 어렵다. 이런 경우 같은 방식으로 계속 진행할 것인지, 잠시 물러서서 다시 조직할 것인지 의구심이 들 것이다.

치료에 가족의 개입을 허용해야 할까? 집단 치료를 고려해 봐야 할까? 의사와 환자가 처방약을 다시 살펴봐야 할까? 이 시점에서 다른 의사와의 상담이 바람직할 수도 있다. 종종 담당 의사가 이렇게 제안하지만 가끔은 환자 스스로 이런 선택을 하는 것도 고려해야 한다.

물론 다른 의사를 만나볼까 하는 요청에 의사가 기분이 상할까 봐 두려울 수도 있지만 유능하고 자신감 넘치는 의사는 이런 요구에 반대하거나 방어적인 태도를 보이지 않는다. 그렇지만 치료 자체를 살피는 과정에서 환자가 다른 의사를 요구하는 것이 어려운 문제를 피하기 위해서인지 혹은 무의식적인 분노의 질책인지 확인해야 한다.

의사가 다른 의사의 평가를 받아보라고 권할 수도 있다. 이런 경우에 환자는 기분이 상하고 거부당했다고 느낄지도 모른다. 이때 의사는 환자가 상담을 받고 나서 예전의 의사에게 돌아갈 수 있다는 사실을 분명하게 밝혀야 한다. 환자를 새로운 의사에게 떠넘기려는 의도도 없다는 사실을 확실히 밝힌다. 다른 의사의 소견이 환자와 의사 모두에게 치료의 진행 과정에 신선한 관점을 제공해 도움이 될 수 있다.

## 치료를 통해 얻을 수 있는 많은 것들

환자와 의사가 서로 협력하고 있는지 치료 과정을 살피는 일은 치료 효과를 극대화하는 가장 중요한 단계다. 경계인은 종종 이 중요한 원칙을 무시한다. 그 대신 의사를 즐겁게 하거나 아니면 의사와 싸우려는 목적으로 치료에 접근해 보살핌을 받거나 아무 문제도 없는 것처럼 행동하곤 한다. 가끔 환자는 치료를 도망가거나 되갚아 주거나 동맹을 얻기 위한 기회로 본다. 그렇지만 치료의 진짜 목표는 호전되는 것이어야 한다.

경계인은 치료에 제약이 있다는 점을 끊임없이 떠올려야 한다. 진료가 가능한 때와 그렇지 않은 때를 포함해 기본 규칙, 시간, 장소적 제약, 서로 동의한 목표를 이해하도록 한다.

환자는 용감하게 시간과 자원을 동원해 자기 자신을 더 잘 이해하려고 노력하며, 인생의 패턴을 효과적으로 바꾸려고 한다는 사실을 잊어서는 안 된다. 치료 과정에서는 진실한 것이 환자의 안녕을 위해 중요한 척도다. 환자는 아픈 부분을 숨기거나 자신이 일을 맡긴 의사와 게임을 하려고 해서는 안 된다.

환자는 항상 치료 과정에서 의사에게 적극적으로 협조해야 한다. 소극적인 자세로 의사에게만 의존하거나 반대로 의사의 노력을 헐뜯지 말아야 한다. 의사와의 협력 관계는 경계인의 건전한 정신을 되찾으려는 여정에서 가장 중요한 과제다.

앞서도 언급했듯이 정신과 의사와 심리학자, 사회복지사, 임상 간호사와 같은 다양한 정신건강 서비스 제공자는 치료를 잘할 수 있는 임상의다. 이들의 학력과 실무 경험, 자격을 말해주는 객관적인 정보는 온라인에서 찾아볼 수 있다. 접근성과 보험 혜택, 치료 비용도 쉽게 확인할 수 있다. 이러한 직종의 국가 단체는 대부분 위치 정보를 제공하고 있다. 개인적 추천이나 온라인 추천을 받아 방향을 잡을 수도 있지만 환자와 치료사의 특별한 개인적 관계 때문에 판단력이 흐려져서는 안 된다. 궁극적으로는 앞서 설명했듯이 몇 차례 직접 만나서 의사와 환자의 궁합이 잘 맞는지 확인해 봐야 한다.

# 치료 접근법

많은 임상의가 치료 방향을 탐구요법과 지지요법으로 나눈다. 두 양식이 겹칠 때도 있지만 치료의 집중도와 활용하는 기술에 따라 구별할 수 있다. 다음 장에서 살펴보겠지만 몇 가지 치료 전략이 BPD 치료에 사용된다. 일부는 한 가지 양식을 사용하며, 일부는 두 가지 양식을 결합해서 사용한다.

## 탐구요법

탐구요법은 고전적인 정신분석학을 변형한 것이다. 치료 기간은 일주일에 2회 이상이 필요하다. 이 치료 형태는 지지요법보다 더 집중적이며, 성격 체계를 변화시키려 하는 더 큰 목표가 있다. 의사는 특정한 행동이 지닌 파괴성을 지적하고 이 문제를 근절하기 위해 무의식적인 이전의 선례를 해석하는 대신 대면하는 방식으로 환자에게 방향을 제시한다.

이는 조금 덜 집중적인 형태의 치료로 당면한 현안에 중점을 둔다. 유전적 재건, 어린 시절의 발달 문제에 집중하는 것도 중요하지만 고전적인 정신분석학만큼 중요하게 여기지는 않는다. 치료 초기 단계의 주요 목표는 치료 과정(마무리하지 못하고 끝낸 치료도 포함)을 방해하거나 자해하는 행동을 없애고, 달라지고자 하는 환자의 마음가짐을 공고히 하며, 환자와 의사 사이에 신뢰와 책임감을 쌓는 것이다. 그다음 단계에서는 분리되고 인식할 수 있는 정체성의 감각을 기르고, 지속적이고 신뢰가 가는 관계를 만들며, 혼자이자 분리되는 것에 적응하는 데 중점을 둔다.

탐구요법의 전이는 지지요법보다 좀 더 집중적이고 주도적이다. 의사에 대한 의존성은 이상화, 평가절하와 더불어 고전적인 정신분석처럼 격렬하게 발생한다.

## 지지요법

지지요법은 대개 일주일에 한 번 정도 실행된다. 탐구요법에 일반적으로 사용되는 무의식적인 부분의 해석과 대면이 아닌 직접적인 조언, 교육, 재확인이 수반된다. 많은 의사는 자신의 BPD 진단을 설명해 주고, 환자가 직접 그 내용을 익힐 수 있도록 도와준다.

이 접근방식은 탐구요법보다 집중력이 덜하고 선택적 방어를 할 수 있다. 지지요법에서 의사는 해결할 수 없는 고통스러운 기억에 대한 논의를 억제하고 막는다. 자잘한 강박적인 걱정거리의 원인에 의구심을 품기보다는 의사는 이들을 취미나 사소한 기행으로 보도록 권장한다. 예를 들어, 환자가 자신의 집을 티끌 한 점 없이 깨끗하게 유지하려고 한다면 원인을 밝히려고 하기보다는 주눅이 들었을 때 완성감과 통제력을 유지할 수 있는 유용한 수단으로 인식하는 것이다. 정신분석과 대조되는 이 방식의 목표는 방어기제를 분석하고 이를 근절하는 것이다.

현재의 더 실질적인 문제에 초점을 둔 지지요법은 전체 문제를 살피기보다는 자살이나 기타 자해 행동을 근절하려고 노력한다. 충동적인 행동과 혼란스러운 관계 해석을 식별하고 살피되 그 원인이 되는 내재된 요인을 밝혀내려는 시도는 하지 않는다.

지지요법은 필요한 경우에만 실시하도록 횟수를 줄이지만 정기적으로 지속될 수 있다. 간헐적인 만남은 기간에 제약되지 않고 쭉 이어질 수 있으며 의사와 계속 만날 수 있다는 점이 아주 중요하다. 환자의 일상에서 다른 지속되는 관계가 형성되고 즐거운 활동이 더 중요해질 때 치료는 점진적으로 마무리된다.

지지요법에서 환자는 의사에게 덜 의존하고 전이도 비교적 덜 형성하는 경향이 있다. 일부 임상의는 이 치료방식이 경계인에게 지속되는 변화를 주지 못한다고 말하기도 하지만 경계인에게 엄청난 행동의 변화를 유도해 낸 것은 사실이다.

# 치료 방법들

## 집단 치료

집단 치료에는 여러 가지 형태가 있다. 집중 토론 집단이나 알코올 중독자 모임처럼 치료사 없이 진행되는 자조 집단이 있다. 몇몇 치료 집단은 주로 대처 기법을 가르치는 것이 목적이다. 다른 치료 집단은 신뢰를 구축해 주는 대인적 상호작용에 중점을 둔다.

경계인을 집단으로 치료하는 행위는 타당하다. 집단 치료는 환자가 다른 사람에게 자극된 감정을 인식해 개인에게 향하는 감정의 강도를 희석해 준다. 집단 치료에서 경계인은 감정적 친밀감과 거리 사이에서 벌어지는 지속적인 사투를 좀 더 손쉽게 제어할 수 있다.

항상 자신만 주목받는 개인 치료와 달리 경계인은 집단 속에서 시선을 끌거나 피할 수 있다. 집단 속 다른 사람과 대면하면서 이상적이거나 평가절하한 의사보다 이들을 더 점진적으로 받아들이기도 한다. 동료를 내가 어떤 일을 겪고 있는지 진심으로 이해하는 사람으로 여기기 때문이다. 경계인의 특징인 요구사항의 증가, 자기중심성, 격리 철회, 불쾌감, 반사회적 행동 등은 동료 집단 속에서 더 효과적으로 끌어낼 수 있다. 게다가 경계인은 희망이나 보살핌, 이타주의에 대한 집단의 표현을 더 잘 받아들이기도 한다.

집단 속 다른 구성원의 발전이 성장 모델이 되는 경우도 있다. 집단의 한 환자가 목표를 성취하면 그 환자는 자신의 성장을 지켜본 다른 구성원들에게 영감을 주고 대변인으로서 자신의 성공을 공유할 수 있다. 경계인의 관계에서 매우 특징적이라 할 수 있는 라이벌과 경쟁은 집단 속에서 생생하게 드러나며, 개인 치료에서는 볼 수 없는 방식으로 식별되고 드러나기도 한다.

혼합집단(경계성 증상이 심하거나 덜한 사람 혹은 비경계인이 속한)에서는 모든 참여자가 혜택을 얻을 수 있다. 좀 더 건강한 참여자는 다른 참여자들에게 적용 방식의 모델이 될 수 있다. 그리고 감정을 표현하는 데 어려움을 겪는 참여자에게는 경계인의 감정에 매우 충실한 모습을 보여줘 화답한다. 마지막으로 집단은 살아 있고 숨 쉬는 실험실로, 경계인이 '외부 세계'에서 벌을 받을 위험 없이 다른 사람의 다양한 행동 양식을 시도해 볼 수 있다.

그렇지만 집단 치료가 경계인에게 매력이 있으려면 이들이 이 치료를 거절하는 근본적인 이유를 알아야 한다. 경계인은 개인적으로 시선을 끌고자 하는 욕구, 타인에 대한 질투와 불신, 모순적인 소망과 두려움, 강렬한 밀착 때문에 집단 치료에 들어가기를 꺼린다.

증상이 덜한 경계인은 집단 치료에서 이 같은 좌절을 참을 수 있고 체내 경험을 활용해 밀접한 관계 속의 결함을 언급할 수도 있다. 그러나 증상이 심한 경계인은 참여하지 못하는 경우가 많으며, 참여한다고 해도 머무르지 못한다.

경계인은 정신역학 집단 치료에서 엄청난 장벽을 경험한다. 자기 흡수와 공감 결핍으로 종종 다른 사람의 문제에 관여하지 못한다. 경계인의 걱정이 지나치게 일탈적이거나 강렬한 것이면 교감하지 못하고 고립된 느낌을 받는다. 예를 들어 어린 시절의 근친상간이나 일탈적인 성행위 혹은 심각한 약물중독에 대해 이야기하면 집단 속 다른 구성원들에게 충격을 줄까 봐 두려워하는 것이다.

실제로 일부 구성원들은 불편한 내용에 관여하는 데 어려움을 겪는다. 일부 경계인은 자신들의 필요가 의사의 기준에 충족되지 않았다는 감정을 공유할 수 있다. 이런 상황에서 스스로 보살핌을 받고 있다고 상상하며 서로 돌봐주려고 할 수도 있다. 그래서 집단 치료에서가 아닌 외부에서 환자들끼리 만나고 서로 치료해 주려는 시도를 통해 의존성을 유지하려 한다. 그러나 구성원 간의 연애나 사업적 거래는 종종 엉망으로 끝나곤 한다. 모든 환자가 집단을 객관적으로 활용해 관계를 탐색하기보다는 보살핌을 받으려는 비생산적인 탐색에 매달리기 때문이다.

**집단 치료 사례** : 일레인은 29세로, 2년간 개인 정신요법을 받은 뒤 집단 치료를 권유받았다. 네 딸 중 장녀인 일레인은 다섯 살 때부터 10년이 넘게 지속적으로 아버지에게서 성적 학대를 받았다. 일레인은 어머니가 약하고 영향력이 없으며 아버지는 요구 사항이 많고 기쁘게 해줄 수 없는 사람이라고 여겼다. 청소년기부터 일레인은 가족의 보호

자가 됐다. 동생들은 결혼하고 자식을 낳았지만 일레인은 독신으로 남아 대학에 들어간 뒤 대학원까지 졸업했다. 그녀는 동성 친구가 별로 없고 데이트를 하는 일도 드물었다. 그녀의 연애 경력은 유부남인 데다 나이도 훨씬 많은 상사 두 명과의 관계가 고작이었다. 그녀는 일하지 않을 때도 아픈 가족을 보살피거나 일상적인 가족 문제를 처리하며 가족의 기능이 잘 유지되도록 헌신했다.

일레인은 고독하고 우울한 상태로 개인 치료를 찾았다. 그리고 사회적 기능에서 자신의 제약을 인식한 뒤 집단 치료를 요청했다. 그곳에서 재빨리 다른 사람을 돕는 역할로 자기 자리를 설정했으며 자신의 문제는 모두 부정했다. 일레인은 다른 구성원에게 도움이 되지 못한다고 생각하면 의사에게 종종 화를 냈다.

집단 치료 구성원들은 일레인에게 그녀가 대면할 수 없었던 문제를 살펴볼 수 있도록 해줬다. 그녀의 쏘아보는 눈빛, 겁주는 듯한 표정, 미묘한 분노가 담긴 언어 표현 등이 그것이다. 그렇게 되기까지 몇 달이라는 시간이 걸렸지만 일레인은 마침내 집단 환경에서 분명하게 드러나는 여성에 대한 자신의 무시를 인식했다. 또한 그녀는 남성 의사에 대한 자신의 화가 실제로는 아버지에 대한 분노가 전이된 것이고, 자신의 충동적인 시도는 아버지와의 관계를 다른 남성과 되풀이한 것이라는 점도 깨달았다. 그녀는 집단 속에서 새로운 방식으로 남성이나 여성과 소통하는 법을 시도해 봤다. 그러면서 가족 문제에 지나치게 몰두하는 것에서 벗어날 수 있었다.

## 가족 치료

가족 치료는 일부 경계인에게는 논리적인 접근법이 된다. 부모와의 불편한 관계 속에서 갈등해 온 환자는 결국 자신의 배우자나 아이에게도 영향을 미치기 때문이다.

가족 치료는 가끔 외래 환자들과 함께하기도 하지만 종종 위기 상황이나 입원 기간에 진행하곤 한다. 이 시기에는 가족이 치료에 참여하기를 거부하는 문제를 좀 더 쉽게 극복할 수 있다.

경계인의 가족은 여러 가지 이유로 치료를 꺼린다. 그들은 환자의 문제에 죄책감을 느끼거나 비난받을까 봐 두려워한다. 또한 경계성 가족 체계의 결합은 상당히 폐쇄적이라 가족들이 외부인을 의심하고 변화를 두려워하는 경우가 많다. 그들은 환자의 행동이 지속되도록 유착시키고(의식적으로 혹은 무의식적으로) 종종 '그를 낫게 해주세요. 그 대신 우리를 탓하지도, 관여시키지도 말아요. 그리고 무엇보다도 우리에게 변화를 요구하지 마세요'라는 식의 태도를 보인다.

그러나 가족의 지지를 얻는 것은 꼭 필요하며 그러지 못하면 치료에 방해가 될 수 있다. 청소년이나 어린아이의 가족 치료는 환자와 부모가 함께하는 것으로 때론 형제자매가 참여하기도 한다. 결혼했거나 진지한 관계를 맺고 있는 성인 BPD 환자의 치료에는 배우자나 애인이 참여하며 이들의 자녀가 참여하기도 한다.

경계인 가족의 소통 역동성은 한두 가지 극단성을 보유하는 데 아주 강하게 얽혀 있거나 상당히 떨어져 있다. 앞의 경우 모든 가족 구성원이 동맹을 구성하고 그들의 도움 없이는 환자가 독립적으로 치료를 유지할 수 없다. 뒤의 경우처럼 가족 사이가 소원하다면 의사는 가족 개입이 미치는 잠재적 영향력을 반드시 신중하게 평가해야 한다. 재결합이 건강한 방식으로 가능하다면 중요한 목표가 되겠지만 그것이 해롭거나 비현실적이라면 재결합의 환상을 포기해야 한다. 실제로 이상적인 가족의 소통 관계를 잃어버린 슬픔은 치료에서 중요한 이정표가 된다.

• **가족 치료의 예** : 26세인 데비는 우울증과 자해, 알코올의존증, 거식증으로 입원했다. 가족 면담을 하면서 데비와 남편의 관계가 조금은 모호하지만 기본적으로는 서로를 지지하는 관계라는 사실을 알게 되었다. 치료 과정은 환자의 알려지지 않은 과거에 초점을 맞췄다. 데비는 여덟 살 무렵에 이웃집 오빠에게 성적 학대를 당했다. 이 소년은 성적 학대뿐 아니라 데비에게 강제로 술을 마시게 하고 병에 받은 자신의 오줌을 먹여 토하게 하기도 했다. 또한, 데비가 말을 듣지 않자 상처를 입힌 적도 있었다.

이런 과거의 사건이 데비의 현재 속에 재연됐다. 이 기억들이 펼쳐지자 데비는 알코올의존증으로 자신을 보호해 줄 수 없는 소극적인 아버지, 약하고 자식에게 관심 없는 어머니에 대한 오래된 분노를 떠올렸다.

비록 과거에 부모와 소원하고 피상적인 관계를 유지해 왔지만 지금은 그들을 가족 치료에서 만나 과거의 상처와 실망을 드러낼 수 있었다. 데비가 예상한 대로 부모는 새롭게 알게 된 사실을 아주 불편해했다. 하지만 데비는 처음으로 아버지의 알코올의존증과 그에 대한 실망, 어머니의 애정 결핍과 대면할 수 있었다. 더불어 서로에 대한 애정을 확인하고 그것을 표현하는 일이 어렵다는 점을 인식했다. 비록 가족 관계에 큰 변화가 생기지 않으리라는 사실을 깨달았지만 데비는 많은 것을 얻었다. 그리고 가족의 소통 실패와 소원함을 편안하게 받아들일 수 있었다.

가족 치료의 접근 방식은 개인 치료와 유사하다. 완전한 치료에는 가계도 그리기도 포함된다. 가계도 그리기는 조부모, 대부와 대모, 같은 성을 쓰는 사람 중요한 친척들을 탐구하도록 자극해 세대를 넘어 가족 간의 소통에 영향을 줄 수 있다.

개인과 집단 치료처럼 가족 치료도 주로 지지·교육적이거나 탐구와 재건 방식으로 이뤄진다. 지지·교육적인 방식의 경우 의사의 주요 목표는 가족과 협력해 갈등이나 죄책감, 방어기제를 최소화하는 것으로 이들이 합심해 서로 지원하는 목적을 이룰 수 있도록 한다. 탐구와 재건 방식은 더 야심 차고 직접적으로 가족체계 안에서 구성원의 상호보완적인 역할을 살피고 이 역할의 변화를 활발하게 시도하는 것이다.

치료 과정에서 일레인은 부모와의 관계에 집중했다. 일레인은 아버지의 성적 학대를 알리고 다시 부모와 대면한 뒤로 그들에게 좌절감을 느꼈다. 부모 모두 학대에 대해 더는 논의하기를 거부하고 치료를 계속하는 것도 원하지 않았다. 일레인은 그들의 행동이 혼란스러웠다. 가끔은 아주 의존적으로 들러붙었다가도 또 가끔은 그녀를 어린 시절 별명으로 부르며 어린아이처럼 취급했다. 일레인은 가족 모임을 요청했고 그들은 어쩔 수 없이 승낙했다.

모임에서 일레인의 아버지는 자신의 폭행죄를 떠올리기를 거부했지만 차츰 그녀의 주장이 사실이라는 것을 인정했다. 어머니는 자신이 남편과 자식에게 감정적으로 접근할 수 없었다는 것을 깨닫고 학대에 대한 간접적인 책임을 인식했다. 일레인은 처음으로 아버지 역시 어린 시절 성적으로 학대받은 적이 있다는 사실을 알았다. 치료는 성공적이어서 가족의 오랜 문제를 끄집어내고 더 나은 소통을 할 수 있게 됐다. 일레인은 처음으로 부모와 어른으로서 서로 이야기를 나눴다.

## 표현 치료

개인, 집단, 가족 치료는 환자에게 말로 자신의 생각과 감정을 표현하게 한다. 하지만 경계인은 종종 이런 영역에서 어려움을 겪어 행동으로 내면의 문제를 표출하는 경우가 더 많다. 표현 치료법은 미술, 음악, 문학, 신체 움직임, 드라마 등을 활용해 비전통적인 방식으로 의사소통을 권장한다.

미술 치료에서 환자는 스케치, 채색, 콜라주, 자화상, 점토 조각, 인형 등으로 내면의 감정을 표현한다. 환자에게 텅 빈 노트를 주고 마음속 비밀이나 친밀함 또는 숨은 두려움과 같은 다양한 경험을 표현하도록 권장한다.

음악 치료는 멜로디와 가사를 활용해 잘 접근할 수 없는 감정을 자극한다. 음악은 종종 감정을 개방하고 침착한 환경에서 명상할 수 있도록 해준다. 신체의 움직임과 춤은 감정을 표현하는 신체적 노력으로 활용된다. 표현 치료의 또 다른 유형으로는 사이코드라마가 있다. 이는 환자와 치료사인 감독이 환자의 특정한 문제를 행위로 보여주는 것이다.

독서 치료는 환자가 문학 작품, 단편, 희곡, 시, 영화, 비디오 등을 보고 토론하는 또 다른 치료 방식이다. 독서 치료에서 에드워드 올비의 《누가 버지니아 울프를 두려워하랴?》는 가장 인기 있는 작품이다.

이 작품을 자주 활용하는 이유는 감정적인 장면들을 통해 환자가 자신의 문제를 반영하고 분노와 실망이 담긴 대사를 읽으며 카타르시스를 느낄 수 있기 때문이다.

**표현 치료의 예** : 25세인 아이린의 만성적인 우울증은 어린 시절 오빠에게 받은 성적 학대와 관련이 있었고 최근에 와서야 그런 사실을 기억할 수 있었다. 홀로 사는 그녀는 어린 시절의 기억이 밀려들자 결국 우울증이 악화돼서 병원에 입원했다. 그녀는 죄책감과 자책에 빠져 있어서 다른 사람에게 말로 기억을 설명하거나 자신에게 내재된 화를 표출할 수 없었다.

치료사는 표현 치료 프로그램에 미술과 음악을 결합해 아이린이 분노를 더 잘 인식할 수 있게 도왔다. 아이린은 시끄럽게 울리는 록 음악을 들으며 자신의 분노를 표출할 수 있었다. 그녀는 자기 자신에게 놀라면서도 남성의 생식기를 그린 다음 훼손된 형태를 덧붙였다. 처음에는 그 그림을 두려워하고 부끄러워하다가 곧 자신의 분노를 알아차리고 좀 더 깊이 받아들였으며, 보복하고 싶다는 자신의 소망도 알게 됐다.

또한 아이린은 치료사와 그림을 통해 감정적인 반응을 논의하면서 과거의 학대와 그로 말미암은 자신의 감정을 표현할 수 있었다. 더 나아가 그녀는 개인 치료는 물론 집단 치료에서도 자신의 감정을 솔직하게 이야기할 수 있었으며, 두려운 자신의 경험을 스스로 지배하고 이를 적절한 관점으로 바라볼 수 있었다.

# 입원 치료

BPD 환자는 입원한 정신과 환자 중 약 20퍼센트를 차지한다. BPD
는 병원에서 마주치는 가장 흔한 성격장애와는 상당히 거리가 멀다. 경
계인이 보이는 충동성, 자해(자살, 약물과다복용), 간단한 정신병적 에피
소드 성향은 입원 치료가 필요한 일반적인 이유이기도 하다.

입원 치료는 체계적인 환경을 제공해 경계인에게 혼란스러운 사회
에서 벗어나 집중적인 치료를 할 수 있게 한다. 다른 환자와 직원들의
개입과 지지는 경계인에게 중요한 피드백을 제공해 타인에 대한 환자
의 인식과 타당성이 바뀌게 한다.

입원은 환자가 외부 세계와 충돌하는 것을 최소화하고 집중적으로
자가 진단을 할 수 있는 좋은 기회다. 또한, 환자와 외부 세계(의사를
포함해) 사이의 강렬한 관계를 잠시 중단하고 병원 안 다른 구성원에게
로 집중을 분산할 수 있게 도와준다. 이처럼 한층 중립적인 환경에서
환자는 자신의 개인적인 목표와 치료 프로그램을 재평가할 수 있다.

참을성이 없는 BPD 환자는 입원을 거부하지만 퇴원할 때쯤 되면 병원 환경에 익숙해져서 종종 퇴원을 두려워하기도 한다. 보호받으려는 긴박한 욕구가 있지만 동시에 병동의 우두머리가 돼 다른 환자를 통솔하고 도우려 한다. 항상 자신의 비극적인 문제에 압도당하면서도 가끔은 엄청난 창의력과 자주성을 보인다.

입원한 경계인은 기질적으로 의료진과 함께 완전한 분리와 투영 식별의 이중주를 보여준다. 어떤 직원은 경계인을 불쌍한 부랑아로 인식하고, 또 다른 직원은 치밀하게 움직이는 가학적인 조작자로 본다. 이런 서로 다른 관점은 환자가 살면서 다른 사람에게 그러하듯이 의료진을 아주 착한 사람(지적이고 이해심 많은)과 완전히 나쁜 사람(대립적이고 요구사항이 많은)으로 분리하기 때문에 생긴다.

이런 와중에도 입원한 경계인은 외부 세계에서 버림받았다는 피해자가 되려고 한다. 보호받기 위한 유혹이 실망으로 이어지고 그래서 버려졌다는 기분을 느끼며 결국 자해하거나 감정적으로 후퇴하는 것이다. 병원에서는 이러한 갈등을 헤쳐 나가는 기회를 얻을 수 있다.

## 단기 입원

미국의 경우 1990년 이래로 병원 치료비 증가와 엄청난 보험 제약 탓에 병원을 기반으로 한 치료 프로그램들은 전반적으로 재구성됐다. 현재 대부분의 병원에서 입원은 아주 심하고 잠재적으로 위험한 상황인 자살 시도, 폭력, 정신병 발발, 자해 에피소드(약물중독, 통제 불능의 거식증과 폭식증 등)가 있을 때만 이뤄진다.

단기 입원은 대개 며칠간 지속되며 이 시기에 완전한 신체적, 신경학적 평가가 내려진다. 병원은 체계적이고 제한된 장소로, 그 안에서 지원과 긍정적인 관계가 중요하게 다뤄진다. 치료는 환자가 혼란에 실질적으로 적응하는 반응에 집중한다. 환자의 직업적, 일상적 기술을 평가하고 적절한 때에 모임을 열어 가족도 함께 참여하게 한다. 환자와 의료진의 공식적인 접촉이 상호 존중과 제약을 공고히 하는 데 도움이 된다. 이 과정에서 일상 치료 프로그램의 큰 틀을 구성하고 환자를 참여시키며 입원 목표를 알려준다.

단기 입원의 주요 목표에는 촉발된 위기를 해결하고 자해 행동을 없애는 것도 포함된다. 예를 들어 환자가 권총으로 자살하려고 했다면 가족은 집에서 총을 치워야 한다. 이 시기에 개인적인 환경의 강점이 식별되고 강화된다. 중요한 치료 문제가 드러나거나 재평가되며 정신요법의 수정과 약물치료가 권장된다. 이 문제를 더 깊이 파고드는 것은 단기간의 입원 환자에게는 제약이 따르며, 외래 진료를 토대로 혹은 부분 입원과 같은 덜 집중적인 프로그램에서 다루게 된다. 최우선 목표는 환자를 되도록 빨리 외부 사회로 돌려보내는 것이고 퇴보하거나 병원에 의존하지 않게 하는 것이므로 퇴원 계획과 이후 보살핌은 입원과 동시에 다뤄야 한다.

## 장기 입원

미국의 경우 오늘날 장기 입원은 아주 드물고 상당히 부유하거나 유례없이 정신질환에도 보험급여를 받는 사람에게만 국한된다. 지속적이고 장기간의 보호가 이뤄진 사례도 있지만 24시간 가둬두는 것은 불필요하며 치료는 부분 입원과 같은 덜 제약적인 환경에서 지속할 수 있다.

장기 입원 지지자들은 무기력한 역할로 퇴보할 위험성을 인식하면서도 진정한 개인적 변화는 제약된 환경에서 광범위하고 집중적인 치료로 이뤄진다고 주장한다. 장기 입원을 하는 요인에는 만성적으로 낮은 동기, 부적절하거나 해로운 사회적 지원(병적인 가족 체계 속 그물화), 직장을 다닐 수 없게 하거나 자기 효율을 방해하는 기능상 심각한 손상, 외래 요법과 단기 입원의 반복된 실패 등이 포함된다. 이런 특징은 외부 환경으로 일찍 내보낼 수 없는 것들이다.

입원 기간이 긴 만큼 환경의 체계성은 줄어든다. 환자는 치료에 더 많은 책임을 공유하게 된다. 의료진과 환자는 현재의 실질적인 문제와 더불어 과거 행동유형의 원형과 전이 문제를 살핀다. 병원은 마치 실험실과 같은 기능을 해 경계인이 특정한 문제를 인식하고 의료진이나 다른 환자와 함께 소통하면서 문제를 해결하려고 할 수 있다.

결국 1장에서 소개한 제니퍼는 장기 입원을 하게 됐다. 처음 몇 달 동안은 말 그대로 옷장 안에 틀어박혀 꼼짝하지 않았다. 의료진을 피해 침실 옷장에 들어가 숨었던 것이다.

시간이 흐르자 제니퍼는 의사에게 화를 내고 그의 분노를 유발하려고 했다. 그리고 많은 것을 요구하며 퇴원하게 해달라고 애원했다. 의료진이 단호하게 나오면 그녀는 자신의 아버지에 대해 더 많은 이야기를 꺼냈다. 아버지와 남편이 얼마나 비슷한지, 다른 남자들처럼 아버지가 어떤 행동을 했는지 늘어놓았다.

상태가 호전되면서 제니퍼는 여성에 대한 불신과 무례함 때문에 가까이하지 않았던 여성 의료진과도 자신의 감정 상태에 대해 이야기하기 시작했다. 나중에 그녀는 입원 상태에서 남편과 이혼하기로 결심하고 아들의 양육권을 포기했다. 비록 그 행동으로 상처를 받았지만 그녀는 그것을 '이타적인 이기주의'라고 봤다. 자신을 돌보는 일이 그녀가 사랑하는 사람들을 위해 할 수 있는 자기희생이자 배려였던 것이다. 그녀는 결국 학교로 돌아갔고 전문 학위를 취득했다.

장기 입원의 목표는 단기간의 보호를 연장해 잘못 작용하는 부분을 식별하고 이들의 특성을 변화시키는 데 있다. 충동에 대한 자제력을 높이고 기분 변화를 줄이며 다른 사람을 믿고 관여하는 능력을 키우고 구체적인 정체성을 세우며 좌절을 잘 이겨내는 것이 성공한 병원 치료다. 교육적이고 직업적인 목표는 광범위한 입원 기간을 통해 얻을 수 있다. 많은 환자가 병원에서 나와 학교나 일터에 집중할 수 있다. 건전하지 못한 삶의 형태(가출 이혼 등)의 변화도 완성될 것이다.

장기간 입원이 가져올 수 있는 가장 큰 잠재적인 단점은 퇴보다. 의료진이 환자와 적극적으로 대면하고 동기를 부여하지 않는다면 경계인은 더 무기력해져서 타인에게 의존해 자신의 인생을 이어갈 것이다.

잠옷용 셔츠 차림으로 환각에 사로잡힌 환자들이 정신을 멍하게 만드는 약물과 충격 요법에 저항하려고 무력하게 몸부림치는(켄 키시의 〈뻐꾸기 둥지 위로 날아간 새〉에 나오는 시설처럼) '뱀 구덩이'로 묘사되는 전형적인 정신병동은 더 이상 존재하지 않는다. 오늘날의 병원은 국가에서 정한 치료 기준에 따라 정기적으로 심사 받는다.

## 부분 입원

부분(혹은 일간) 입원은 환자가 하루 중 일부 혹은 종일 병원 활동에 참여한 다음 저녁에 집으로 돌아가는 방식을 일컫는다. 부분 입원 프로그램은 또한 저녁에 직장이나 학교가 마친 뒤에 열릴 수도 있고 대안이 없는 경우 자고 갈 수 있도록 허용한다. 이러한 방법은 자신이나 타인에게 위험하지 않고 적극적인 감독이 그다지 필요하지 않은 환자에게 적절하다.

이 접근 방식은 경계인이 지속적으로 병원 프로그램에 참여해 집중적이고 체계적인 보살핌을 받으면서도 독립적으로 삶을 유지할 수 있게 해준다. 이 방식은 장기 입원에 비해 병원에 대한 의존성이 덜하다. 부분 입원은 전통 입원 치료보다 비용이 저렴하기에 비용을 고려하는 사람들이 선호한다.

좀 더 집중적인 치료가 필요하지만 24시간 감시를 원하지 않거나, 입원할 경우 엄청난 퇴보 위험이 있거나, 병원에서 외부 세계로 전이하거나, 병원 치료를 받으며 직업적·학문적 추구를 이어가야 하거나, 심각한 재정적 제약을 받는 경계인은 이 접근 방식의 혜택을 볼 수 있다. 병원 환경과 치료 목표는 입원 프로그램과 비슷하다.

### 치료의 보상

다음에 이어질 장들에서 살펴보겠지만 BPD의 치료는 일반적으로 표준화된 정신요법적 접근과 약물을 활용한 특정 증상 목표를 혼합한다. 한때 BPD가 무기력하고 안달하는 증상으로 생각되기도 했지만 지금 우리는 과거의 생각보다 예후가 훨씬 좋다는 것을 알고 있다. 그리고 대부분의 환자는 과거의 혼란에서 벗어나 생산적인 삶을 영위할 수 있다. 치료 프로세스는 몹시 힘들 수 있다. 그렇지만 여정의 끝에는 새로운 희망이 기다린다.

"당신은 항상 무조건적인 수용에 대해 말했었죠." 한 경계인이 의사에게 말했다. "그런데 최근에 저는 마침내 그것을 느낄 수 있었어요. 놀라운 경험이었어요. 당신이 제게 마음껏 뛰어놀 수 있는 안전한 장소를 주었어요. 마음속 어딘가에서 길을 잃었던 제게 당신은 진정한 자아를 드러낼 수 있는 무조건적인 수용과 자유를 주었어요."

제8장

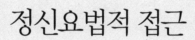

# 정신요법적 접근

"내 속에 괴물이 산다. 그래서 두렵다.
괴물은 내 기분을 마음대로 쥐고 흔들어 미치게 만든다.
괴물이 날 내버려 두지 않는다면 죽고 말 것이다."

— 경계성 성격장애 환자의 일기 중에서

"진정한 삶이란 작은 변화가 일어났을 때 알 수 있는 법이다."

— 레프 톨스토이

# 진화 발전하는 정신요법

경계성 성격장애는 약물치료보다 심리·사회적 치료의 효과가 더 크다고 입증된 유일한 정신질환이다. 따라서 대부분의 다른 정신질환과는 달리 약물 처방은 정신요법에서 부수적으로 사용된다. 여러 가지 정신요법적 접근방법이 효과적이라고 알려져 있으며 어렵고 광범위한 정신요법의 시도 또한 경계인의 치료에서 비용을 절약하는 방식으로 알려져 있다.

BPD의 치료법으로서 정신요법은 이 책이 처음 출간된 이후로 오랫동안 연구되고 적용되어 왔다. 철저한 연구와 임상의들의 지속적인 개선으로 박차를 가한 덕분에 두 가지 주요 치료법이 출현했다. 바로 인지 행동 접근법'과 '정신역학 접근법'이 그것이다.

범주마다 여러 가지 두드러진 특색이 개발되었고 각각은 자체로 일련의 이론적 원칙과 기법을 보유한다. 여러 가지 정신요법 전략은 집단과 개인 치료 기간에 결합된다. 비록 일부는 좀 더 정신역학적이고 일부는 더 행동적이지만 대부분이 두 가지 요소를 모두 결합하고 있다. 모든 의사소통은 5장에서 설명한 필자의 SET-UP 원칙을 반영하고 있다. 환자에 대한 지지, 그의 힘든 상황에 대한 공감, 진실이나 실질적인 문제와 대면, 문제 이해와 치료를 인내하는 노력이 그것이다.

### 치료 기법의 표준화

여러 가지 치료접근법을 지지하는 사람들은 그들의 치료기법을 표준화하려고 노력한다. 그 예로 지침서를 만들어 특정한 치료를 실행하는 의료진을 도우려고 하는 것을 들 수 있다. 이 방식을 활용하면 담당자가 누구인지 상관없이 치료는 지속적으로 꾸준히 효과적으로 이루어질 수 있다. (무신경하지만 분명한 비유로 스타벅스나 맥도날드와 같은 프랜차이즈 식품 업체처럼 재료를 표준화해 커피나 햄버거를 어디서 사든지 같은 맛을 내는 것을 들 수 있다) 표준화는 또한 제약된 연구 속 증거 수집을 용이하게 해 특정한 정신요법적 접근의 효율성을 지지하거나 반박할 수 있다.

표준화는 물리적으로 환자에게 항우울제를 주는 것(환자가 삼키는 한)과는 달리 환자가 참석하는 정신요법을 진행하는 데서 차이를 만들 수 있다는 것이다. 그렇지만 상호 간의 소통은 확실히 약을 먹는 것과는 다르므로 모든 정신요법이 같은 지침을 따라 모든 환자에게 동일한 결과를 제공한다고 생각하는 것은 순진한 발상이다.

실제로 BPD 연구의 개척자인 존 군더슨 박사는 이처럼 성공한 기법들을 처음 고안한 사람은 카리스마와 자신감을 가진 축복받은 사람이 틀림없으며 이후 추종자들은 그 방식을 제대로 자신의 것으로 만들지 못했다고 지적했다. 여기에 덧붙여 많은 의사는 제약이 심한 이 접근법이 너무 융통성이 없다는 점을 발견했다.

비록 각기 다른 정신요법들이 차이를 부각시키지만 모두가 많은 공통점을 가지고 있다. 의사들은 환자와 분명한 목표를 수립하려고 노력한다. 초기의 주요 목표는 자해를 멈추고 파괴적인 행동을 치료하는 것이다. 공식적인 모든 매뉴얼화된 치료법이 주당 1~2회로 꾸준하고 집중적인 만남을 요구한다.

이 모든 치료법은 의사의 고도로 특화된 훈련이 필요하다. 또한, 상당수의 치료법이 의사 이외에도 다른 구성원들의 협력과 관할을 필요로 한다. 의사들은 전통적인 정신분석 방식보다 환자와 더 적극적으로 소통한다. 이 방식은 시간과 노력이 많이 들어가고 비싸며 종종 보험으로 충당할 수 없는 경우가 많기 때문에 대부분의 효용성 연구는 대학이나 허가받은 환경 속에서 실행되어 왔다. 특정한 접근법을 재창조하려는 대부분의 공동체와 사설 치료 규약은 공식적인 프로그램을 불완전한 상태로 변경한 것이다.

더 이상은 그저 '날 치료해 줄 의사를 찾아야'하는 문제가 아니다(물론 운이 좋아서 찾을 수도 있다). 복잡한 현대 사회에서 환자는 시간과 비용, 치료하는 사람의 경험과 전문 분야 등 모든 종류의 요인을 반드시 고려해야 한다. 가장 중요한 것은 환자가 의사를 편안하게 느끼고 특정한 치료 방식에 거부감이 없어야 한다는 점이다. 따라서 이 장에서 알려주는 내용을 주의 깊게 살펴서 특정한 접근방식에는 친숙해지고 치료 과정의 어느 지점에서 다시 보아도 기억할 수 있어야 한다.

# 인지와 행동 치료

인지와 행동 치료는 현재의 사고 과정을 바꾸고 반복적인 행동을 하지 못하도록 만드는 데 중점을 둔다. 이 치료 방식은 정신역학적 접근보다 과거에 집중하는 비중이 덜하다. 치료는 문제에 중점을 두고 시간 제약이 있는 경우가 많다.

## 인지와 행동 치료(CBT)

애런 벡이 개발한 치료 체계인 CBT는 방해되는 사고와 행동을 식별하고 이를 더 이상적인 믿음과 반응으로 교체하는 데 중점을 둔다. 왜곡된 사고('난 나쁜 사람이야,' '모두가 날 싫어해')와 좌절한 행동('한 잔만 더 하지 뭐')을 파악하려는 활발한 노력에 감정과 행동을 변화시킬 숙제를 내주는 것이다. 자기표현 훈련, 분노조절 수업, 심신안정 연습, 탈감작(脫感作, 과잉반응을 경감, 조절하기 위한 절차) 원칙이 모두 사용된다. 전형적으로 CBT는 시간제한이 있으며 다른 규약보다 강도가 덜하므로 비용도 적게 든다. 다음에 소개하는 치료 프로그램은 CBT를 토대로 생긴 것이다.

## 변증법적 행동치료(DBT)

워싱턴대학교의 마샤 리네한 박사가 고안한 DBT는 표준 인지 행동 치료법에서 나온 가장 제약된 방식이다. 변증법은 BPD 환자가 직면한 고유의 '반대'를 해결하는 데 목표를 두고 있어서 어떤 사람이나 상황을 좋아하다가 갑자기 싫어하는 경계인의 모순된 상태를 다룬다. 이 체계 속에서 한층 더 기본적인 변증법은 환자가 최대한 노력하고 거기에 만족하려고 하지만 동시에 더 많이 변하고 잘하려고 하는 역설을 해결할 필요가 있다.

DBT는 경계인이 감정적으로 과도하게 반응하는 유전적, 생물학적 취약성을 가지고 있다는 점을 사실로 받아들인다. 이 관점은 감정적 반응에 밀접한 관련이 있는 대뇌변연계가 경계인의 경우 과도하게 활동한다는 가설을 세우고 있다.

DBT 전문가에 따르면 두 번째 공헌 요인은 부당한 환경이다. 헤어짐, 모순, 거절이 개인의 감정에서 발달하는 것이다. 이런 소통과 직면하면 개인은 타인 혹은 자신의 반응을 믿을 수 없다. 감정은 통제할 수 없고 변덕스러워진다. DBT는 이처럼 변덕스러운 감정을 가라앉히기 위해 마음 챙김을 강조한다. 마음 챙김은 극단적인 감정 반응과 판단 혹은 무효화 없이 현재 일어나고 있는 상황에 집중하는 과정이다.

DBT 치료의 초기 단계는 목표의 계층적인 체계에 중점을 두고 가장 심각한 문제를 먼저 살핀 다음 점차 쉬운 것들로 옮겨가 행동을 바꾼다. 즉시 다루어야 하는 첫 번째 우선순위에는 자살 위협과 자해가 있다. 두 번째는 치료를 방해하는 행동을 없애는 것으로, 약속하고 치료에 나오지 않거나 숙제를 하지 않는 것 등을 들 수 있다. 세 번째 우선순위는 방해가 되는 충동성, 난잡한 성행위, 범죄 연루와 같이 건전한 인생을 방해하는 행동을 식별하는 것이다. 이들 중에서 가장 변하기 쉬운 것을 첫 번째 목표로 삼는다. 네 번째 우선순위는 행동 기술을 높이는 데 중점을 둔다. 체계적인 프로그램은 네 가지 주요 부분으로 구성된다.

1. 주별 개인 정신요법으로 새로운 기술 습득력을 높이고 자기 패배적인 행동을 최소화한다.

2. 주별 단체 기술 치료를 통해 BPD와 DBT에 관한 교육 자료를 활용하고 숙제를 내주며 감정을 더 잘 통제하는 방식을 가르치는 법에 관해 논의하며 대인관계 소통을 향상시키고 마음 챙김을 배양한다. 마음 챙김이란 과거나 미래 혹은 감정적 유연성에 영향을 받지 않고 현재의 감정을 객관적으로 살피는 것을 말한다.

3. 전화 코칭(DBT의 독특한 방식)은 환자가 응급상황을 맞기 전에 커지는 스트레스를 처리할 수 있도록 도와준다. 전화는 언제든지 코치와 연결되지만 파괴적인 행동을 한 뒤에 환자가 전화를 한다면 부적절하다.

4. 치료를 담당한 모든 구성원들의 주별 면담은 기술과 동기를 높이고 정신적 박탈감을 막을 수 있다. 매주 환자는 주어진 DBT '일지'를 써야 한다. 이 일지에는 자해, 약물 복용, 지장을 주는 감정, 환자가 이런 일상 스트레스에 어떻게 반응했는지를 기록한다.

## 감정 예측능력과 문제 해결을 위한 체계적인 훈련(STEPPS)

매뉴얼을 토대로 하는 CBT의 또 다른 버전으로 아이오와주립대학교에서 개발한 STEPPS가 있다. DBT와 마찬가지로 STEPPS는 경계인의 감정과 충동 조절 불능에 중점을 둔다.

STEPPS의 독특한 방식은 비용이 조금 덜 드는 프로그램을 개발하려는 소망이 부분적으로 담겨 있다. STEPPS는 집단 치료 패러다임으로 개인 치료가 없다. 또한 주당 22시간 집단 치료와 같은 짧은 코스도 있다(DBT가 전형적으로 1년이 걸리는 것과 비교했을 때). 이 프로그램은 치료 과정에서 경계인의 사회적인 체계에 관여하는 데 중점을 둔다. 교육 훈련 기간에는 가족 중요한 타인, 보건 전문의, 정기적으로 만나는 사람, 자신의 성격장애 문제를 공유하고 싶은 사람을 함께 데려올 수 있다. STEPPS는 크게 세 부분으로 구성된다.

1. BPD와 스키마(Schema. 자신과 타인에 대한 왜곡 인식으로 사랑받을 수 없고, 믿을 수 없고, 죄책감을 느끼며, 정체성이 결여되고 지배하지 못할까 두려워하는 것)에 대한 교육을 실시한다.
2. 문제 관리, 주의 산만, 의사소통 개선과 같은 감정을 더 잘 제어할 수 있는 기술을 가르친다.
3. 건강한 식습관, 건강한 수면, 운동, 목표 설정과 같은 행동 기술을 가르친다.

STEPPS의 두 번째 단계는 STAIRWAYS다. 한 달에 두 번, 1년 동안 진행되는 기술 훈련 세미나로, STEPPS 모델을 강화해 준다. 자발적이고 다른 치료법을 권장하지 않는 DBT와 달리 STEPPS는 다른 치료법을 함께 활용할 수 있도록 고안되었다.

## 스키마 집중 치료(SFT)

SFT는 인지, 형태, 정신역학 이론의 요소들을 결합한다. 애런 벡의 제자인 제프리 영 박사가 고안한 SFT는 스키마에서 발생하는 부적응 행동을 개념화한다. 이 모델에서 스키마는 시간이 흐르면서 생물학적으로 연약한 아이가 불안, 지나친 방임, 방치, 학대에 직면하면서 발전시키는 세계관을 정의한다. 스키마는 양육에서 실패 요소를 해결하려는 아이의 시도로, 이런 해결 메커니즘은 어른이 되어 부적응을 낳는다. 스키마의 개념은 정신역학 이론에서 나온 것이다. SFT는 왜곡된 반응에 도전하고 재양육으로 알려진 프로세스를 통해 새로운 해결 방식을 제시한다.

다채로운 스키마는 다섯 가지 주요 스키마 모드로 분류할 수 있고 각각은 경계인을 식별하고 관련 증상을 포함한다.

1. 방치와 학대받은 아이(버려지는 것에 대한 두려움)

2. 분노한 아이(분노, 충동. 불안정한 기분, 불안한 관계)

3. 가혹한 부모(자해, 충동)

4. 무심한 보호자(분리, 정체성 부재, 공허함)

5. 건강한 성인(환자의 모델이 되는 의사의 역할. 다른 방법을 이완하고 보호함)

특정한 치료 전략은 각 모드에 적합하다. 예를 들어, 의사가 양육을 중시하면 버려지고 학대당한 아이 모드를 활용한다. 감정 표현은 무심한 보호자 모드에 적합하다. '재양육'은 어린 시절의 요구를 충족시키지 못한 것을 포함한다. 의사는 전통적인 치료법보다 더 개방적이고 선물을 주고 전화번호 및 다른 개인 정보를 공유하며 실질적이고 진솔하게 환자를 보살핀다고 투영한다. 온정, 칭찬, 공감을 전달하는 것이 의사의 중요한 기능이다. 환자는 스키마와 BPD에 관한 서적을 읽어야 한다. 역할 놀이, 모드 사이의 대화, 시각화 기법(스트레스가 많은 시나리오를 시각화하고 역할 놀이로 푸는 것) 등과 같은 형태 기법이 필요하다. 자기주장 훈련과 다른 인지 행동 방식도 활용된다. SFT에서 발생할 수 있는 문제점은 '재양육'의 경계를 대면하는 것이다. 의사는 전이와 역전이의 위험을 상당히 경계해야 한다.

# 정신역학 치료

정신역학적 접근은 전형적으로 과거와 현재에 관해 토론하고 더 생산적인 미래를 만들어 줄 수 있는 유형을 발견하는데 목표를 둔다. 이 치료 방식은 일반적으로 인지 행동 접근 방식보다 더 집중적이라 일주일에 수차례 실시된다. 의료진은 체계적이고 일관성 있는 형식에 분명한 목표를 가지고 있어야 하지만 필요의 변화에 적응할 수 있을 정도로 융통성도 충분해야 한다.

### 정신화 기반 치료(MBT)

'정신화'는 피터 포나기 박사가 만든 용어로, 자신과 타인, 그리고 주위 환경을 이해하는 정도를 설명한다. 정신화를 사용하면 개인은 자신과 타인이 해당 방식으로 소통하는지 이해할 수 있고 역으로 다른 사람의 감정에 공감할 수 있는 능력을 끌어낼 수 있다. 이 용어는 심리적 마음 상태(감정과 행동 사이의 교감을 이해하는 것)와 마음 챙김(DBT의 목표)이라는 개념과 겹친다. 포나기는 어린 시절에 시작되는 정상적인 정신화 발달이 방해를 받으면 어른이 되어 특히 BPD와 같은 병이 생길 수 있다고 주장했다.

이 개념화는 부모의 모습에 건강한 애정을 보이는 정신역학 이론을 토대로 한 아이가 부모와 적절히 결합할 수 없으면 부모나 자신의 감정을 이해하는 데 큰 어려움을 겪는다. 어디에 감정이나 행동의 기반을 둘 것인지 올바른 개념을 구성하지 못한다. 또한 대상항상성도 지속적이지 못하다. 아이는 버림받는 것에 대한 두려움으로 타인에게 거리를 둔다. 이런 발달 실패는 아이의 기질(생물학적 혹은 유전적 제약) 혹은 부모의 병에서 발생하는 경우도 있으며 물리적, 감정적 학대나 방임, 부적절한 독립심 억제 혹은 양쪽 모두로 인해 기인할 수 있다.

MBT는 '믿음', '동기', '감정', '욕망', '이유', '필요'가 반드시 우선적으로 이해되어야 다른 사람과 최적화된 기능을 할 수 있다는 추정을 토대로 한다. 영국의 부분 입원 병원을 대상으로 베이트먼과 포나기가 문서화한 자료가 이 방식의 효율성을 확인시켜 준다.

환자는 일주일에 5일, 8개월 동안 낮 시간을 병원에서 보낸다. 치료에는 정신분석학적으로 기원한 집단 치료를 일주일에 세 번 실시하고 개인 정신요법, 미술, 음악, 사이코드라마 프로그램과 같은 표현 치료, 약물요법이 필요에 따라 사용된다. 일별 의료진 회의가 열리고 상담도 가능하다. 의료진은 매뉴얼을 토대로 한 시스템을 사용한다. 그리고 그것을 통해 환자의 현 마음 상태에 초점을 두고 인지의 왜곡을 찾아내고 환자와 타인에 대한 대안적 인식을 만들어 주는 협력적인 시도를 한다.

많은 행동 기법이 DBT에서 온 것이지만 일부 MBT의 정신역학 체계는 전이에 중점을 둔 정신요법(TFP)와 겹친다.

## 전이에 중점을 둔 정신요법(TFP)

TFP는 매뉴얼을 토대로 한 프로그램으로 의학박사 오토 컨버그가 코넬대학교 동료들과 함께 한층 전통적인 정신분석학에서 고안한 것이다.

의사는 초반에 이 치료법의 제약과 역할에 관해 이해를 돕는 데 중점을 둔다. DBT와 마찬가지로 초기에는 자살할 위험성, 치료방해, 거짓말 등을 해결하는 것이 중요하다. 다른 치료 접근법과 마찬가지로 TFP는 초기 심리학적 좌절과 상충하는 생물학적 유전적 취약성의 역할을 인식한다. 이때 경계인이 보여주는 주요 방어기제는 정체성 혼미로 자신에 대해 왜곡되고 불안정한 감각을 보이며 결과적으로 타인에게도 마찬가지다. 정체성 혼미란 자신과 타인에 대한 인식이 유령처럼 흐릿하게 왜곡되어 보이는 것으로 실체가 없어 만질 수도 인식할 수도 없다.

BPD의 또 다른 특징은 지속적인 분리로 극단적이고 양극화된 흑과 백, 옳고 그름을 나누어 자신, 타인 혹은 상황을 아주 좋거나 나쁜 것으로만 분류하는 믿음이다. 착한 사람이 실망시키는 것은 이해할 수 없으므로 전에 착했던 사람은 완전히 나쁜 사람으로 변해버린다. 전문적인 독자들은 MBT의 정신화 속 왜곡이 정체성 혼미와 분리를 포함하고 있다는 것을 알 것이다. 극단적인 이분법의 어려움은 DBT에 이론화된 변증법적 역설을 연상시킨다.

TFP는 정체성 혼미와 분리가 일반적인 발달 초기에 발생하는 주요 요인이라고 말한다. 그렇지만 BPD의 경우 잘못된 육아로 인해 반대되는 감정과 인식의 통합 발달로 이어진다. 경계인은 기능의 미성숙 단계에 멈춰버리는 것이다. 공허함, 심각한 감정 기복, 분노, 혼란스러운 관계는 이 흑백논리에서 온 것이다.

치료는 일주일에 두 번, 개인 면담과 의사와의 면담으로 진행된다. 직접적인 전이 경험으로 환자는 인생에서 분리가 너무 많이 이루어졌다고 깨닫게 된다. 의사의 사무실은 일종의 실험실이 되어 환자가 안전하고 보호받는 환경에서 자신의 감정을 살피고 그 이해를 외부 세계로 넓히도록 해준다. 지적 이해와 감정적 경험의 조화를 의사와 함께하면 정체성과 타인에 대한 인식을 건강하게 통합할 수 있다.

## 좋은 정신과적 관리(GPM)

존 군더슨 박사는 경계인 대부분이 위와 같은 많은 특수 치료 프로그램을 이용하지 못한다는 사실을 인정했다. 더 나아가서 정신과 의사들 대부분은 그러한 프로그램을 진행할 수 있는 공식 교육 과정에 참여하지 못한다. 이에 군더슨 박사는 인지 요소와 행동 요소, 정신역학 요소를 결합한 보다 더 실용적인 치료 과정을 개발했다. 대부분의 의사가 제공하기 쉽고, 경계인이 혜택을 얻기 쉬워서 충분히 좋다고 군더슨이 정의한 요소가 결합된 치료법이었다. 이 치료법에서는 경계인의 관계 민감성을 중점적으로 다룬다.

군더슨은 GPM의 기본적인 원칙 8개(SET-UP과 많이 유사함, 5장 참조)를 다음과 같이 요약했다.

1. 정신병리 교육을 제공한다. 환자에 따라서 BPD 진단, 유전적 및 환경적 기여 요인, 다른 임상 정보를 적절하게 제공한다. (SET-UP에서처럼 이해 표명)

2. 반응적인 태도가 아니라 적극적인 태도를 보인다. 즉각 반응하고 관여 하고 관심을 갖는다. (지지와 공감을 반영하는 과정)

3. 고심한다. 행동하기 전에 생각한다.

4. 진짜 전문가가 된다. 실수를 인정한다. 약간의 개인적 공유는 괜찮다.

5. 변화를 기대한다. 현실적인 목표를 고수하고 사임을 받아들이지 않는 다. (인내)

6. 환자에게 책임을 지운다. 환자가 자신의 행동에 책임지기를 바란다. (SET-UP의 신뢰)

7. 외적 인생에 집중한다. 사회적, 대인적, 직업적 관심사를 강조한다.

8. 융통성과 실용성을 갖춘다. 즉흥적으로 처리한다. 환자의 요구를 적용 한다.


GPM의 목적은 아래의 세 가지 축을 중심으로 달라진다.


1. 정신화 : 먼저 사고하는 법을 배운다. 행동하기 전에 생각한다. 자신의 감정을 인지하고, (MBT에서처럼) 타인의 감정과 동기를 파악한다.

2. 사회적 재활 : 사회적 일상과 직업적 일상을 확립한다. 더 나은 관계를 구축한다. (DBT에서처럼) 일상생활의 활동을 개선한다.

3. 교정 경험 : (TEP에서처럼) 외부 관계의 모델로 삼을 수 있는 의사와의 믿을 수 있는 관계를 확대한다.

## 비교 치료

동일한 상황을 다루는 의사들의 다양한 접근방식을 잘 보여주는 사례를 소개한다.

29살 미혼 회계사인 주디는 아버지와 격렬한 말다툼을 벌이다가 아버지가 그녀를 '창녀'라고 부른 것에 몹시 화가 난 상태로 병원에 도착했다. 의사가 부정확한 발음으로 질문하자 주디는 더 화가 나서 의사가 아버지의 편을 들고 있다고 비난하며 갑 티슈를 집어 던졌다.

DBT를 치료하는 의사는 주디의 분노와 물리적 폭발에 집중한다. 그는 우선 그녀의 좌절감에 공감하고 충동적인 행동을 수용한다. 그런 다음 폭력성을 건드리지 않고 좌절을 누그러뜨릴 수 있도록 도울 것이다. 또한, 아버지에 대한 그녀의 좌절을 해결할 수 있는 방법에 대해서도 심도 있게 논의할 것이다.

SFT를 치료하는 의사는 우선 자신에 대한 줄리의 잘못된 인식을 바로잡고 자신은 그녀에게 화가 나지 않았으며 전적으로 그녀의 편이라는 확신을 심어준다.

MBT의 경우 의사는 주디에게 이 순간 어떤 기분과 생각이 드는지 알아내려고 한다. 또한, 아버지가 대화 중에 어떻게 반응했어야 하는지에 관해 곧장 생각하도록(정신화) 만들 것이다.

TFP를 치료하는 의사는 주디가 자신을 아버지와 비교하는 방식을 살필 것이다. 그는 치료하는 동안 자신에 대한 주디의 여러 번의 기분 변화에 중점을 둔다.

## 기타 치료

몇 가지 기타 치료법은 아직 연구가 부족한 상태지만 활용되고 있다. 로버트 그레고리와 시러큐스 뉴욕주립대학교의 연구진은 매뉴얼에 기반을 둔 치료법을 개발했다. '역동적인 해체 정신요법(DDP)'이라고 불리는 이 방식은 지속적인 학대와 같이 더 어렵거나 복잡한 장애를 가진 경계인에게 직접적으로 적용된다. 주별 개인 정신역학적 치료는 불균형을 이룬 인지 인식을 직접적으로 활성화하고 환자가 더 응집력 있고 일관적으로 자아와 타인에 대한 감각을 구축할 수 있도록 돕는다.

매사추세츠 스톡브리지의 오스틴 릭스 센터에서 개발한 '동맹을 기반으로 한 치료(ABT)'는 정신역학적 접근 방식으로 자살과 자해 행동에 중점을 둔다. TFP와 마찬가지로 치료 관계를 강조하고 경계인의 자해 행동에 영향을 미치는 방식을 살핀다.

한 캐나다 단체에서 공을 들인 집중적인 '단기 역동 정신치료(ISTDP)'는 BPD와 다른 정신장애 환자 치료를 목적으로 고안되었다. 주별 개인 치료는 방어를 담당하는 무의식적 감정과 과거의 트라우마를 연관시키는 데 집중한다. 치료는 일반적으로 대략 6개월 정도 지속될 것으로 예상한다.

칠레의 임상의들은 경계인의 개별 치료의 어려움을 인식하고 집단 치료 체계를 고안했는데 이것이 '간헐적 지속 절충 요법(ICE)'이다. 주별 90분간의 집단 치료 기간을 10회 주기로 감독한다. 환자는 본인과 의사의 선택에 따라 더 오랫동안 참석할 수 있다. 정신역학적 관점이 환자를 이해하도록 돕지만 해석은 최소화한다. 각 치료의 첫 부분은 개방되며 정해진 시간에 무체계적인 토론을 통해 이루어진다. 그리고 나머지 절반은 수업처럼 진행되는데, 환자의 어려운 감정을 다루는 법에 대해서 배우게 된다.

# 어떤 치료법이 최선인가

이 모든 치료법은 치료의 표준을 만들고자 하는 노력에서 고안된 것으로 대부분이 매뉴얼을 토대로 한 프로그램을 활용하고 효율성을 결정하는 제약된 연구를 발전시키려는 시도를 보인다. 모든 치료법에는 상대적이고 개괄적이며 일반적인 치료를 넘어 공식화된 치료의 우수성을 보여주는 연구를 포함한다. 일부 연구자들은 이들 치료법을 비교연구 했다.

한 연구는 1년 동안 외래 BPD 환자를 치료한 것을 DBT, TFP, 정신역학 지지 요법이라는 세 가지 다른 접근법으로 비교했다. 이 세 그룹에 속한 환자들은 우울증, 불안, 사회적 소통, 일반적인 기능에서 향상된 모습을 보였다. DBT와 TFP 모두 자살 시도가 엄청나게 줄어들었다. TFP와 지지요법은 분노와 충동성을 줄이는 부분에서 더 나았다. TFP는 안달하는 마음과 언어적, 물리적 모욕을 줄이는 데 가장 효과적이었다.

네덜란드의 한 대학은 3년간 BPD 환자를 SFT와 TFP 치료법으로 비교했다. 첫해에 두 치료 그룹은 BPD 증상이 상대적으로 엄청나게 줄어든 것과 생활의 질이 향상된 것을 경험했다. 그러나 3년째가 되자 SFT 환자는 엄청나게 호전되었고 중도 탈락하는 사람도 거의 없었다. 이후 연구팀은 이 두 가지 정신요법의 설계에 있어서 비용 효용을 비교했다. 이 조사는 치료의 비용과 시간이 흐르면서 삶의 질이 얼마나 향상되었는지 함께 측정했다(스스로 작성하는 설문지 형태). 비록 삶의 질에 있어서 TFP가 SFT보다 조금 더 높았지만 전반적인 비용은 SFT가 엄청나게 더 효과적이었다.

DBT 치료와 GPM 치료를 마친 BPD 환자를 비교한 2년간의 연구에서도 비슷한 결과가 나왔다. 양쪽 집단 모두 대부분의 측정 분야에서 크게 호전되었다. 양쪽 집단 환자의 60퍼센트 이상이 공식적인 BPD 진단 자격을 상실했다. 삶의 질도 양쪽 집단 모두에서 똑같이 크게 향상되었다. 하지만 독립적인 생활 능력이 부족해서 삶의 질이 다소 떨어졌다. 양쪽 집단 모두에서 절반 이상의 환자가 실직했고, 3분의 1 이상이 장애 지원을 받았다.

DDP와 DBT치료를 받은 BPD 환자를 비교한 1년간의 후속 연구에서는 양쪽 집단의 증상이 크게 감소했다. 하지만 DDP 치료의 중도하차 환자가 훨씬 적었고, 결과도 훨씬 좋았다.

이 연구들이 각기 다른 치료들을 비교하려는 놀라운 시도를 하고 있지만 모두를 다 비난할 수도 있다. 환자와 의사의 선정, 측정의 타당성, 과학적 연구에 영향을 미칠 수 있는 통제되지 않은 요인의 과다는 인간의 행동반응을 비교하려는 시도를 상당히 어렵게 만든다. 더 많은 사람을 대상으로 한 지속적인 연구를 거쳐 많은 환자에게 효과가 있는 치료접근법이 탄생했다. 그러나 주어진 복잡한 변수가 우리의 DNA에 내재되어 있기 때문에 사람은 서로 상당히 다를 수밖에 없고 모든 개인에게 이상적인 최고의 치료는 불가능함을 알려준다. 그러므로 많은 환자에게 우수성을 보여준 치료법이 당신에게는 이상적인 선택이 아닐 수도 있다. 이것은 약물치료에서도 마찬가지로 적용되며 하나가 모든 것에 다 들어맞지는 않는다.

성공적인 치료법은 모두 공통적인 특징을 지니고 있다. 특히 의사와의 신뢰할 수 있는 돈독한 관계가 그중 하나다. 다른 치료법보다 항상 낫다고 증명된 구체적인 치료법은 없다. 한 연구에서 다수의 환자에게 뛰어난 효과를 발휘했다고 밝혀진 치료법이 당신에게도 이상적인 치료법이라고 장담할 수는 없다. 의약 분야에서는 모든 질병 치료에 효과가 있는 만병통치약이 없다는 게 진실이다. 그러므로 이러한 연구에서 도출할 수 있는 주요한 요점은 최고의 치료법이 무엇이냐가 아니라 효과가 있는 정신 치료법이 무엇인가이다. 실제로 《이상한 나라의 앨리스》에서 도도새는 경주가 끝난 후에 이렇게 말했다. "모두가 이겼으니까 모두가 상을 받아야지!"

안타깝게도 미국의 정신치료는 세월이 흐르면서 질이 떨어지고 있다. 그 이유 중 가장 큰 것은 비용 문제다. 미국에서는 일반 의료서비스보다 정신치료 서비스의 보험 혜택이 훨씬 적다.

미국이 더 합리적이고 지속적으로 많은 사람에게 의료서비스를 제공하려 한다면 비용 부담은 줄어들고 총체적으로 동일한 치료를 하고자 하는 유혹에 빠질 것이다. 이런 시스템에 대한 유동성을 유지하는 것이 중요하다. 지금은 의학의 예술을 폄하하지 않고 의사와 환자 사이의 신성한 관계 안에서 개인성을 허락할 수 있게 하는 것이 중요하다.

## BPD에 대한 향후 연구와 특정 요법

앞으로 유전자와 생물학 연구가 발달하면 특정한 환자에 대한 치료법을 '개인화'하는 방법이 제안될 수도 있다. 모든 BPD 환자를 치료하는 데 있어서 가장 좋은 한 가지 방법이 존재하지 않는 것처럼 치료법을 비교하려는 시도에도 불구하고 어떤 단일 치료법도 모든 환자에게 잘 들어맞는 것은 아니다. 의사들은 모두에게 잘 맞는 허상 속 최고 방식을 적용하기보다는 환자의 필요에 따라 다양한 치료법을 활용해야 한다. 예를 들어, 자살 시도 빈도가 엄청 높고 심각한 자해를 보이는 경계인은 처음에는 DBT와 같은 인지, 행동 접근법이 필요하다. 기능을 잘하고 있는 환자는 정신역학적 방식이 효과적이다. 재정적으로 혹은 일정의 제약을 받는 환자는 시간제한이 있는 치료법을 선호할 것이고 반복적으로 파괴적인 일상 패턴을 보이는 환자는 장기간의 집중적인 치료가 필요하다. 몇몇 의사들은 안내서에 나와 있는 구체적인 절차를 따른다. 다양한 방법을 결합한 전자 치료법을 사용하는 의사도 있다. 환자는 최상의 치료법을 찾기 위해 의사의 치료법을 이해하고 편안하게 받아들여야 한다.

대부분의 안과 전문의가 복잡한 상황 혹은 장기에 관계된 부분(망막, 각막)을 위해 하위 영역을 발전시키고 있듯이 BPD의 최적화된 치료 역시 같은 방식으로 향해야 한다. 예를 들어, BPD에 특화된 센터에서 경험 많고 전문적인 훈련을 받은 전문가를 통해 더 효과적인 치료 체계를 제공하도록 해야 한다.

제9장

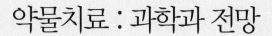

약물치료 : 과학과 전망

"알약 하나는 당신을 더 크게 만들고 알약 하나는 당신을 더 작게 만든다."
— 제퍼슨 에어플레인의 노래 '화이트 래빗' 가사 중에서

"의사는 자신이 잘 알지 못하는 약을 처방하고
잘 알지 못하는 질병을 치료하는 아무것도 모르는 사람이다."
— 볼테르

# 유전

정신요법이 BPD의 주요 치료법으로 알려져 있지만 대부분의 치료 계획에는 약물치료도 포함하도록 권장한다. 그런데 약물은 종종 경계 인에게 엄청난 딜레마를 가져다준다. 일부는 약물이 그들의 '경계성' 을 완전히 치료해 줄 것이라는 유혹에 빠진다. 다른 일부는 좀비가 될 까 두려워 약물치료를 거부한다. 과학자들은 이 문제를 해결하지 못했 고 모든 BPD 증상을 치료해 주는 단일 '항생제'도 존재하지 않는다. 그 렇지만 약물은 관련 증상(우울증을 치료하는 항우울제처럼)을 치료하는 데 도움을 주고 충동성과 같은 자해적 특성을 유순하게 만들어 준다.

볼테르의 불평에도 불구하고 의사들은 약물이 질병을 치료하는 이 유와 방법에 대해 점점 더 많이 알아가는 중이다. BPD의 유전과 신경 생물학적 발견이 우리로 하여금 이들 약물이 얼마나 효과적일 수 있는 지 이해하는 데 도움을 준다.

신체와 정신질환이 선천적이냐 후천적이냐를 두고 하는 논쟁은 수

십 년 동안 이어져 왔지만 지난 250년 동안 유전율, 유전자 맵핑, 분자 유전학으로 광범위하게 살펴본 결과 선천성의 역할을 더 잘 이해하게 되었다. 불안, 감정 불능, 자살 경향, 충동, 분노, 센세이션 추구, 공격성, 인지왜곡, 정체성 혼란, 인간관계 문제와 같은 경계인의 일부 특성 역시 상당히 유전적인 성향을 보인다.

유전율 또한 가족으로 이어진다. 경계인의 친척은 기분이나 충동 장애, 지속적인 학대, 성격장애에 걸린 비율이 엄청나게 높으며 특히 BPD와 반사회적 성격장애가 두드러진다.

우리 몸속의 정교하고 독특한 염색체가 개인의 성격을 결정한다. 비록 하나의 특정한 유전자가 우리의 운명을 결정하지는 않지만 다양한 유전자에 각인된 DNA 조합이 질병에 대한 취약성에 영향을 미친다. 개인의 유전자는 알츠하이머, 유방암 및 다른 심각한 질환과 관련이 있다. 그러나 다른 염색체의 위치와 환경 요인도 관련이 있다. 분자유전학은 BPD와 연관된 특정한 유전자 변형(동질이상)을 식별한다. 흥미로운 점은 이들 유전자가 신경전달물질인 세로토닌, 노르에피네프린, 도파민의 생성과 소화에 관여한다는 점이다. 이 신경전달물질은 뇌세포 사이의 소통을 원활하게 만들고 어떤 유전자를 활성화하거나 비활성화하는 것을 결정한다. 신경전달물질이 바뀌면 기분장애, 충동조절장애, 해리장애, 고통 감각에 영향을 미친다.

## 신경내분비학

그 밖에도 호르몬 신경 전달물질이 경계성 질병에 영향을 미쳤다. NMDA 수용체 조절장애는 BPD에서 나타나며(또한 다른 질병에도) 해리장애, 정신질환 에피소드, 불균형 인지에도 영향을 미친다. 신체의 마약성 진통제(엔도르핀)시스템이 제대로 기능하지 않는 것이 BPD에서 목격되며 해리장애, 고통 지각불능(특히 자해하는 개인들에게), 약물 중독과도 관련이 있다. 아세틸콜린은 또 다른 신경전달물질로 기억, 집중 학습, 기분, 공격성, 성행위에 영향을 미치며 BPD와도 연관된다.

만성적 혹은 계속되는 스트레스 역시 신경내분비의 균형을 방해한다. 스트레스는 HPA축(시상하부-뇌하수체-부신피질)을 활성화시켜 코르티솔을 분비하고 신체의 면역 시스템을 활성화한다. 일반적으로 극심한 스트레스 상황에서 신경내분비는 '싸우거나 도망가거나'의 신체 메커니즘을 생산적인 방식으로 활성화한다. 내부 반응은 항온기처럼 기능해 축을 내리고 신체를 원래대로 되돌린다. 그렇지만 지속되는 스트레스는 재생산회로를 붕괴시키고 스트레스 경고가 계속 울리면 뇌의 특정 부분이 수축하는 것을 포함해 신체에 부정적인 영향을 미친다. 이 패턴은 BPD, PTSD, 주요 우울증, 특정 불안장애와 같은 여러 질병에서 관찰된다.

## 신경 이상

뇌 기능장애는 BPD와 자주 결합된다. 경계인과의 공통점으로 뇌진탕, 뇌염, 학습 능력, EEG(뇌전도 혹은 뇌파)이상, 수면 패턴 기능장애, 비정상적이고 미묘한 신경의 '연성증후'와 같은 병력을 경험하게 된다.

fMRI나 CT 촬영과 같은 뇌 정밀 촬영은 BPD와 관련 있는 생리해부학적 변수를 더 자세히 설명한다. 앞서 언급한 것처럼 이들 연구는 감정의 반응(대뇌변연계)을 담당하는 뇌의 부분의 과민 반응을 살핀다.

편도체, 해마, 대상회와 같은 뇌의 심층구조도 포함되며 뇌의 바깥 부분에 자리해 대표적인 사고와 제어를 하는 전전두피질의 비활성화도 살핀다.

## 향후 전망

유전학과 신경생물학의 진보와 더불어 과학자들은 결국 더 구체적으로 다른 병리적 특성을 하위 분류할 수 있게 될 것이다. 그러면 이 지식을 바탕으로 의사들은 더 정확하게 특정 환자에게 맞는 특정 약물을 '맞춤화'할 수 있을 것이다.

정신질환에 대한 우리의 이해는 의사들이 감염 매개체를 적절하게 배양하기 전인 1900년대 초중반 정도의 수준이다. 당시 모든 항생제는 동일한 효과가 있다고 인식되었으며 페니실린도 감염된 모든 환자에게 다 효과가 있다고 여겨진 것처럼 다른 항생제도 마찬가지였다. 그렇지만 과학자들이 박테리아의 개별 계통을 배양하는 방법을 발견하고 특정 항생제에 대한 반응성을 구축하면서 의사는 성공 확률이 가장 높은 약물을 처방할 수 있게 되었다. 다시 말해, 단순히 감염이나 폐렴을 치료하는 것이 아니라 특정한 계통인 황색포도상구균을 치료하는 것과 같다. 이와 비슷한 양상으로 미래에는 정신질환을 '배양'하고 가장 좋은 치료법을 결정할 수 있게 되길 바란다.

# 약물

유전학과 두뇌 생리학의 광범위한 발견이 신체적, 정신적 질환을 치료하는 다채로운 신약 개발로 이어졌다. 약학에서 위대한 진보가 이루어졌고 특히 생물공학에서 두드러졌다. 간단히 말하자면 지난 20년 동안 수많은 정신요법 치료제가 개발되었고 일부는 BPD에 효과가 입증되었다. 오로지 BPD만을 위한 치료제는 없지만 연구를 통해 항우울제, 신경안정제, 신경이완제의 세 가지 주요 약물이 이 질병과 관련된 많은 부작용을 개선해 준다고 알려져 있다.

## 항우울제

대부분의 연구는 항우울제의 사용에 관련된 것으로, 주로 세로토닌 재흡수 억제유전자(SSRIs 혹은 SRIs)에 집중한다. 해당하는 약물에는 프로작, 졸로프트, 팍실 혹은 펙세바, 루복스, 셀렉사, 렉사프로 등이 있다.

이들 약물은 불안정한 기분과 우울증 관련 증상인 공허함, 감각 거부, 초조와 같은 증상에 효과적이다. 덧붙여 SRIs는 부적절한 화, 분노 표출, 공격적인 행동, 파괴적 충동성, 자해를 줄여주며 심지어 우울증 증상을 없애주기도 한다. 많은 연구에서 이 약물을 평균 이상 복용하면 긍정적인 효과를 얻을 수 있다고 한다. 유사한 물질인 SNRIs는 널리 연구되지 않았지만 비슷하게 긍정적인 효과를 줄 수 있다. 해당 약물로는 이펙사, 프리스틱, 심발타가 속한다. 최근에 개발된 SNRI로는 우울증 치료 목적인 페트지마와 병리용으로만 쓰는 밀나시프란가 있다.

삼환계 항우울제(TCAs)와 모노아민산화효소억제제(MAOIs)와 같은 전통 항우울제 역시 연구되어왔다. TCAs에는 엘라빌, 토프라닐, 파멜러 혹은 아벤틸, 비박틸, 시니콴, 노르프라민, 아센딘, 서몬틸을 포함한 여러 가지가 있다.

미국에서 가장 보편적으로 사용되는 MAOIs는 SRIs 약물과 비교했을 때 BPD에 효과를 보인다. 그렇지만 MAOIs는 부작용이 있어서 과다복용의 위험이 더 크고 식이요법과 동시에 약물 투약이 필요하기 때문에 활용도가 떨어진다.


## 기분조절제

이 분류에 속하는 약에는 자연적으로 생성되는 리튬을 비롯해 항발작 약물인 데파코트, 테그레톨, 트리렙탈, 라믹탈, 토파맥스가 있다.

APA 지침에 따르면 기분조절제는 SRIs 혹은 다른 약이 효과가 없거나 부분적으로만 효과가 있을 때 추가 치료제로 사용하라고 권고한다. 기분조절제는 불안, 충동, 공격성, 짜증, 분노를 제어하는 데 효과가 있다. 뉴론틴, 딜란틴, 가비트릴, 케프라, 조네그란 역시 이 분류에 속하지만 BPD에 미치는 효과에 관한 연구는 아직 부족한 편이다.

## 신경이완제

신경이완제는 BPD 환자의 인지왜곡을 치료하는 용도로 사용된다. 편집증, 정신분열, 비현실적 감각이 주된 치료 목표다. SRIs와 함께 사용해서 일반적으로 복용 횟수가 적으며 화와 공격성을 줄이고 기분을 안정시키며 불안, 강박, 충동, 대인관계에 대한 민감성을 누그러뜨린다. 기존의 신경이완제인 소라진, 스텔라진, 트릴라폰, 할돌, 나반, 록시탄에 관한 초기 연구는 이미 진행된 상태다. 새로 나온 비정형 항정신병약은 일반적으로 부작용이 덜한 편으로 나타났다. 여기에 해당되는 약에는 자이프렉사, 쎄로켈, 리스페달, 아빌리파이, 클로자릴이 있다. 이 분류에 속하는 다른 약물인 인베가, 파납트, 사프리스, 지오돈은 아직 연구가 되지 않았거나 모순되는 결과가 나온 것들이다.

## 불안완화제

불안완화제는 불안에 도움을 주는 약이지만 충동성을 높이고 남용이나 중독에 빠질 위험이 있다. 이 약물은 벤조디아제핀 계열로 분류하며 자낙스, 아티반, 바리움, 리브륨 등이 있다.

## 마약성 길항제

레비아는 통증 상실과 붕 뜨는 기분을 느끼게 하는 엔도르핀 방출을 차단하는 역할을 한다. 일부 보고서에 따르면 이 약은 자해에도 도움을 준다고 전한다.

# 다른 치료법

동종 요법이나 허브 치료는 일반적으로 효과가 없지만 오메가3는 어느 정도 효과가 있는 것으로 나타났다. 한 소규모 연구에 따르면 오메가3가 여성의 공격성과 우울증을 줄여 준다고 한다.

BPD와의 관계적 관점에서 신경전달물질인 글루타메이트를 조절하는 두 물질을 연구했다. 아미노산 N-아세틸시스테인과 루게릭병 치료제인 릴루텍은 두 명의 경계성 성격장애 환자의 자해를 상당히 줄여준 것으로 알려졌다. 다른 글루타메이트 조절 물질(흔히 기침 억제제로 쓰는 덱스트로메트로판 포함)은 우울증 치료제로 검사받고 있다. 가장 많이 연구되는 물질은 케타민이다. 케타민은 원래 동물에 주로 사용하는 마취제로 개발됐지만 최근에 스페셜 케이 모어가 저항성 우울증 치료제로 승인되면서 클럽 약제로도 이용되었다. BPD 증상 연구에 사용되지 않았다.

APA는 특정 질병만을 표적치료하는 약물을 권장한다. 이 지침에 따

## BPD 증상 치료용 약물요법

| 증상 | 첫 번째 선택 | 두 번째 선택 | 세 번째 선택 | 네 번째 선택 |
|------|------------|------------|------------|------------|
| 불안정한 기분 | SRI | 다른 SRI 또는 SNRI | NL 추가, 클로나제팜; 또는 MAOI로 변경 | MS 추가 |
| 충동억제불능 | SRI | NL 추가 | MS 추가; 또는 MAOI로 변경 | |
| 인지왜곡 | NL | SRI 추가 또는 MAOI 또는 다른 NL | | |

SRI= 세로토닌 재흡수 억제제, 일반 복용법보다 더 많이

NL= 신경이완제, 일반 복용법보다 적게

MAOI= 모노아민 산화효소 억제제

MS= 기분 조절제

르면 BPD는 불안정한 기분, 충동억제불능, 인지왜곡이라는 세 가지 주요 분류로 나누어진다. 권장하는 치료 방법의 알고리즘과 효과가 없을 경우에 대비한 추가 옵션은 위 표에 잘 요약되어 있다.

### 오프라벨에 관해

미국 식품의약국Food and Drug Administration, FDA이 BPD 치료용으로 정식 승인한 약물은 없으므로 치료에 보편적으로 사용되는 모든 약품은 '오프라벨'이다. '오프라벨'이라는 용어가 일반인들에게는 위험이 큰 의미로 다소 낯설게 느껴질 수도 있지만 다양한 환경에서 널리 사용되고 있으니 너무 걱정할 필요는 없다. 제약회사는 신약 하나를 출시하는 데 데 약 10조 원이 들기 때문에 많은 회사가 다양한 처방 혹은 한정된 복용 범위에서 사용되는 용도로 승인을 받지 않는다. 이런 전략

때문에 FDA 승인 기회가 줄어들어 개발 비용이 크게 높아졌다.

예를 들어, SRIs가 우울증, PTSD, 불안, 통증장애와 같은 여러 증상에 효과가 있다고 알려졌지만, 제약사는 이 모든 증상에 적합하다고 이름을 달 수 있는 FDA 승인을 얻기 위해(그리고 거절을 받을 위험에 처하지 않으려고) 추가로 비용을 투입하려고 하지 않는다. 내과 의사가 승인되지 않은 질병에 처방을 하거나 추천 이외의 용도로 투약하는 것을 '오프라벨'이라고 보면 된다. 불행하게도 일부 요양기관은 이런(간혹 비싼) 오프라벨 처방을 승인해 주지 않는다.

## 복제약품

복제약품은 원래 약과 동일한 성분을 담고 있지만 가격이 훨씬 싸다. 그러나 복제약품이 유명한 일반제품과 완전히 동일한 것은 아니다. FDA는 건강한 참가자의 혈중 농도가 20퍼센트 안으로 유지되면 복제약품이 원제품과 동일하다고 여기나 일부 환자에게는 엄청난 차이를 보였다. 복제약품은 효능에 영향을 미치지 않는 재료가 다를 수 있고 알약 형태나 캡슐 등 전달 방식도 다르다. 게다가 하나의 복제약품은 다른 복제약품과 엄청나게 차이가 날 수 있다(이론적으로 혈중 농도가 최대 40퍼센트까지 달라질 수 있다).

복제약품으로 바꿔서 엄청난 비용 절약을 할 수 있다면 시도해 볼 만하다. 그러나 증상이 재발하면 다시 원래 약품으로 돌아가야 한다. 또한, 효과가 좋은 복제약품을 먹고 있을 때는 다른 복제약품으로 바꾸어서는 안 된다. 일부 약국이나 의사는 환자가 복제약품으로 바꾸면 인센티브를 받는다는 점도 알아두자. 이로써 환자가 부담하는 비용이 감소하고, 약국은 더 큰 수익을 올린다. 환자는 보험을 이용해 저렴한 복제약품을 구매하면 보험 혜택을 받지 않고 약품을 직접 구매할 때보다 더욱 비싼 비용을 치러야 한다는 사실을 인지해야 한다.

## 기타 물리 치료

ECT(전기경련치료)는 유용한 우울증 치료법으로 인정받았지만 BPD 치료에는 도움이 되지 않았다. 반면, 두뇌의 일부에 전자기 자극을 가하는 경두개 자기자극술(rTMS)로 우울증을 치료받은 BPD 환자 연구에 따르면 분노와 기분 불안정, 충동성, 대인관계 민감성과 같은 BPD 증상이 개선된 것으로 나타났다.

## 분리 치료

많은 환자들이 한 명 이상의 의료진에게 치료를 받는다. 치료는 비의료 전문가(심리학자, 사회복지사, 상담사 등)가, 약은 의사(정신과 의사 또는 주치의)의 지시에 따르는 경우가 많다. 이 방식의 장점은 비용이 적게 들고(그래서 요양기관에서 적극 권장한다), 더 많은 전문가가 참여하며, 치료와 약물 문제를 분리할 수 있다. 그러나 이렇게 되면 환자가 의료진을 '훌륭한 의사'와 '최악의 의사'로 양분할 가능성이 있으며 치료를 혼란스럽게 생각할 수도 있다. 동일한 환자를 보는 의료진들 간의 긴밀한 의사소통이 이 방식을 성공시키는 핵심이다. 대부분의 사례에서 의료 관리와 심리요법 모두 능숙한 한 명의 의사가 치료를 담당하는 것이 가장 선호하는 접근 방식이다.

# BPD는 완치할 수 있는가

병명 그 자체가 지칭하는 것처럼 BPD의 예후에 대한 전문가들의 의견은 극과 극을 달린다. 1980년대 축 II에서 성격장애는 일반적으로 시간이 흘러 점차 안정된다고 여겨졌다. DSM-III는 성격장애가 '아동기 혹은 청소년기에 시작되어 성인기까지(완화 또는 악화되지 않고) 꾸준히 지속된다'고 정의한다. 이 정의는 더 간헐적이고 약물 요법에 잘 반응한다고 여겨지는 축 I에 속한 대부분의 질병(우울증, 알코올중독, 조울증, 정신분열증 등)과 대조적이다. BPD의 자살률은 10퍼센트에 이른다. 이 모든 점을 조압한다면 BPD의 예후는 상당히 열악하다.

그러나 지난 수년 동안 이루어진 장기 연구에 따르면, 시간이 지남에 따라 BPD 환자의 증상이 상당히 개선된 것이 입증되었다. 이 연구를 살펴보면 10년 동안 경계인을 추적한 결과, 이 중 3분의 2가 더 이상 BPD의 아홉 가지 기준 중 다섯 가지에 해당되지 않았다. 따라서 이들은 더는 공식적인 DSM 진단 정의를 충족하지 않기 때문에 '완치'

된 것으로 간주할 수 있다. 증상의 개선은 치료 여부와 관계없이 나타났으나 치료를 받은 환자의 차도가 더 빨랐다. 대부분의 환자는 치료를 받았고 시간이 흐르면서 발병이 점차 사라졌다.

이런 긍정적인 결과에도 불구하고 환자가 더 이상 공식적인 '경계성 성격장애'를 앓고 있지 않지만 일부는 여전히 사회적, 직업적 관계에서 불균형을 이루고 대인관계에 어려움을 겪었다. 이 말은 곧 더 정확하고 주도적인 BPD 증상(경계성 성격장애를 결정하는 주요 요인)인 자살 혹은 자해, 파괴적인 충동성, 정신병적 사고가 좀 더 오래 지속되는 기질성 증상(버려짐에 대한 두려움, 공허함, 의존성 등)보다 더 재빨리 치료 방법이나 시간에 반응하는 것임을 알려준다. 간단히 말해 이 병의 예후는 예상보다 훨씬 좋지만 일부 경계인은 여전히 지속되는 문제로 어려움을 겪고 있다.

질병을 극복한 사람들은 믿음과 만족스러운 관계(꼭 친밀한 관계가 아니더라도)를 얻는데 큰 자신감을 보인다. 이들은 분명한 인생의 목적을 가지고 있고 더 안정적으로 스스로를 이해한다. 그런 점에서 경계성 문제가 남아있다 하더라도 이들은 더 나은 경계인이 된 셈이다.

제10장

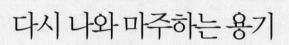

다시 나와 마주하는 용기

"같은 자리를 유지하려면 계속 달려야 해.
다른 곳으로 가고 싶다면 두 배는 더 빨리 달려야 하고."
— 루이스 캐럴의 《거울 나라의 앨리스》 중에서

# 내 안의 나와 소통하기

"제 속에 절대 채울 수 있는 텅 빈 공간이 있는 것 같아요."

스물여덟 살의 매력적이고 위트 있는 여성인 엘리자베스는 원래 가족 주치의에게 치료를 받았다. 그녀는 자신의 직장 상사였던 열 살 연상의 남편과 결혼한 지 6년 된 주부다. 다섯 달 전 딸을 낳았고 지금은 심각한 우울증을 앓고 있다.

엘리자베스는 자신을 위한 무언가를 찾고자 갈망했다. 그래서 세상에 내가 여기 있다는 것을 보여주고 싶어 했다. 내적으로는 '진정한 자아'가 유치한 감정의 늪에 빠져 있다고 느꼈으며, 항상 감정을 감춰왔기에 감정을 드러내는 것은 추악하고 나쁜 것이라고 여겼다. 이런 자각이 그녀를 자기혐오에 빠지게 했다. 엘리자베스는 모든 것을 포기하고 싶었다.

엘리자베스가 기억하기로는 지난 6년 동안 아홉 번의 혼외정사를 벌였고 그 상대는 모두 직장에서 만난 남성이었다. 그 일은 그녀의 아버

제10장 • 다시 나와 마주하는 용기

지가 세상을 떠난 뒤부터 시작됐다. 대부분 엘리자베스가 지배하는 관계여서 시작도 그녀가 하고 끝도 그녀가 마무리 지었다. 엘리자베스는 남자들이 자신의 유혹에 어쩔 줄 몰라 하거나 갑작스러운 이별 통보에 혼란스러워하는 모습을 보면서 즐거워했다. 그녀는 육체적인 친밀감을 즐겼지만 감정적으로 깊은 사이가 되는 것은 피했다. 관계의 주도권을 쥐긴 했지만 엘리자베스는 한 번도 성적으로 만족하지 못했고 남편과도 마찬가지였다. 그녀는 섹스가 관계의 동등함을 보여주고 통제된 상태로 남기 위한 행위라고 인정했다. 그 방식이 안전하다고 느낀것이다. 그녀는 자신의 지능과 성격이 남성을 붙잡기에 충분하지 못하다고 생각했다.

## 어린 시절의 트라우마

가톨릭을 믿는 노동자 가정에서 자란 엘리자베스는 오빠 셋과 다섯 살 때 물놀이 사고로 익사한 여동생이 하나 있었다. 그 당시 그녀는 고작 여덟 살이었고 어머니가 크게 상심한 모습을 본 것 말고는 사고를 거의 이해하지 못했다.

엘리자베스가 기억하기론 어머니는 상당히 비판적이었고 항상 그녀가 나쁘다고 말했다. 엘리자베스가 소녀였을 때 어머니는 딸이 교회에 가야 한다고 주장했으며 아버지를 시켜 딸의 침대에 제단을 만들기도 했다. 엘리자베스는 아내에게 잡혀 사는 내성적이고 조용한 아버지를 가깝게 느꼈다. 그러나 사춘기에 접어들면서 아버지에게 거리감을 느끼고 애정도 줄어들었다.

성장기의 엘리자베스는 조용하고 수줍음이 많았다. 어머니는 남자아이와 놀지 못하게 했고 동성 친구들과의 관계에도 사사건건 간섭했다. 친구로 적합한 아이와만 놀아야 했던 것이다. 어머니는 항상 오빠들을 좋아했기에 그녀는 오빠들과 어울리면서 그들 가운데 하나가 되려고 했다. 고등학교 때 좋은 성적을 받았지만 대학에 가지 못했다. 졸업 후 그녀는 비서 일을 시작했다.

시간이 흐르면서 어머니와의 갈등이 깊어졌다. 엘리자베스가 고등학생일 때 어머니는 딸을 부랑아라며 맹렬히 비난했고 어떤 성관계도 없었지만 난잡하다며 야단을 쳤다. 어머니와 엄청난 말싸움을 벌이고 얼마 뒤 그녀는 돈을 모아 집을 나왔다.

당시 엘리자베스의 상사인 로이드는 아내와 별거하고 고통스러운 이혼소송에 휘말려 있었다. 엘리자베스는 그를 위로하고 안쓰럽게 여겼다. 그는 격려와 지원으로 화답했다. 두 사람은 데이트를 하기 시작했고, 로이드의 이혼이 마무리된 뒤에 결혼했다. 엘리자베스의 어머니는 딸이 이혼남과 결혼하는 것을 싫어했고, 열 살이나 나이 차이가 나며 가톨릭 신자였지만 이제 신앙심이 없다는 점도 못마땅하게 여겼다.

5년 뒤 엘리자베스의 결혼 생활은 산산조각이 나버렸고 그녀는 남편을 원망했다. 그녀는 로이드를 자신의 청춘을 앗아간 도둑으로 치부했다. 처음 그를 만났을 때 고작 열아홉 살이었고, 보살핌을 받고 싶은 마음이 너무 강해서 자신의 젊음을 안정과 바꿔버린 것이다. 그 시간에 그녀는 무엇이 되고 싶은지, 무엇을 할 수 있는지 실험해 봤어야 했다.

## 집착과 혐오를 오가다

치료 초기에 엘리자베스는 가장 최근에 있었던 정사 상대이자 중요한 인물인 데이비드에 대해 이야기하기 시작했다. 그는 가족의 오랜 친구이자 교구사로 그녀보다 열두 살이나 많았다. 그는 가족 전체가 알고 사랑하는 사람으로 특히 어머니가 좋아했다. 그는 엘리자베스가 소통한다고 느끼는 단 한 사람이었다. 이것이 그녀가 지배하지 않는 유일한 관계였다. 2년이 넘는 기간을 만나다 헤어지기를 반복했다. 나중에 엘리자베스는 의사에게 데이비드가 아이 아버지라고 털어놓았다. 그녀의 남편은 그 사실을 알지 못했다.

엘리자베스는 나날이 황폐해졌다. 늘 출장을 다니는 남편과의 관계는 변질됐다. 그녀는 어머니나 오빠들과 자주 만났지만 얼마 되지 않는 친구 관계는 원활하지 못했다. 그녀는 남편도 함께 치료받으라는 요구를 거절했는데 로이드와 의사가 공모해 그의 편을 들 거라고 생각했기 때문이다. 치료를 받으면서도 사람은 실망만 안겨주므로 결코 믿을 수 없다는 마음만 강해질 뿐이었다. 그녀의 모든 사고와 감정은 모순에 빠져 있어서 마치 끝이 없는 미로를 헤매는 것 같았다. 미로를 탈출하는 유일한 방법을 성적 매력이라고 여겼다.

엘리자베스의 의사는 종종 비난 대상이 됐는데 그가 상황을 통제하고 있어서였다. 엘리자베스는 의사에게 고함을 치고 무능력하다고 비난하며 치료를 중단하겠다고 위협했다. 이를 통해 의사도 그녀에게 고함을 치고 그만 보자고 하거나 소극적이 돼 그러지 말아 달라고 애원하길 기대했다. 하지만 의사는 어떤 반응도 보이지 않았고 그녀는 그가 동요하지 않는 것이 감정이 없다는 증거라며 또 화를 냈다.

엘리자베스는 남편의 잦은 출장에 익숙해져 있었지만 혼자가 되는 것을 두려워했다. 그래서 그 기간에는 어떤 연유인지 분명하지 않지만 바닥에서 잠을 청했다. 그리고 로이드가 돌아오면 그에게 분노를 쏟아냈다. 그녀는 더욱 우울해졌다. 모든 것에 끝이 있는 것처럼 자살은 당연한 순서라고 여겨졌다.

엘리자베스의 현실감각은 점점 더 떨어졌다. 그녀는 정신에 병을 얻었고 어디든 갈 수 있는 환상의 세계에서 살았다. 그 세상은 현실과 전혀 동떨어져 있어서 최고의 정신과 의사도 그녀를 데려와 현실을 직시하게 할 수 없었다.

엘리자베스는 상상 속에서 자신의 모든 자질을 열렬히 칭찬하고 끊임없이 챙겨주는 힘세고 잘생긴 남자의 보호를 받았다. 처음에는 선생님을 그의 모습으로 투영했고 곧이어 부인과 의사, 가족 수의사였다가 마침내 정신과 의사로 바뀌었다. 엘리자베스는 이 남성들을 모두 권력자로 인식했지만 마음 한구석에서는 그들이 그렇지 않다는 점을 알고 있었다. 엘리자베스의 환상 속에서 그들은 그녀의 매력에 빠져 거부하지 못했다. 하지만 실제로는 엘리자베스의 유혹에 한 사람이 정중하게 거절하면서 상상처럼 일이 풀리지 않자 그녀는 실의에 빠지고 자기혐오를 보이기 시작했으며 자신에게 매력이 없다고 생각했다.

사방을 둘러보니 모두가 자신보다 예쁘고 똑똑하고 나아 보였다. 엘리자베스는 자신의 머리칼이 더 탐스럽고 눈이 다른 색이고 피부가 더 맑으면 좋겠다고 생각했다. 거울을 볼 때면 아름다운 젊은 여성이 아닌 처진 가슴과 굵은 허리, 두꺼운 종아리를 가진 늙은 할망구가 서 있는 것 같았다. 이율배반적이게도 엘리자베스는 겉모습 말고는 내세울 것이 없는 여성이 되고자 하는 자신을 혐오했다. 오빠들처럼 자신의 내면을 봐주는 남자를 만나기를 고대했다.

외래 치료 2년 차에 접어들었을 때 엘리자베스는 어렸을 때 가까이 지내던 삼촌의 죽음을 비롯해 여러 번의 아픔을 경험했다. 그녀는 악몽에 시달렸지만 잠에서 깨면 꿈을 기억하지 못했다. 우울증은 더 심해졌고 자살 시도로 병원 신세를 지게 됐다.

## 나는 누구인가

좀 더 집중적인 치료를 받으면서 엘리자베스는 어린 시절 트라우마가 된 사건을 떠올리기 시작했고 그렇게 판도라의 상자가 열렸다. 그녀는 어머니에게 심하게 구타당하고 성적으로 학대받은 일을 기억해 냈다. 어머니는 그녀에게 질 세척과 관장을 시키고 생식기를 깨끗하게 하기 위해서 애무를 했다. 이 의식은 엘리자베스가 여덟 살 때 여동생이 죽은 직후에 시작돼 사춘기가 될 때까지 계속됐다. 그녀는 어머니가 상냥하고 평화로운 얼굴로 바라보고 있었다는 것도 기억했다. 그것이 엘리자베스가 본 유일한 어머니의 화내지 않은 모습이었다.

엘리자베스는 몇 시간 동안 옷장에 홀로 숨어 있거나 침대에서 성추행을 당할까 봐 두려워 바닥에서 잠을 자던 것도 기억해 냈다. 가끔 그녀는 리본이나 학교에서 받은 상장을 품에 안고 잤다. 그러면 마음이 편안해졌고, 어른이 된 이후에도 계속 그렇게 했다. 때론 바닥에서 자거나, 혼자 조용한 방이나 어두운 옷장 안에서 시간을 보냈다.

병원에서 엘리자베스는 자신이 상상 속에서 만들어 낸 또 다른 자아에 대해서 이야기했다. 다른 사람이 되고 싶다는 욕망에 이들 자아에 이름까지 붙여 주었다. 상상 속 그녀들은 독립심이 강하고 독창적인 재능이 있어서 타인의 존경을 받기도 하고 고상하게 사회적 접촉도

피했다. 엘리자베스는 무언가를 성취하거나 성공하면 다른 자아가 가진 재능 덕분이라고 느꼈다. 그녀는 이들 개별 자아를 안정된 자아 개념으로 통합하는 데 어려움을 겪었다. 그런데도 엘리자베스는 이들 자아를 모두 인식하고 결코 주도권을 잡지 못하도록 통제했다. 그녀는 기억상실이나 분열을 겪지도, 다중 인격장애 증상을 보이지도 않았지만, 모든 것이 BPD와 밀접한 관련이 있었다.

엘리자베스는 '다른 여성들'로 자신이 억눌러야 했던 욕망과 감정을 표현했다. 자신이 가치가 없다고 믿으며, 다른 개별 정체성을 자신과 다른 강한 독립체라고 생각한 것이다. 그녀는 병원에서 그들 역시 자신의 일부라는 점을 조금씩 배워나갔다. 이를 통해 안도와 희망을 얻었다. 그래서 스스로 생각하는 것보다 자신이 훨씬 강하며 그리 미치광이가 아니라고 믿었고 인생의 터닝포인트를 만들 수 있었다.

하지만 엘리자베스는 아직 성공한 것이 아니다. 지역 담당자가 하는 일처럼 그녀는 자신의 여러 가지 인격을 하나로 통합해야 하는 과제에 직면했다. 엘리자베스는 여전히 변화와 사랑, 성공을 두려워하고 부질없이 안정을 추구하며 진지한 관계에서 도망치려 한다. 자신을 받아들이는 것은 그녀가 상상하는 것보다 더 힘든 일이었다.

## 끝나지 않은 여정

몇 주가 지난 뒤 엘리자베스는 퇴원하고 외래 진료를 이어갔다. 그녀의 증상은 호전됐지만 남편과의 관계는 악화됐다. 하지만 과거에 그랬던 것처럼 자신을 비난하기보다는 어려움을 극복하고 그와 함께하려고 노력했다.

그녀는 친정 식구들과의 건전하지 못한 만남을 줄였다. 그리고 긍정적인 자존감을 키웠다. 대학에서 수업을 듣기 시작했고 상도 받았다. 그녀는 어린 시절 그랬던 것처럼 베개 밑에 우등상장을 두고 잤다. 나중에 엘리자베스는 법대에 들어갔고 과 수석에게 주는 최우수학생상을 받았다. 그녀는 남녀 모두와 새로운 관계를 만들어 나갔고 자신을 통제할 필요 없이 편안하게 유지해 갈 수 있다는 것을 알게 됐다. 그리고 자신의 여성성에 더 많이 만족할 수 있었다.

엘리자베스는 조금씩 치유됐다. 그녀는 눈 앞을 가린 장막이 걷히는 듯한 기분이었다. 그녀는 이 감정을 어두운 다락의 낡은 고물들 사이에서 귀중한 골동품을 찾은 것 같다고 비유했다. 원래 그곳에 있었지만 어수선한 것들에 가려 보이지 않았다고 말이다. 마침내 그것을 발견했을 때 곧장 가질 수 없었던 것은 보물이 쓰레기 더미 아래 묻혀 있었기 때문이라고 했다. 하지만 이제 그녀는 분명하게 볼 수 있었고 마치 한 줄기 빛이 멀리서 방을 비추는 것 같았다.

그러나 불빛은 아주 짧았다. 놀이동산의 괴물처럼 추악한 얼굴을 한 의심이 고개를 들었다. 엘리자베스는 여러 번 자신이 하행선 에스컬레이터를 타고 올라가려 애쓰는 사람처럼 느꼈다. 힘들게 한 걸음을 내디디면 오히려 두 걸음 아래로 내려갔다. 그녀는 여전히 자신을 드러내고 성취를 통해 타인의 믿음을 얻고 싶어 했다. 하지만 변호사가 되기 위한 진정한 도전은 곧 현실이었다. 불과 5년 전에 그녀는 진학은 꿈도 꾸지 않았고 등록할 용기도 없었다. 그녀의 우울증의 음색이 변하기 시작했다. 실패에 대한 우울증은 이제 성공에 대한 두려움으로 진화했다.

# 변화의 시작, 내면 바로보기

"변화는 정말로 힘든 일이에요!"

엘리자베스는 이렇게 말했다. 건전하지 못한 상황에서 의식적으로 벗어나고 더 나은 토대를 만들어야 했기 때문이다. 게다가 오랫동안 이어진 균형을 과감하게 무너뜨려야 하는 일도 남아있다.

다윈의 진화론처럼 개인의 변화도 거의 알아차릴 수 없는 속도로 시행착오를 겪으며 이뤄진다. 개인은 본능적으로 변화에 저항한다. 사람은 일종의 늪에 살고 있지만 그것은 자신만의 늪이다. 그 속에서는 악어가 어디 있는지, 늪에 사는 다른 것들이 무엇인지 꿰뚫고 있다. 그런 자신의 늪을 떠난다는 것은 위험을 무릅쓴 모험을 하는 것과 같은 것이다.

경계인에게 그들만의 세계는 흑백논리로 분명하게 구분되어 있어서 변화와 같은 불확실성은 엄청난 위협이 된다. 그래서 또 다른 나락으로 끝도 없이 추락하는 것에 큰 두려움을 느낀다. 예를 들어 경계성 식이

장애는 먹는 것에 대한 두려움이 지나치게 커서 아주 소량의 음식이라도 먹으면 곧 되돌릴 수 없는 비만으로 이어질 거라고 생각한다.

이들이 변화를 두려워하는 것은 자신의 '브레이크'에 대한 기본적인 불신에서 비롯된다. 건강한 사람의 정신적 브레이크는 기분이나 행동의 정점에서 조금씩 내려와 하강의 중간 지점에 멈추게 해준다. 하지만 경계인은 자신의 브레이크가 듣지 않을 거라고 두려워하며 언덕 아래로 곤두박질칠 것이라 여긴다.

그렇지만 점진적인 변화는 자동 반사라는 변화를 요구한다. 이런 상황에 처한 경계인은 어린아이가 '눈 깜박이기'나 ' 웃기기' 같은 게임을 하는 것과 비슷하다. 반사작용은 몇 년에 걸쳐 생성되는 것으로 의식적이고 동기가 부여된 노력을 통해서만 바꿀 수 있다.

성인은 가끔 의지를 시험하는 비슷한 상황에 놓인다. 알지 못하는 동네에서 사납게 짖는 개와 마주친다면 곧장 도망가고 싶은 마음이 들지만 애써 억누른다. 도망간다면 개가 쫓아올 것이고 더 큰 위험이 생길 것이기 때문이다. 그 대신 반대로(더 신중하게) 행동한다. 가만히 그 자리에 서서 개가 냄새를 맡고 지나치길 기다리는 것이다.

심리적 변화는 비생산적인 자동 반사를 막고, 의식적이고 계획적으로 다른 대안을 선택하게 해준다. 자동 반사와는 다르고 심지어 반대인 선택을 만드는 것이다. 가끔 이런 새로운 행동방식이 두렵기도 하지만 전형적으로 적응하는 데 더 효과적인 방법이다.

엘리자베스의 담당 의사는 개별 정신요법 치료를 매주 실행하면서 그녀가 변화할 수 있게 했다. 처음에는 엘리자베스의 안전에 신경을 썼다. 그래서 인지행동요법을 주로 활용했다. 몇 주 동안 엘리자베스는 항우울제를 복용하라는 의사의 요구를 거절했지만 곧 약물치료에 동의했고 기분이 훨씬 나아진 것을 알게 됐다.

## 천천히, 조금씩

경계인의 변화는 완전한 재건보다 더 큰 노력이 들어간다. 이성적인 체중 감소 계획은 단기간에 엄청난 살을 빼려는 요구에 저항하도록 한다. 시간을 두고 천천히 조금씩 살을 빼야 그 몸무게가 오래 유지되기 때문이다.

마찬가지로 경계인의 변화도 점진적으로 진행되는 것이 가장 적절하며 처음에는 약간의 변화만 주고 자기평가를 꼭 같이 해야 한다. 새로운 코스를 시작하기에 앞서 현재 위치가 어디인지 인식하고 어느 방향으로 나가야 발전할 수 있는지 이해해야 하기 때문이다.

개인의 특성을 일련의 교차하는 선이라고 상상해 보자. 각각은 개별

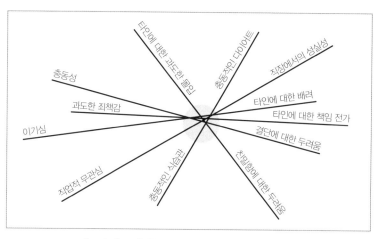

[그림 6] 교차하는 일련의 선으로 본 개인의 특성

제10장 • 다시 나와 마주하는 용기

특성을 갖고 있다. 선의 끝으로 갈수록 특성이 강한 것이고 중간이 중심이다. 예를 들어 직장에서의 성실성에서 한쪽 끝은 과도한 근심이나 일 중독을 말하고 다른 쪽 끝은 무책임이나 무관심을 뜻한다. 중간은 이 양극단 사이에서 침착한 프로페셔널 정도가 될 것이다.

외모에 대한 걱정이 있다면 한쪽 끝은 '나르시시즘'일 것이고 다른 한쪽은 '완전한 무관심'일 것이다. 가장 이상적인 것은 이 모든 선이 중심 근처에서 교차하며 완벽하게 맞물려 돌아가는 것이다.

물론 언제나 이렇게 완벽하게 움직이는 사람은 아무도 없다. 중요한 것은 변화가 필요한 선을 식별하고 중간에 올 수 있게 재배치하는 일이다. 그러면 변화는 당신이 어디에 있고 중간으로 가려면 얼마나 더 가야 하는지 알려주는 과정이 된다. 극단적인 양 끝을 제외하고 어떤 장소도 '더 낫거나', '더 나쁘거나' 하지 않다. 단지 자신을 알아가는 과정(자신을 선 위에 배치하면서)이자 적응할 수 있는 방향으로 향하는 것이다.

예를 들어 타인에 대한 배려만을 놓고 본다면 한쪽 끝은(과도한 자기희생) 타인에 대한 배려가 자신에 대한 보살핌과 관련되는 정도를 나타낸다. 이런 사람은 가치 있다고 느끼기 위해 자신을 완전히 헌신한다. 이런 상태는 일종의 '이기적인 이타심'으로 볼 수 있는데 그런 사람의 보살핌은 자기 흥미라는 잠재의식이 반영되기 때문이다. 반대쪽 끝('귀찮게 하지 마')은 남을 크게 신경 쓰지 않으며 최고만을 찾는 사람이다. 중간에서 균형을 유지하는 사람은 타인에 대한 배려와 자신의 필요를 모두 충족해야 하는 의무를 알고 있다. 여기에 있는 사람은 자신의 중요한 필요를 먼저 충족한 다음 다른 사람을 돕는 '이기적이지 않은 이기심'을 보인다. 이는 아이에게 산소마스크를 씌워주기 전에

"과도한 자기희생" ⟶ | ⟵ "귀찮게 하지 마"

**[그림 7] 타인에 대한 배려를 살피는 선**

성인이 먼저 산소마스크를 착용하라는 비행 전 지시사항과 그 맥락이 비슷하다.

## 삶의 균형점을 찾아서

누군가가 객관적으로 자신을 스펙트럼 위에 놓은 다음 중간으로 가려고 행동을 개선하고자 할 때 변화가 발생한다. 실질적으로 자신의 현재 위치를 중간 지점의 왼쪽에 놓고 싶은 사람은 다른 사람에게 "안 된다"고 더 자주 말하고 자신의 주장을 좀 더 내세워야 한다. 자신을 중간 지점의 오른쪽에 놓고 싶은 사람은 다른 사람의 필요에 더 민감하게 반응하며 움직일 수 있어야 한다. 이 위치는 고대 유대교 율법학자인 힐렐의 충고를 반영하기도 한다. "내가 날 위해 살지 않으면 누가 그렇게 해줄 것인가? 그런데 내가 날 위해서만 살면 나는 누구인가? 지금이 아니면 언제란 말인가?"

물론 항상 '중앙'에 머무는 사람은 존재하지 않는다. 누구나 자신의 위치를 움직여서 한쪽으로 치우치지 않도록 해야 한다. 용인할 만한 위치를 찾을 때는 성향과 제약을 받아들여야 한다. 민감성과 죄의식, 혹은 강박적 책임감과 같은 요소 때문에 중앙에서 왼쪽으로 밀렸다고 인정한다면 그 위치를 합리적으로 받아들일 수 있다. 중앙에서 너무 멀리 밀려날 위험과 오른쪽으로 기울어질 기회도 인지하면서 말이다.

# 감정은 훈련할 수 있다

진정한 변화는 자동 반사를 바꿀 수 있는 시도 이상이어야 한다. 기존의 낡은 습관을 새것으로 바꾸고 완전히 자연스럽고 편해지도록 숙달해야 한다. 적대적으로 구는 개를 피해 조용히 도망치는 것이 아니라 그 개와 친구가 돼 산책하러 나갈 수 있을 정도가 돼야 한다.

초기에는 이런 변화가 항상 불편하다. 비유하자면 어느 테니스 선수가 불안정한 백핸드를 손보겠다고 결심한 것과 같다. 그래서 그는 자신의 스트로크를 강화할 수 있는 여러 테니스 수업을 들었다. 그가 배운 새로운 기술은 처음에는 아주 형편없었다. 새로운 기술이 기존의 것만큼 익숙하지 않았기 때문이다.

그는 과거의 기술로 되돌아갈까 하는 생각도 했다. 하지만 지속적으로 연습하자 과거의 나쁜 습관은 없어지고 더할 나위 없이 편안하게 근육이 기억하게 됐다. 물론 예전의 기술보다 훨씬 효과적이었다. 마찬가지로 심리적 변화 역시 새로운 반사가 기존의 것을 대체할 수 있게 해야 한다. 지속적으로 연습한 뒤에야 비로소 편안해지고 영구적으로 자리를 잡아 효과를 발휘하는 것이다.

## 절뚝거려도 한 발을 내딛는 용기

수천 킬로미터를 가야 하는 여정의 첫발을 내딛는 것처럼 경계인의 치료 과정도 절뚝거리며 한 걸음을 내디뎌야 한다. BPD의 특성상 변화는 환자에게 그 누구와도 비교할 수 없는 도전이다. 분열 증세와 대상항상성의 부재에다 자기 자신이나 타인에 대한 신뢰와 편안한 관계 구축의 어려움까지 더해지기 때문이다.

변화를 시작하려면 먼저 진퇴양난에 처한 자신의 상황을 깨고 나와야 한다. 자기 자신과 타인을 인정하려면 반드시 믿음을 배워야 하고 타인을 믿는다는 것은 곧 자신을 믿는다는 의미다. 다시 말해 타인에 대한 고유의 인식을 갖게 된다는 뜻이기도 하다.

또한 일관성과 의존성을 받아들이는 법도 배워야 한다. 이는 어린아이에게 다른 사람이 그 자리를 떠난 것을 '사라진 것'이 아니라고 믿게 하는 것처럼 누군가에게는 힘든 일이다. 엘리자베스는 치료 초반에 의사에게 이렇게 말했다. "당신을 보지 않을 때면 당신이 존재하지 않는 것 같아요."

다리를 다친 사람처럼 경계인은 절뚝거리는 법을 배워야 한다. 자리만 보전하고 누워 있으면 다리 근육이 위축된다. 반대로 너무 과하게 운동하면 다친 다리가 더 악화될 것이다. 그러니 절뚝거리는 법을 배워 한쪽 다리에 적당한 하중을 가한 다음 조금씩 늘려서 삐거나 낫지 못하는 일이 없도록 해야 한다(엄청나지 않은 약간의 고통만 참는 것이다).

마찬가지로 경계인의 치료는 그가 앞으로 나갈 수 있을 정도의 압박만 가해야 한다. 엘리자베스의 치료를 진행하면서 인지가 개입됐고 한층 정신역학적으로 접근해 과거의 경험과 현재의 기능 사이에 더 집중할 수 있었다. 전이가 일어나는 동안 의사의 개입은 사라지고 엘리자베스 자신이 치료에 더 많은 책임을 지게 됐다.

## 과거 털어버리기

경계인이 보는 세상은 대부분의 사람들처럼 가족이라는 소우주 속 어린 시절의 경험으로 형성된다. 그러나 건강한 개인과는 달리 경계인은 자신을 다른 가족 구성원으로부터 쉽게 분리해 내지 못하고 세상과 가족을 분리해 내지도 못한다. 사실상 모든 관계가 자신의 가족관계와 같다고 인지한다. 또한, 그 안에서 일어나는 병적인 상호작용을 정상으로 받아들인다.

경계인은 성숙한 눈으로 세상을 볼 수 없어서 어린아이의 강렬한 감정과 인식을 갖고 삶을 계속 꾸려나간다. 어린아이는 벌을 받거나 질책당하면 자신을 아주 나쁘게 규정할 뿐 혼을 내는 어머니가 자신에게 죄책감을 가질 것이란 가능성은 인식하지 못한다. 그러나 일반적으로 건강한 아이는 성장하면서 자신의 세상이 더 복잡하고 덜 독단적이라는 것을 깨닫게 된다. 그 반면 경계인 어른의 몸속에는 어린아이가 남아있다. 그레이엄 그린은 《권력과 영광》에서 이렇게 기록했다.

'문이 열리고 미래가 들어오게 해주는 시기가 항상 찾아온다.'

대부분의 경계인은 어린 시절에 지나치게 일찍 어른이 될 것을 요구받지만 활짝 열린 문을 통해 빛과 마주할 수는 없다.

경계인의 변화는 성인의 렌즈로 현재의 경험을 보고 과거의 기억을 살피는 법을 배울 때 일어난다. 새로운 '비전'은 몇 년 전에 봤던 오래된 공포 영화를 텔레비전으로 보는 것과 같다. 큰 화면으로 볼 때 그렇게 무서웠던 장면이 불을 켜고 작은 화면에서 보면 별것 아니고 심지어 우습기까지 하다. 처음에 봤을 때 왜 그렇게 무서워했는지 도무지 알 수가 없다.

엘리자베스는 정신요법을 통해 자신의 여정을 잘 헤쳐 나갔고 다른 시각으로 어린 시절에 느꼈던 감정을 살펴봤다. 그리고 자신의 감정을 수용하고 자신만의 경험이 가진 가치를 인식하기 시작했다. 초기의 감정과 경험이 아니었다면 법조계에서 새로운 인생을 시작하겠다는 동기와 열정을 얻을 수 없었을 것이다. 엘리자베스는 이렇게 말했다.

"어린 시절 생성된 감정이 여전히 나를 괴롭혀요. 그렇지만 이제 난 그걸 다르게 보고 있어요. 내가 싫어하던 방식을 이제는 내 일부로 받아들였거든요."

# 잃어버린 나를 찾기

경계인의 변화를 가로막는 가장 큰 장벽 중 하나는 나와 타인에 대해 극단적인 평가를 하는 태도다. 경계인은 완벽하게 성공하거나 실패하거나 둘 중 하나다. 그래서 자신을 A⁺ 아니면 F로 평가한다. 또한, F로부터 배우기보다는 이를 주홍글씨로 새기고 같은 실수를 되풀이한다. 이들은 자신이 배우고 성장해야 하는 행동을 알지 못한다.

또한, 이길 수 없다고 확신하면 절대 움직이지 않는다. 그러나 자신이 해야 할 일을 인식하고 숙련되게 움직여 이길 수 있다고 판단되면 누구보다 열심히 한다.

다른 사람들처럼 경계인도 때때로 우유부단함에 빠지곤 한다. 다양한 대안에 위축돼 어떤 결정도 내리지 못하는 것이다. 그렇지만 성숙해지면서 선택에 대한 두려움이 줄어들고 자부심의 토대가 생기기도 하며 독립심을 키우게 된다. 그 시점에서 이들은 자신만이 내릴 수 있는 결정에 직면했다는 사실을 깨닫는다.

## 자신의 판단과 본능을 믿어라

가장 먼저 해야 할 목표는 독자적인 정체성을 세우고 다른 사람에게 보이는 좋지 못한 성향을 극복하는 것이다. 생물학적 관점에서 보자면 기생하는 동물에서 공생 단계를 넘어 독립적으로 나아가는 것이다. 공생이나 독립은 두려울 수 있지만 대부분의 경계인에게 스스로 의존하는 것은 처음 걸음마를 시작하는 것과 비슷하다.

생물학에서 기생충은 숙주에게 전적으로 의존한다. 기생충이 숙주인 개의 피를 너무 많이 빨아먹으면 개도 죽고 기생하던 기생충도 따라 죽는다. 기생을 적게 하고 공생을 더 많이 할수록 대인관계의 기능은 좋아진다. 공생 관계는 두 유기체가 함께 살아가는 것이지만 독자적으로 생존할 수도 있다.

경계인은 가끔 기생충 같은 구실을 하면서 엄청난 요구를 내세워 자신이 강하게 들러붙은 사람을 파괴한다. 그리고 그 사람이 떠나면 자신도 파괴되고 만다. 하지만 타인과 협조적인 관계를 이루는 법을 배우면 모두가 더 만족하면서 살 수 있다.

엘리자베스가 타인과의 관계를 편안히 인식하게 된 것은 의사와의 관계에서 비롯됐다. 의사를 질책하고 비난하며 치료를 중단하겠다고 위협하면서 그의 충성심을 시험한 뒤에 엘리자베스는 자신에 대한 의사의 헌신을 믿기 시작했다.

그리고 그의 결점과 실수를 받아들였고 이를 자신의 치료를 실패하게 할 증거로 보지 않았다. 얼마 뒤 엘리자베스는 자신의 삶에 관여한 다른 타인들도 믿기 시작했다. 그리고는 다른 사람에게 그랬던 것처럼 불완전한 존재로서 자신을 받아들이게 됐다.

증세가 호전되면서 엘리자베스의 자신감은 더 커졌고 '내적 중심'을 잃지 않았다. 과거에는 사람들 사이에서 당혹해하고 남을 의식하며 벗어나고 싶어 했다. 하지만 지금은 타인과 함께하는 것을 편안하게 생각하고 그들은 그들의 책임을, 자신은 자신의 책임을 다하도록 내버려 뒀다.

과거에는 집단에 소속되려고 억지로 역할을 맡으려 했지만 지금은 자신에 대한 일관적이고 변하지 않는 감각을 지니고 있어서 '같은 색상으로 머무는' 일이 더 쉬워졌다. 지속적인 정체성을 구축한다는 것은 다른 사람에게 의존하지 않고 홀로 서는 능력을 발달시킨다는 뜻이다. 자기 자신의 판단과 본능을 믿으며 타인의 반응을 기다리지 않고 스스로 반응하는 것이다.


## 있는 그대로 나와 너를 받아들이자

경계인은 자신만의 정체성을 수립하면서 타인과 자신을 구분 짓게 된다. 변화에는 독립된 인격체로서 개인에 대한 감사와 그들의 고통을 이해하려는 공감이 필요하다. 그들의 단점과 불완전성을 인식하고 자신과는 별개의 것으로 이해하는데 이는 정신화의 한 과정이다. 이 과제를 실패하면 관계가 흔들린다.

다이애나비는 찰스 왕세자와의 동화 속 결혼이라는 환상이 깨어진 것을 슬퍼했다.

"소녀일 때 아주 많은 꿈을 가졌어요. 언젠가 결혼하면 남편이 나를 돌봐주길 바랐어요. 그는 자상한 아버지 같은 모습으로 나를 지원하고 격려해 줄 거라 믿었어요. 그렇지만 그 꿈은 이뤄지지 못했어요. 믿을 수가 없었어요, 아무것도요. 역할이 완전히 뒤바뀌었어요."

경계인은 다른 사람의 긍정적이고 부정적인 측면을 통합하는 법을 배워야 한다. 누군가와 가까워지고 싶다면 절박한 방식이 아닌 편안한 상태로 의존할 수 있을 만큼 독립적인 인격이 돼야 한다. 그리고 기생이 아닌 공생 관계로 살아가는 법을 익혀야 한다. 호전된 경계인은 자신과 타인에 대한 일관성과 신뢰를 구축한다. 그래서 균형 잡힌 세상이 완성된다.

산을 오르면서 얻는 완전한 경험은 등반가가 모든 경치에 감사할 수 있을 때 찾아온다. 고개를 들어 목표를 분명히 살피고 아래를 내려다보며 자신이 얼마나 발전했는지 확인하면서 말이다. 그리고 마지막으로 휴식을 취하고 주위를 둘러보며 지금 머무는 곳의 경치에 감탄한다. 경험의 일부는 누구도 정상에 오르지 못했다는 것을 알려준다. 인생 역시 끝없는 등반과도 같다. 정신건강이 좋으면 인생이라는 여정에 감사하고 열두 걸음마다 평온의 기도를 할 수 있다.

"하느님, 마음의 평정을 허락하소서. 변화시킬 수 없다면 그것을 받아들이게 하소서. 능력이 있다면 그것을 변화시킬 수 있는 용기를 주소서. 그리고 그 차이를 구별할 수 있는 지혜를 주소서."

### 타인에 대한 변화의 효과 인식하기

대부분의 사람은 치료를 처음 시작할 때 변해야 하는 사람이 다른 사람이 아닌 자기 자신이라는 점을 이해하지 못한다. 그러나 그가 변하면 그의 인생에서 중요한 사람들도 변해야 한다. 안정된 인간관계는 평형 상태에 도달한 변동이 심한 시스템이다. 이 시스템 속 누군가가 관계에 큰 변화를 주면 다른 사람도 균형상태를 유지하기 위해 변화해

제10장 • 다시 나와 마주하는 용기

야만 한다. 이런 재조정이 일어나지 않으면 시스템은 붕괴하고 관계도 무너지고 만다.

예를 들어, 앨리샤는 심각한 우울증과 불안으로 정신과 상담을 받았다. 치료 초기 그녀는 알코올중독자인 남편 아담을 격하게 비난했다. 그런데 치료가 거듭되면서 그녀는 결국 결혼 생활을 위태롭게 만든 자신의 행동, 즉 자신의 필요에 의해 타인을 자신에게 의존하도록 만든 것과 상대방을 수치스럽게 하기 위한 행동들, 그리고 독립에 대한 두려움을 인식하게 되었다. 앨리샤는 아담에 대한 비난을 줄여나갔고, 독자적이고 새로운 흥미와 인간관계를 형성하기 시작했다. 그리고 슬픈 이야기를 하지 않았고 남편의 음주와 무책임함에 대해 싸움을 걸지 않았다. 그렇게 함으로써 결혼 생활의 균형을 유지하려 노력했다.

이와는 대조적으로 아담은 이제 상황이 과거에 비해 편안하지 않다는 점을 알게 되었을 것이다. 그는 과거로 되돌아가서 앨리샤가 희생하고 보호하는 역할을 해주기를 바라며 무의식적으로 술을 더 많이 마시려고 할 수도 있다. 아니면 그녀가 다른 남자를 만난다고 비난하며 더 이상 참을 수 없는 관계를 망치려고 할 것이다.

어쩌면 그는 변화의 필요를 너무 잘 인식했고 이 병적 관계 유지에 자신의 책임이 크다는 것도 파악했을지 모른다. 아내가 그랬던 것처럼 아담은 스스로의 행동을 더 분명하게 보고 인생을 재평가할 수 있는 기회를 얻었다.

치료에 참여하는 것은 모든 사람에게 가치 있는 경험이다. 흥미를 가질수록 엘리자베스는 더 많이 알게 되었고 남편은 더욱 그녀를 무시했다. 열린 마음가짐을 가질수록 상황을 인식하는 중립적인 관점을 얻을 수 있었다. 흑백논리에 빠질수록 과거로 돌아가려는 유혹이 커졌다. 엘리자베스는 자신이 '누군가를 남겨두고 떠난다'고 느꼈다. 그 사람은 자신 혹은 그녀가 더 이상 원하지 않는 자신의 일부였다. 그녀는 자신의 말처럼 성장하고 있었다.

엘리자베스의 치료가 진행되면서 의사와 만나는 횟수는 줄어들었지만 그녀의 삶에서 중요한 사람들과의 싸움은 계속해야 했다. 그녀는 약물 문제 해결을 거부한 오빠와 싸움을 벌였다. 오빠는 그녀가 "어디서 심리학에 대해 조금 듣고 와서는 그것도 정보라고 건방지게 군다"며 비난했다. 두 사람은 가족 간의 소통 부재를 두고 언쟁을 벌이기도 했다. 오빠는 그녀에게 모든 정신과 의사들을 다 만나도 여전히 제정신이 아니다라고 비난했다. 엘리자베스는 요구 사항이 많고 불평을 일삼으며 어떤 사랑도 보여주지 않는 어머니와도 싸웠다. 그리고 사랑을 고백했지만 여전히 자신을 비난하고 여전히 무책임한 남편과도 싸웠다. 얼마 뒤 그녀는 남편의 잦은 부재가 다른 여성과의 불륜 때문이라는 사실을 알게 되었다.

결국 엘리자베스는 자신이 다른 사람을 바꿀 힘이 없다는 것을 깨달았다. 그녀는 SET 기법을 활용해 가족을 더 잘 이해하고 자신을 위해 보호막을 둘러 앞으로 있을 충돌에서 스스로를 지키고자 했다. 그녀는 가족을 있는 그대로 받아들이고 그들을 사랑하면서도 자신의 삶을 이어나갔다. 엘리자베스는 새로운 친구와 활동이 필요하다는 것을 깨달았다. 그녀는 이런 과정을 '집으로 가는 여정'이라고 불렀다.

부록

# BPD 진단 대안 모델

미국 정신의학협회는 몇몇 임상의와 조사학자의 비난에도 불구하고 진단통계편람 5판(2013)의 이전판 BPD 진단 모델을 그대로 유지했다. DSM-V 섹션2에는 BPD 진단기준 아홉 개가 나열되어 있고, 그중 다섯 개를 충족해야 BPD 진단을 받을 수 있다.

이러한 범주별 접근법에는 몇 가지 제약이 있다.

1. 각각의 기준은 동일한 무게나 중요성을 지니지만 심각성의 질적 차이와 상대적 중요성은 평가하지 않는다. BPD 환자의 다양하고 독특한 발현을 치료하는 한층 더 개별적인 치료법 개발이 저해되고, 훨씬 정확한 결과 예측이 어려워지기 때문이다.

2. 이처럼 많은 기준은 다른 성격장애 진단에도 동일하게 사용되기 때문에 복수 진단이 자주 나온다.

3. DSM-V에서는 경계성 성격장애를 '지속적이며 융통성 없고, 시간이 지나면서 안정되지만 고통이나 손상을 유발하는 패턴'이라고 정의했다. 그러나 다섯 개 기준을 충족하는 BPD환자가 어느 시점에서 한 가지 증상(예 : 더 이상 자살 충동을 느끼지 않음)이 제거되면 여전히 고통을 느

끼더라도 진단기준을 충족하지 못하게 된다. 이로써 갑자기 BPD 환자로 인정받지 못한다.

4. 마지막으로 이러한 범주별 접근법은 아홉 개 진단기준 중 다섯 개를 한데 묶어놓는다. 그러므로 많은 환자는 BPD의 범주별 정의를 충족해도 각각 달라 보이고, 완전히 다른 행동을 보인다. 이에 따라 다양한 치료법이 필요하다.

현재 권장하는 치료법은 BPD 하위 유형을 집중적으로 다루기 때문에 다른 핵심 증상에는 효과적이지 못할 수도 있다. 예컨대 변증법적 행동 치료(DBT)는 주로 자멸적인 행동을 치료하기 때문에 공허감이나 정체성 혼란이 두드러질 때는 그다지 유용하지 않다. 전이집중치료(TFT)는 대인관계 기능을 강조하지만 특정한 자기 파멸적 충동성 치료에는 유용하지 않다.

이런 이유에서 차원적 모델이 제시되고 있다. 이와 같은 모델은 인격 병리학이 단절된 현실에 고립된 것이 아니라 정상의 연속체에 있다고 본다. 차원적 모델은 감정 조절장애와 파괴적 충동성, 적대감, 정체성 혼란, 대인관계 역기능을 비롯한 BPD의 핵심 특성을 보다 집중적으로 살펴본다. 또한 정상 수준의 좌절감과 우울함이 언제 병적인 분노와 감정 불안정으로 넘어가는지 결정하는 기능 수준과 손상 정도를 측정한다. 차원적 개념은 증상의 심각도에 따라서 '경계성'의 심각도가 달라진다는 사실을 인정한다. 이와는 대조적으로 범주별 접근법의 경우에는 임상의가 증상 또는 성격장애가 있는지 없는지를 주관적으로 판단한다.

## DSM-V 성격장애 대안 모델(AMPD)

DSM-V의 섹션2는 범주별 접근법의 어려움을 해소하기 위해 훨씬 복잡하지만 대안적인 성격장애 모델을 소개한다. 여기서는(AMPD) 정상의 연속체에 속하고 심각도로 결정되는 성격장애의 차원적 고려사항을 강조한다. 하지만 이 모델은 구체적인 장애를 정의해 주는 몇몇 범주별 결정요인을 지니고 있다.

이 모델은 아래와 같은 세 가지 주요 요인을 포괄하고 있다.

첫째는 정체성(비판적 자아상, 공허감)과 자기주도(목표와 가치의 불안정성), 공감(타인의 감정과 욕구를 인지하지 못하는 능력), 친밀성(불안정한 갈등 관계)이라는 네 가지 구체적 영역에서 심각도를 측정하는 것이다. 이러한 영역의 손상 정도가 성격장애의 존재 여부를 결정짓는다.

둘째는 병적인 인격 특성을 25개 실례(특성 양상)로 묘사되는 광범위한 다섯 개 영역으로 조직하는 것이다. 이러한 다섯 개 영역은 10장의 [그림 6]을 연상시킨다. 이 도식에서는 인격 특성의 교차하는 선을 묘사하고 건전한 중간 위치를 찾고 싶은 바람을 보여준다.

여기서 말하는 다섯 개 영역은 아래와 같다.

- 부정적 감정(불안, 우울, 분노 등) vs 감정 안정성
- 초연함(회피, 침잠 등) vs 외향성
- 적대감(기만, 조작, 거만 등) vs 호감
- 탈억제(충동성과 위험 감수 등) vs 성실성
- 정신병증(기이하고 특이한 행동 등) vs 명확성

셋째는 AMPD는 BPD와 반사회성, 자기애, 회피성, 강박신경증, 정신분열증이라는 여섯 개 성격장애를 묘사하는 범주별 요소를 포괄하고 있다. 이러한 요소는 DSM-V의 섹션2에 나오는 요소와 일치한다. 여기서 흥미로운 점은 DSM-V의 섹션2에 나오는 네 가지 장애(편집증, 정신분열증, 히스테리성, 의존성)가 연구 부족으로 AMPD에서 빠져 있다는 사실이다.

이 모델은 인격 기능의 손상 정도를 보통이나 심각 수준으로 정립하고 나서 BPD로 정의되는 병적 '특성' 일곱 개를 소개한다. BPD 진단기준 아홉 개 중 다섯 개를 충족해야 한다는 섹션2의 진단기준처럼 AMPD에서도 일곱 개 특성 중 적어도 네 개는 충족해야 한다.

1. 감정 불안정성(부정적 감정의 한 측면) : 잦은 기분 변화, 상황에 맞지 않게 튀어나오는 격한 감정

2. 불안(부정적 감정의 한 측면) : 허둥지둥하는 감정, 불확실성을 두려워하는 감정, 통제력 상실을 두려워하는 감정

3. 분리 불안정(부정적 감정의 한 측면) : 거부를 두려워하는 감정, 지나친 의존과 자발성 상실을 두려워하는 감정

4. 낙심(부정적 감정의 한 측면) : 절망, 비관주의, 수치심, 무가치, 자살 생각

5. 충동성(탈억제의 한 측면) : 목표가 없거나 결과를 고려하지 않는 충동적 반응, 계획을 이행하기 어려운 상태, 스트레스를 받아 자해하는 상태

6. 위험 감수(탈억제의 한 측면) : 위험하고, 잠재적으로 자기 파괴적인 활동, 개인적 제약과 개인적 위험 부인

7. 적개심(적대감의 한 측면) : 사소한 모욕에 갑자기 터져 나오는 분노 반응

부록A • BPD 진단 대안 모델

여기서 충동성과 위험 감수, 적개심 중 하나는 충족되어야 한다.

이러한 BPD 기준은 섹션2에 나열된 몇몇 기준을 포함하지 않는다. 특히 만성 공허감과 스트레스와 관련된 단기 편집증적 생각이나 해리 경험이 빠져 있다. 여기서는 별도의 두드러진 BPD 특징인 이상화와 평가절하라는 양극단을 오가는 불안정하고 격한 관계 패턴만 넌지시 비추고 있다.

AMPD는 분명히 DSM-V 섹션2 모델보다 훨씬 더 복잡한 모델이다. 조사학자에게는 유용할 수 있지만 임상의에게는 실용적이지 않다. AMPD 모델이 수용되기까지는 향후 많은 수정이 필요하다. 하지만 AMPD는 성격장애를 더욱 잘 이해하고, 더욱 효과적인 치료법을 개발하고자 하는 초기 시도다.

### ICD-11 성격장애 모델

세계보건기구(WHO)가 출판한 국제질병분류(ICD)는 전 세계의 정산병 장애를 포함한 모든 질병을 묘사해 주는 가장 유용한 모델이다. 개정판 ICD-10은 감정적으로 불안한 성격장애를 진단해 준다. 이러한 진단의 두 가지 유형은 충동적 유형(폭발형, 격분형, 위협형)과 경계성 유형(혼란스러운 자아상, 공허감, 유기공포, 불안정한 관계, 감정 위기, 자살 위협이나 자해 행위)이다. 2019년 4월에 나온 열한 번째 판은 여전히 수정 중이다. 공식 승인과 시행은 2022년이나 그 이후로 예정되어 있다.

ICD-11은 중대한 개인적 역기능과 타인과의 장애로 상당한 고통이나 손상을 일으키는 성격장애가 존재한다는 사실을 강조하고 있다. 그 다음에는 약, 중, 강이라는 심각도 수준을 확립하려고 애쓴다.

ICD-11은 정상의 연속체에 속하는 여섯 개 인격 패턴을 언급하고 있다. 이러한 인격 패턴은 AMPD에 나오는 다섯 개 영역과 약간만 다를 뿐 거의 일치한다. 이 중 여섯 번째 패턴이 경계성 패턴이다. 이 패턴은 DSM-V 섹션2에 나열된 기준으로 정의할 수 있다. 다만 이러한 진단을 받기 위해 몇 개의 기준을 충족해야 한다는 요구조건은 없다. DSM-V 섹션3와 ICD-11의 차원적 관점에 따르면 환자의 상태가 개선될 시에는 성격장애 진단이 유지되는 동시에 심각도가 낮아진다. 이와는 대조적으로 DSM-V 섹션2는 성격장애의 존재나 부재 여부만 확인해 준다.

## 미국 국립정신보건원 연구영역기준(RDoC)

미국 국립정신보건원(NIMH)은 조사 프로젝트로 연구영역기준(RDoC)을 제시했다. RDoC는 DSM이나 ICD와는 달리 임상 진단에 실질적으로 사용하는 도구가 아니다. 그보다는 점점 증가하는 신경과학 지식을 이용해 질병의 원인과 발달을 연구하는 조사 도구다.

RDoC는 감정과 인지, 동기, 사회적 상호작용 체계를 대변하는 인간 행동 패턴을 제시한다. 이러한 영역은 유전자와 분자, 세포, 신경회로, 생리학, 행동 성향, 자기보고, 형식 검사에 관한 새로운 조사와 연관되어 있다.

이처럼 새로운 연구 분야와 상호연관되는 영역은 다음과 같다.

- 부정 감정가(공포, 불안, 상실)
- 긍정 감정가(노력, 보상 기반 반응)

- 인지 체계(집중, 인식, 충동성, 기억, 언어)

- 사회적 과정(소통, 자기 지식, 문화, 가족, 트라우마)

- 각성과 규제 체계(수면–각성 주기, 활성화)

- 감각운동 체계(운동반사 자극, 개시/억제)

새로운 조사에서는 새로운 BPD 인식이 밝혀질지도 모른다. 유전적 연관성은 부정 요소(공허감, 유기 공포)를 더욱 명료하게 밝혀줄 수도 있다. 신경회로는 충동성과 관련되어 있다. 내적 및 외적 자극에 대한 생리적 민감성은 사회적 체계와 각성 및 감각운동 체계에 영향을 미칠 수 있다. 새로운 과학적 발견으로 구체적인 증상을 분석해 낼 수도 있다.

미래의 DSM은 이처럼 많은 대안적 평가를 수용할 것이다. 질병 과학에 관해 많이 배울수록 질병을 보다 더 정확하게 진단할 수 있다. 개별화된 치료법도 더욱 효과적으로 개선할 수 있다.

# 경계성 증후군의 진화

경계성 성격장애의 개념은 주로 정신분석학 전문가들의 이론적 공식을 통해 진화해 왔다. 현재의 DSM-IV-TR 측정기준(이 병을 정의하는 객관적이고 통계적이며 관찰에 기반한 원칙)은 지난 수백 년 동안 이어온 정신분석 이론학자들의 한층 추상적이고 추측에 근거한 글에서 비롯되었다.

## 프로이트

새로운 세기가 시작되는 지그문트 프로이트의 시대에 정신의학은 신경학과 밀접하게 관련이 있는 의학의 한 분야였다. 정신의학적 증상은 발견할 수 없는 정신적 혹은 무의식적 메커니즘과는 상반되게 곧바로 관찰되는 행동으로 정의했다. 대부분의 정신질환은 신경생리학적 일탈이라는 특성을 지니고 있다. 프로이트는 경험이 풍부한 신경생리학자였지만 그는 다른 문을 통해 마음속을 탐험했다. 그래서 무의식이라는 개념을 주창했고 처음으로 물리적이 아닌 심리적으로 인간의 행동을 살피는 연구를 하게 되었다. 그는 심리적 메커니즘이 궁극적으로 그의 정신의학 이론을 입증해 줄 것이라고 확신했다.

프로이트의 기념비적 연구가 출현한 지 100년이 흐른 지금 우리는 완전한 주기를 거의 다 완성해 간다. 오늘날 진단 분류법은 다시금 관찰할 수 있는 현상에 의해 정의되며 BPD와 다른 정신질환에 대해 새로운 연구들이 신경생리학적 요인을 살피면서 심리학과 환경요인이 미치는 영향도 파악하고 있다.

무의식에 대한 프로이트의 설명은 정신분석학으로 남아 있다. 그는 정신질환이 원시적이고 무의식적인 충동 사이의 갈등에서 발생하며 의식은 이런 혐오스럽고 용인할 수 없는 사상이 지각으로 들어오지 못하게 막을 필요가 있다고 주장했다. 프로이트는 처음으로 최면을 활용했고 후에 '자유연상'과 다른 고전 정신분석 기법을 활용해 자신의 이론을 넓혀 나갔다.

아이러니하게도 프로이트는 고전적인 정신분석학을 치료의 형태가 아닌 탐색 도구로 사용하려고 했다. 그의 다채로운 사례 연구를 엿볼 수 있는 '쥐 인간', '늑대 인간', '꼬마 한스', '안나 오' 등은 그의 진화론을 보충하기 위한 것이자 정신분석을 치료 방법으로 널리 활용하기 위한 의도도 담고 있다. 많은 현대 정신과 의사들이 프로이트가 히스테리나 다른 신경증으로 진단한 환자가 지금은 분명 경계성 성격장애로 판정될 것이라고 믿는다.

## 프로이트 이후 정신분석학자들

프로이트를 추종하는 정신분석학자들은 경계성 성격장애의 근대적 개념을 정립하는 데 큰 공헌을 했다. 1925년 빌헬름 라이히의 충동적인 특성은 그가 치료 과정에 만난 특이한 기질 장애를 확실히 하기 위해 정신분석학을 적용하려는 시도를 잘 기술하고 있다. 그는 '충동적인 특성'은 종종 두 가지 모순되는 감정이 동시에 등장하지만 분열 메커니즘을 통한 불편한 모습이 아닌 상태로 유지될 수 있다는 점을 발견했다. 이 개념은 경계성 증후군에 대한 모든 관련 이론을 집약했는데 특히 컨버그의 이론이 그랬다.

1920년대 후반과 1930년대 초반에 영국의 정신분석학자 멜라니 클레인의 추종자들은 정신분석학을 넘어서는 많은 환자의 사례를 면밀하게 검토했다. 이들은 생물학적으로 구성된 요인과 상반되는 정신적 역동성을 중점적으로 살폈다.

'경계성 성격장애'라는 용어는 1938년 아돌프 스턴이 처음으로 사용한 것으로 '신경증'이나 '정신질환'으로 분류할 수 없는 환자집단을 지칭했다. 이 환자들은 분명 신경증 환자보다 증상이 심각했고 실제로 고전적인 정신분석학에 넣기에는 증세가 상당히 위중했지만 정신병 환자처럼 점진적으로 실제 세상을 왜곡했다. 비록 신경증과 마찬가지로 BPD 환자도 다양한 불안 증상을 보이고 신경증 환자보다 더 열악한 정체성과 성숙하려는 메커니즘도 상당히 부족했다.

1940년대와 1950년대를 거치면서 다른 정신분석학자들이 현재의 질병 분류에 들어가지 않는 환자 집단을 인식하기 시작했다. 일부 환자는 신경증 혹은 가벼운 정신질환처럼 보였지만 전통적인 정신요법, 특히 정신분석학으로 살펴보니 측정되지 않았다. 마찬가지로 입원은 환자의 증상을 악화시키고 유치한 행동과 의사와 병원에 대한 의존성을 높였다.

다른 환자들은 심각한 정신질환자처럼 보였고 종종 정신분열증으로 진단을 받았으나 아주 짧은 시간 안에 갑작스럽게 완치가 되었다(이런 극적인 개선은 일반적인 정신분열에서는 볼 수 없는 일이다). 그 밖에도 우울증 소견을 보이는 환자도 있었지만 급격한 기분 변화는 일반적인 우울증 분류에 적합하지 않았다.

심리 검사 역시 새롭게 출현한 독특한 분류를 확인시켜 주었다. 일부 환자는 체계적인 심리 테스트(이를테면 IQ 테스트)를 정상적으로 수행했지만 개인적 반응이 요구되는 체계가 없고 주관이 반영되는 테스트(로르샤흐 검사)에서는 더 위축되고 어린아이 수준으로 사고하고 상상하는 정신질환자와 비슷하게 나타났다.

전후 시대에 정신분석학자들은 경계인의 다른 측면을 구체화하고 간결한 진술을 얻고자 노력했다. 연구자들은 경계성 성격장애의 다른 측면을 경험하고 식별하려고 했지만 전체적인 맥락은 볼 수 없었다. 많은 연구자들과 DSM-II(1968년)이 정신분열증과 비슷한 BPD의 측면에 '움직이는 정신분열증', '선정신분열증', '가신경증적 정신분열증', '잠재적 정신분열증'이라는 명칭을 달았다. 다른 연구진은 이들 환자의 일관성과 정체성 부족에 주목했다. 1942년에 헬레네 도이치는 공허함을 극복하려고 순간에 관여하는 상황과 사람에 맞춰 카멜레온처럼 내외부적 감정을 바꾸는 환자에 대해 기술했다. 그녀는 사랑을 얻거나 재확인하기 위한 도구로 타인의 특성에 맞추는 경향을 '동일성 기질'이라고 지칭했다.

1953년에 로버트 나이트는 '경계성 상태'를 고려하는 자신만의 연구로 경계성 성격장애에 다시 활기를 되찾아 주었다. 그는 특정 환자가 상당히 다양한 증상을 보이고 있어 다른 분류에 속해있지만 이들은 보편적인 증상을 가지고 있다는 점을 파악했다.

나이트의 업적이 출간된 뒤 BPD는 더 대중적인 용어가 되었고 스턴의 일반적인 경계성 개념을 한층 수용할 수 있는 진단으로 활용하는 가능성을 높여주었다. 1968년 로이 그린커와 동료들은 경계인을 네 가지 하위분류로 나누었다. (1)정신질환의 경계에서 심각하게 고통받는 사람들, (2)예측할 수 없는 대인관계, 극심한 감정 상태, 외로움을 수반한 '핵심 경계인', (3)타인에게 쉽게 동화되고 안정적인 정체성이 부족한 '동일시' 집단. (4)열악한 자신감으로 신경증의 기준 끝에 걸려 있는 부류가 그것이다.

그러나 이 모든 개괄적 연구에도 불구하고 현직 임상의들 사이에서 경계성 성격장애 진단은 여전히 엄청나게 모호했다. 그래서 많은 의사가 제대로 이해할 수 없거나 치료를 거부하거나 호전되지 않는 환자들을 처리하는 '휴지통 진단'으로 BPD를 활용했다. 이런 상황은 1970년대까지 계속되었다.

경계성 성격장애가 한층 활발하게 정의되고 다른 질병과 구별되면서 모호한 명칭을 변경하려는 시도가 있었다. DSM-III를 편찬하는 동안 '불안정한 인격'이라는 용어가 잠시 논의되기도 했다. 그러나 경계인의 특징은 자체적 혼란에 비해 상당히 고정적이고 변화가 없어서(적어도 상당한 기간) 그 불안정성이 상당히 안정적으로 예측되었다. 이 명칭을 대체할 다른 명칭은 나오지 않았다. 2020년에는 영국의 왕립정신과대학교가 '성격장애'라는 단어가 폄하 용어인지 묻는 성명서('성격장애로 진단 가능한 사람을 위한 서비스')를 출간했다. 그런데도 경계성 성격장애를 대체할 만한 다른 용어는 제시되지 않았다.

1960년대와 1970년대에 경계성 성격장애를 정의하는 제대로 된 측정기준을 기술하려는 두 가지 주요 분파가 발전했다. 자연과 사회과학의 다른 원칙처럼 정신의학은 이념적으로 이를 둘로 나누었는데 하나는 한층 개념에 충실했고 다른 하나는 설명, 관찰되는 행동에 더 영향을 받아 실험실에서 더 쉽게 테스트하고 연구할 수 있도록 했다.

하버드대학교의 존 군더슨이 이끄는 실증적인 학파는 많은 학자가 선호하는 방식으로 관찰 기준을 통해 체계적으로 행동을 정의하고 연구와 조사를 더 쉽게 할 수 있도록 했다. 이 정의는 1980년대에 널리 활용되었고 DSM-III에 등재되었으며 DSM-IV로 이어졌다.

그리고 좀 더 개념 위주인 분파는 코넬대학교의 오토 컨버그가 주도했고 많은 정신분석학자가 선호하는 방식이었다. 정신 체계적 접근방식으로 과도한 행동보다는 정신 내부의 기능과 방어 메커니즘을 토대로 질병을 정의했다.

## 컨버그의 '경계성 인격 조직'(BPO)

1967년 오토 컨버그는 '경계성 인격 조직'이라는 자신의 개념을 도입했다. 이것은 현재 DSM-IV의 경계성 성격장애보다 더 넓은 개념이다. 컨버그의 BPO는 신경증과 정신질환 인격 조직 사이에 위치한다. 컨버그가 정의한 BPO 환자는 현실 인식이 상당히 왜곡되어 정상 기능이 불가능한 정신질환자보다는 불균형의 정도가 덜하다. 반면에 경계성은 신경증 분류에 속한 환자보다 더 불안하고 감정적 충돌로 인한 참을 수 없는 불안함을 경험한다. 신경증 환자의 정체성이나 자기 방어 기제는 경계인보다 더 적응력이 높다.

BPO는 축 II의 다른 요소 혹은 편집증, 정신분열, 히스테리, 자기애적 성격장애와 같은 기질 장애를 아우른다. 게다가 강박증과 만성 불안, 건강염려증, 공포증, 성도착증, 다중인격과 같은 해리 반응도 포함한다. 컨버그의 체계에서 현재 BPD를 진단받은 환자는 BPO의 분류에서는 10~25퍼센트의 비율을 차지한다. BPD로 진단받은 환자는 기능이 떨어지고 BPO 진단보다 심각성은 더 높다.

컨버그의 체계가 공식적으로 APA에 채택된 것은 아니지만 그의 연구는(지금도 이어지는) 임상의와 연구자들 모두에게 이론적 모델을 구축하는 대 엄청나게 큰 영향을 미쳤다.

### 다채로운 현실감각

신경증과 마찬가지로 BPD를 앓고 있는 사람은 대부분 현실 속에서 살고 있다. 그러나 스트레스를 받으면 잠시 정신질환자의 상태로 변할 수 있다. 스물아홉 살 주부 마조리는 커가는 우울증과 결혼 생활의 불균형으로 치료를 받고자 했다. 지적이고 매력적인 그녀는 초반의 여덟 차례 진료를 침착하게 해나갔다. 그녀는 남편이 면담에 참여하는 것을 대찬성했지만 그 시간이 오자 이성을 잃고 적대적이 되었다. 자제력을 잃고 그녀는 남편의 불륜을 비난하기 시작했다. 그리고 의사가 남편의 편을 든다며 원망하고("남자들은 다 한통속이에요!") 자신을 상대로 두 사람이 음모를 꾸미고 있다고 주장했다. 차분하고 가벼운 우울증에 빠진 여성이 갑자기 분노와 공포에 휩싸이게 되는 것은 경계인이 현실에서 재빨리 벗어나는 특징을 잘 보여준다.

## 기능상 비전형적인 결함

경계인은 좌절을 인내하고 불안을 다스리는 데 큰 어려움을 겪는다. 컨버그의 기준에 따르면 충동 행동은 이 같은 긴장을 없애기 위한 것이다. 경계인은 또한 순화 도구에 결함이 있다. 이 말은 곧 사회적으로 채택된 방식으로 좌절과 불편을 흘려보내지 못한다는 뜻이다. 경계인이 극도의 감정이입, 따뜻함, 죄책감을 보여줄 수 있으나 이런 모습은 진정한 감정표현이라기보다는 목적을 과시하기 위해 조작된 제스처인 경우가 대부분이다. 실제로 경계인은 방긋방긋 웃는 아이가 갑자기 울음을 터트리듯 불과 몇 분 전에 자신이 보인 극적인 감정을 완전히 잊은 것처럼 행동한다.

## 원시적인 사고

경계인은 체계적인 업무나 전문적인 환경에서 잘 기능할 수 있지만, 그 속에는 자기 의심, 의구심, 두려움이 깔려 있다. 경계인의 내부 프로세스는 놀라울 정도로 단순하고 원시적이며 습득하고 연습한 진부함의 안정 속에 감춰져 있다. 보호 체계를 위협하는 상황이 찾아오면 경계인은 숨겨왔던 혼란스러운 감정을 쏟아낸다.

계획된 심리 테스트 역시 경계인의 원시적인 사고 과정을 드러내 준다. 로르샤흐와 주제통각검사(TAT)와 같은 테스트는 잉크얼룩이나 사진과 같은 모호한 자극제와 결합해 환자가 직접 이야기를 구성하도록 만든다. 경계인은 전형적으로 정신분열증과 다른 정신질환자를 모방한다. 신경증 환자들에게서 일반적으로 보이는 체계적이고 조직화된 반응과는 달리 경계인의 반응은 종종 특이하고 원시적인 이미지를 인식한다. 그래서 신경증 환자가 나비라고 생각하는 것도 동족을 잡아먹는 사악한 동물로 보는 경향이 있다.

### 원시적인 방어기제

분열 메커니즘(2장 참고)은 경계인의 극단적인 세상 인식을 보여준다. 사람이나 사물은 좋거나 나쁘거나, 친절하거나 적대적이거나, 사랑하거나 미워하거나로 분류되는데 이는 불안함과 모호함에서 벗어나기 위해서다. 컨버그의 개념화에서 분열은 종종 '마법과 같은 사고'로 이어진다. 미신, 공포, 집착, 충동이 부적이 되어 알지 못하는 두려움을 없애준다. 분열을 또한 파생적 방어기제를 유발한다.

- 원시적인 이상화 – 사람이나 사물을 끊임없이 '아주 착한' 범주로 집어넣어 그 사람의 단점을 인식하고 불안해지는 것을 피한다.
- 평가절하 – 사람이나 사물에 대한 끊임없는 부정적 견해로, 이상화와 반대되는 개념이다. 경계인은 이 메커니즘에 따라 자신의 분노에 대한 죄책감을 피한다.
- 전능 – 실패할 수 없고 죽지도 않는 엄청난 권력을 가진 기분을 느낀다 (전능은 또한 자기애적 성격장애의 보편적인 특징이기도 하다).
- 투영 – 자신이 받아들이기 힘든 특징을 거부하고 다른 사람에게 투영하는 것이다.
- 투영 식별 – 투영의 복잡한 형태로 환자가 투영한 상대를 지속적으로 조종하는 것이다. 이 받아들일 수 없는 특성을 '입은' 타인은 지속적으로 표현을 해야 한다.

예를 들어, 결혼한 젊은이 마크는 경계성 성격장애 진단을 받았고 자신의 사디스트적인 특성과 용인할 수 없는 분노를 아내 샐리에게 투영했다는 것을 알게 되었다. 샐리는 마크에게(그의 흑백논리에 따라) '완전히 화난 여성'으로 인식되었다. 그녀가 하는 모든 행동은 사디스트적으로 해석되었다. 그는 무의식적으로 분노를 도출하도록 그녀를 자극했고 그렇게 자신을 확실하게 투영했다. 이런 방식으로 마크는 두려웠지만 동시에 샐리에 대한 자신의 인식까지 통제할 수 있었다.

### 자아에 대한 병적 개념

'정체성 혼미'는 컨버그가 경계인의 안정적인 정체성 부재를 설명한 용어다. 환자의 정체성은 젤리처럼 어떤 틀에서든 끼워 맞출 수 있지만 잡으려고 하면 손에서 미끄러진다. 이처럼 일관성의 부족은 DSM-IV의 세 번째 측정기준에서 설명한 정체성 문제를 고스란히 보여준다.

### 타인에 대한 병적 개념

'정체성 혼미'가 경계인의 정체성 부족을 설명한다면 '대상 비항상성'은 타인에 대한 안정적인 개념 부족을 지칭한다. 현재 상황에 따라 자존감이 달라지는 것처럼 경계인의 타인에 대한 태도는 지속적이고 연속된 경험으로 다져진 안정적인 인식이라기보다는 가장 최근에 있었던 만남에서 보인 태도를 기반으로 한다.

종종 경계인은 자신 혹은 사물이 참여하지 않은 상태의 개인이나 대상에 대한 기억을 유지할 수 없다. 어머니의 모습을 담고 있는 물체에 어린아이가 애착을 보이는 것처럼 경계인도 사진이나 옷과 같은 사물로 다른 사람의 존재를 자극한다. 예를 들어, 아주 짧은 시간 동안 집을 벗어난 경계인은 전형적으로 친숙한 주변을 떠올릴 수 있게 해주는 개인적인 물품을 아주 많이 챙긴다. 곰 인형과 다른 동물인형을 침대에 놓고 가족사진을 조심스럽게 방에 배치한다. 부인이 집에 없는 상황에서 혼자 남겨진다면 종종 아내의 사진을 뚫어져라 쳐다보고 아내가 쓰는 베게의 냄새를 맡으며 친밀감이 주는 편안함을 찾으려고 한다.

많은 경계인에게 '눈에서 멀어지면 마음에서 멀어진다'는 말은 견딜 수 없을 만큼 제대로 현실을 반영한다. 경계인이 사랑하는 사람과 떨어지게 되면 그에게는 이별이 영원한 것처럼 느껴져서 공포에 휩싸인다. 기억은 이미지를 불러 오는데 적절하게 활용할 수 없기 때문에 경계인은 자신이 아끼던 사물이 어떤 모습이고 어떤 소리가 나며 어떤 느낌인지 잊어버린다. 버려지고 혼자가 된다는 두려움에서 벗어나기 위해 경계인은 절박하게 전화, 편지, 연락을 유지할 수 있는 모든 수단을 동원한다.

지난 한 세기 동안 경계성 증후군 개념이 발전하면서 경계인에 대한 이해와 치료법이 개선되었다. 현 세기를 맞아 신경 생물학과 유전학, 환경학이 인류에게 미치는 영향력도 더욱 잘 이해할 수 있게 되기를 바란다.

참고문헌

## 서적

- '경계성 성격장애' 〈캘리포니아 정신질환 저널Journal of the California Alliance for the Mentally Ill〉 제8호,1권, 1997년.

- 《자신이 미친 것처럼 느껴질 때》, J. 크리스먼, H 스트라우스. 호보켄, 존 윌리 앤 선즈, 2004년.

- 《경계성 성격장애의 새 희망New Hope for People with Borderline Personality Disorder》, N. R. 보키안, V 포르, N. E. 빌리그란. 로즈빌, 프리마 출판, 2002년.

- 《경계성 성격장애의 이해와 치료Understanding and Treating Borderline Personality Disorder: A Guide for Professionals and Families》, 존 군더슨, P. D. 호프먼. 미국 정신 의학 출판, 2005년.

- 《경계성 성격장애: 임상용 가이드Borderline Personality Disorder: A Clinical Guide》(개정판), 존 군더슨, 워싱턴 DC, 미국 정신의학 출판, 2008년

- 《쉽게 알아보는 경계성 성격장애Borderline Personality Disorder Demystified: An Essential Guide for Understanding and Living with BPD》, 로버트 오 프리델, 말로앤 컴퍼니, 2004년.

- 《사이렌의 춤Siren's Dance: My Marriage to a Borderline: A Case Study》, A 워커. 에마우스, 로데일, 2003년.

- 《경계성 성격장애의 내면Lost in the Mirror: An Inside Look at Borderline Personality Disorder》(개정판), R. 로스코비츠. 테일러 퍼블리케이션스, 2001년.

- 《날 내보내줘 : 경계성 성격장애 극복기Get Me Out of Here: My Recovery from Borderline Personality Disorder》, R. 레일란드, 헤즐던 출판, 2004년.
- 《아슬아슬한 줄다리기Stop Walking on Eggshells: Taking Your Life Back When Someone You Care About Has Borderline Personality Disorder》 R. 크레이거, P.T 메이슨. 뉴 하빈저, 1998년.
- 《경계성 성격장애를 위한 필수적 가족 가이드The Essential Family Guide to Borderline Personality Disorder》, 크레이거, 헤즐던 출판, 2008년
- 《청소년의 경계성 성격장애Borderline Personality Disorder in Adolescents: A Complete Guide to Understanding and Coping When Your Adolescent Has BPD》, B. A. 아귀르, 페어 윈즈 프레스, 2007년.
- 《경계성 부모에게서 살아남는 법Surviving a Borderline Parent: How to Heal Your Childhood Wounds and Build Trust, Boundaries, and Self-Esteem》, K.로스, F. B.프리드먼, 뉴하빈저 퍼블리케이션스, 2003년.

**웹사이트**

- BPD 센트럴BPD CENTRAL

  www.bpdcentral.com

- BPD 투데이BPD TODAY

  www.borderlinepersonalitytoday.com

- BPD 리소스 센터BPD RESOURCE CENTER

  www.bpdresources.net

- 뉴욕 프리스비테리언 병원 정보NEW YORK PRESBYTERIAN HOSPITAL INFORMATION

  www.bpdresourcecenter.org

- 국립정신건강연구소NATIONAL INSTITUTE OF MENTAL HEALTH

  www.nimh.nih.gov/health/publications/borderline-personality-disorderfact-
  sheet/index.shtml

- 마요 클리닉 정보MAYO CLINIC INFORMATION

  mayoclinic.com/health/borderline-personality-disorder/DS00442

- 이해하기 쉬운 경계성 성격장애BORDERLINE PERSONALITY DISORDER DEMYSTIFIED

  www.bpddemystifi ed.com

- 성격장애 바로 알기 네트워크PERSONALITY DISORDERS AWARENESS NETWORK , PDAN

  www.pdan.org

- 진실과 마주하기FACING THE FACTS

  www.bpdfamily.com

- BPD 치료BPD RECOVERY

  www.bpdrecovery.com

- 웰컴 투 오즈WELCOME TO OZ

  http://groups.yahoo.com/group/welcometooz

- 웰컴 투 오즈 전문가용WELCOME TO OZ—PROFESSIONALS

  http://groups.yahoo.com/group/wtoprofessionals

- 경계성 성격장애 성소BORDERLINE PERSONALITY DISORDER SANCTUARY

  www.mhsanctuary.com/borderline

- 경계성 성격장애 국립 교육연합NATIONAL EDUCATION ALLIANCE FOR BORDERLINE PERSONALITY DISORDER, NEA—BPD

  www.borderlinepersonalitydisorder.com

- 경계성 성격장애 치료와 연구 연합TREATMENT AND RESEARCH ADVANCEMENTS ASSOCIATION FOR PERSONALITY DISORDER, TARAAPD

  www.tara4bpd.org

옮긴이　이미정

영남대학교 영어영문학과를 졸업하고, KBS 서강방송아카데미 번역 작가 과정을 수료했다. 현재는 출판 번역 에이전시 베네트랜스 전속 번역가로 활동 중이다. 옮긴 책으로는 《마지막 잎새》, 《월마트 이펙트》, 《그들의 생각은 어떻게 실현됐을까》, 《벤자민 버튼의 시간은 거꾸로 간다》, 《사람의 마음을 얻는 소통의 심리학》, 《헤더브레 저택의 유령》, 《여자는 왜 완벽하려고 애쓸까》, 《시간 여행》, 《크리스털 세계》, 《파친코 1, 2》, 《완벽한 그녀의 마지막 여름》 등이 있다.

감정의 피부가 약한 사람들을 위한 책

**초판 1쇄 발행** 2023년 8월 31일

**지 은 이**　제럴드 J. 크리스먼, 할 스트라우스
**옮 긴 이**　이미정
**발 행 인**　서재필

**펴 낸 곳**　마인드빌딩
**출판신고**　2018년 1월 11일 제395-2018-000009호
**전　　화**　02)3153-1330
**이 메 일**　mindbuilders@naver.com

**ISBN** 979-11-92886-27-5 (03180)

• 책값은 뒤표지에 표시되어 있습니다.
• 잘못된 책은 구입하신 곳에서 바꿔드립니다.

마인드빌딩에서는 여러분의 투고 원고를 기다리고 있습니다. 출판하고 싶은 원고가 있는 분은 mindbuilders@naver.com으로 간단한 개요를 연락처와 함께 보내 주시기 바랍니다.